本研究得到

国家社会科学基金项目（12KBG006）资助

本书出版得到

国家重点文物保护专项补助经费资助

白敖包遗址发掘报告

（上）

内蒙古自治区文物考古研究院
内蒙古博物院　编著

文物出版社

图书在版编目（CIP）数据

白敖包遗址发掘报告 / 内蒙古自治区文物考古研究
院，内蒙古博物院编著. –– 北京：文物出版社，2022.1

ISBN 978–7–5010–7253–8

Ⅰ.①白…　Ⅱ.①内…　②内…　Ⅲ.①新石器时代文
化－文化遗址－发掘报告－内蒙古　Ⅳ.①K878.05

中国版本图书馆CIP数据核字（2021）第210033号

白敖包遗址发掘报告

编　　著：内蒙古自治区文物考古研究院
　　　　　内蒙古博物院

封面设计：李　红
责任编辑：乔汉英　杨新改
责任印制：张　丽

出版发行：文物出版社
社　　址：北京市东城区东直门内北小街2号楼
邮　　编：100007
网　　址：http：//www.wenwu.com
经　　销：新华书店
印　　刷：天津图文方嘉印刷有限公司
开　　本：787mm×1092mm　1/16
印　　张：23.5
插　　页：1
版　　次：2022年1月第1版
印　　次：2022年1月第1次印刷
书　　号：ISBN 978–7–5010–7253–8
定　　价：520.00元（全二册）

An Excavation Report of Baiaobao Site

(Ⅰ)

Compiled by

Inner Mongolia Institute of Cultural Relics and Archaeology

Inner Mongolia Museum

Cultural Relics Press

目　录

插图目录

彩版目录

第一章　自然环境及历史沿革

第一节　自然环境

一　白敖包遗址位置

白敖包遗址属于内蒙古自治区鄂尔多斯市伊金霍洛旗，位于松定霍洛村三社东 2 千米（图一）。白敖包是汉语，蒙古语称查干敖包，即白色敖包之意。敖包山兀立在平坦草原之上，相对高度约 50 米，海拔 1329 米。白色敖包位于敖包山山顶，是当地牧民宗教活动场所。敖包山四周都有古人类活动遗迹，东坡、西坡和北坡分布着遗址，南面缓坡地带为墓葬区（彩版一；彩版二、三，1、2）。

白敖包遗址地理坐标为北纬 39° 24′ 54.4″，东经 110° 05′ 10.0″。遗址 1989 年发掘时属于布尔台格乡，2005 年撤乡并镇后属于乌兰木伦镇。遗址西北距伊金霍洛旗政府所在地阿勒腾席热镇约 35 千米。

白敖包遗址东 3 千米有乌兰木伦河，河水由西北向东南方向流淌。遗址南 5 千米有呼和乌素沟，河水由西向东流，白敖包遗址位于乌兰木伦河和呼和乌素沟两河交汇的三角台地上[1]。

---

[1] 内蒙古自治区测绘事业局：《内蒙古自治区地图集》，内蒙古自治区地图制印院，2007 年；星球地图出版社：《内蒙古自治区地图册》，星球地图出版社，2011 年。

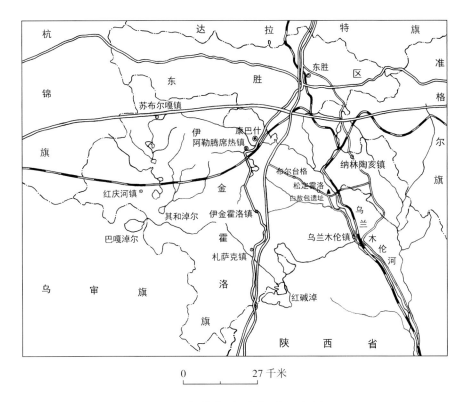

图一　白敖包遗址位置示意图

二　伊金霍洛旗现代自然概况

伊金霍洛旗位于鄂尔多斯市东南部，东邻准格尔旗，北部和鄂尔多斯市辖区接壤，西与杭锦旗、乌审旗相连，南与陕西省榆林市毗邻。面积5565平方千米。地处毛乌素沙地东北缘，东北部为丘陵沟壑地带，西部属梁滩相间，西南部属于半流沙地带，起伏和缓。地质基础是侏罗纪和白垩纪的水平岩层，地下水岩相变化十分剧烈，中生界和新生界地层发育、分布普遍。

伊金霍洛旗地势由西北向东南倾斜，分为三级阶梯。最高级阶梯为鄂尔多斯高平原上的剥蚀残梁和残丘，海拔1400~1500米，最高点是西北部的珠兰敖包，海拔1556.4米；第二级阶梯为鄂尔多斯高平原面，海拔在1300米以上；第三级阶梯为现代河谷和湖盆滩地，海拔在1300米以下，最低点位于乌兰木伦河与忽吉图沟交汇处，海拔1070米。

伊金霍洛旗西部波状高平原砂质丘陵区属于内流河区域，均属季节性河流。东部地区属于黄河支流窟野河流域的外流区域，主要有乌兰木伦河和悖牛川河两大干流。湖泊较多，水的矿化度较高，不适宜灌溉农作物。

伊金霍洛旗属中温带半干旱大陆性季风气候。四季分明，冬长夏短，日照充足。年平均气温 6.2℃，冬季小于 5℃，夏季大于 20℃，春秋季 5℃ ~20℃，无霜期 127~136 天。气候干燥，年降水量 358 毫米，降水集中在夏季，并且降水变率大，自然灾害频繁。

黑垆土、黄绵土和栗钙土是伊金霍洛旗主要农牧业用地，黑垆土和黄绵土主要分布在东部，栗钙土主要分布在中部。风沙土、草甸土遍布全旗，在西部较为集中。还有一些盐土和沼泽土分布。

伊金霍洛旗主体植被是沙生植被和草甸植被等隐域性植被，而显域性植被仅在少部分封禁地区得以保存。西部毛乌素沙地梁滩相间区以草甸干草原、沙生植被为主。东部黄土沟梁区以灌木草原为主，分布着臭柏、沙蒿和柠条等杂草。

三　鄂尔多斯高原环境演变

鄂尔多斯高原地处黄河一曲内。西部为波状高原区，属于典型的荒漠草原，中部为毛乌素沙漠和库不齐沙漠，东部为丘陵沟壑。海拔为 1100~1500 米。地势中西部高，四周低，西部高于东南部。大陆性气候显著，冬季气候干燥而寒冷，夏季形成东南季风。年平均气温 6.4℃，年降水量 270~400 毫米。

鄂尔多斯高原是中国北部大陆及陆缘构造域中华北地台的一个陆核区，曾经历了多次海陆变迁[1]。

（一）第三纪古地理环境

在距今大约 18.5 亿~10 亿年的元古代时期，基本属鄂尔多斯古陆，只在西部桌子山一带有浅海环境发育。晚元古代青白口期（距今约 10 亿~8.5 亿年），形成华北准平原的一部分。震旦纪（距今约 8.5 亿~6 亿年），是华北古陆的组成部分。早古生代鄂尔多斯古陆与华北古陆的面貌发生了明显的差异。寒武纪古陆逐渐缩

---

[1] 史培军：《地理环境演变研究的理论与实践——鄂尔多斯地区晚第四纪以来地理环境演变研究》，科学出版社，1991 年；张兰生、方修琦、任国玉、索秀芬：《我国北方农牧交错带的环境演变》，《地学前缘》1997 年第 4 卷第 1 期。

小，到晚寒武纪时，发生了第一次大面积海侵，西部高原为东胜古陆，边缘均被陆表海侵占。奥陶纪早期和中期东胜古陆块逐渐向东移动，西部逐渐被浅海占据。晚奥陶纪，鄂尔多斯东部与华北寒武纪时形成的陆表海演变成古陆，并连为一体，再次形成华北古陆；鄂尔多斯西部为浅海。此后，华北古陆逐渐扩大，浅海逐渐消失，到志留纪全部成为陆地。早石炭世地势显著降低，成为华北准平原。早石炭世末期，进入第二次大面积海侵时期，鄂尔多斯除西北部为北缘高地外，均为滨浅海。早二叠世，滨浅海环境和北缘高地逐渐被盆地所取代，到晚二叠世，在鄂尔多斯北缘出现了北缘高地。中生代形成广泛的煤炭盆地。早三叠世到中三叠世为华北盆地的组成部分，晚三叠世华北盆地东部抬升，形成华北高地，华北盆地西部分化成鄂尔多斯盆地，鄂尔多斯位于其北部，属温带潮湿森林环境，是主要成煤时期。到侏罗纪，盆地面积逐渐缩小，向高地方向发展，煤田发育。属亚热带干旱、半干旱自然环境，形成广泛的红层盆地。到早白垩世晚期，成为晋陕高地组成部分。早白垩世北部为北方暖温带潮湿环境，南部为亚热带半干旱环境。到晚白垩纪又向干暖方向发展，鄂尔多斯形成亚热带半干旱环境。

自白垩纪燕山造山运动最后一幕之后，鄂尔多斯处于准平原化过程，白垩纪末期高地势趋向于低坦，属行星风系环流形势。早第三纪时期一直处在剥蚀夷平阶段，除在边缘内陆断陷盆地有河、湖相砂和泥质沉积外，广大高原缺失早第三纪地层，呈准平原景观，形成了桌子山山地顶部最高一级夷平面。属于北亚热带干湿季分明的半湿润、半干旱气候。植被是以亚热带为主的针阔叶混交林。

渐新世的喜马拉雅运动，地势由准平原再次抬升，准平原发生断块运动，在鄂尔多斯北部、西部和南部形成内陆断陷盆地，堆积了湖相红色黏土和砂砾石层，中部仍为侵蚀和剥蚀高地。季风环流开始建立，属于半干旱气候，温度偏低，成为暖温带。到晚第三纪的上新世，喜马拉雅运动进入第一幕的末期，鄂尔多斯隆起区又进入漫长的准平原化过程，形成了桌子山山地 1800 米的夷平面。在准平原的地面上，发育了上新世红色风化壳，称为"三趾马红土"。属暖温带半干旱气候，形成了森林草原、灌丛草原和干草原景观。

（二）早第四纪地理环境

早更新世发育的一整套红色土与钙结核层相交错的沉积，代表了温度较高、降水变率较大的暖温带森林草原环境或森林环境。在鄂尔多斯北部和东部发育了银川与五原—呼和浩特两个相互沟通的湖盆，构成了内陆湖系统，截留了古黄河的上段河水；东部则为一系列串珠状、由内陆水系组成的湖泊。湖泊周围山地为森林草原。大部分地貌为高平原，海拔均在1000米以下，只在西北边缘的桌子山为中山地貌，海拔在1000米以上。

中更新世气候干冷，风成堆积物普遍发育，东南部形成离石黄土上部堆积，库布齐沙区的雏形已经形成。地势逐渐隆起，大部分地貌是海拔超过1000米的高原，西部山地海拔在1500米以上。中更新世气候是半干旱与半湿润相交替，植被为温带草原和森林、灌丛草原。到中更新世中期，内陆湖泊连成一体，由内流水系转为外流水系。

（三）晚第四纪地理环境

晚第四纪（距今10万~6万年）早期自然地带与现代接近，降水比现代略多，前期偏湿，后期偏干。西北边缘为草原化荒漠，西部为流沙分布的荒漠草原和草原化荒漠，中部为坪砂分布的荒漠草原和草原，东南部为黄土草原。现代的毛乌素沙区为河湖分布的沙地草原。

晚第四纪中期（距今6万~3.5万年）是晚第四纪最湿润时期，存在着干湿波动和冷暖变化，形成暖湿与冷湿的交替，发育了最早一期冰缘沉积。西部是高原地貌，东部是丘陵地貌。南部和北部有河湖众多的草甸草原，西北边缘为高平原荒漠草原，桌子山上为森林和森林草原，西部为波状高平原典型草原，中西部为高平原灌丛草原，中北部和中南部为砂质灌丛草原，中东部为丘陵森林草原，东部为低山丘陵温带针阔叶混交林。

晚第四纪晚期（距今3.5万年以来）干湿波动幅度较大。早段（距今3.5万~2.2万年）气候冷湿，年平均降水量在200~400毫米，形成第二次冰缘期，植被是冷湿草原，西部为荒漠草原，东部为森林灌丛草原。北部和南部沙区流沙呈斑块状，多为低矮沙丘，风力以西风为主。风水两相作用，黄土发育。中段（距今2.2万~1.1万年）气候干冷，年平均降水量在100~300毫米，气温平均在-4℃~-0.5℃。湖泊干缩，北部和南部低地，以及沿河两岸流沙广泛发育，沙丘高达10~20米，呈密集新月形沙丘和沙丘链。植被以荒漠为主，仅东北边缘为荒漠草原。晚段（距今 1 万年以来），即全新世，气候转暖偏湿，流沙扩展与收缩交替进行。全新世早期（距今 10000~8500 年）经历了三次阶段性增暖后进入全新世暖期，即全新世中期（距今 8500~3500 年），暖期盛期的年均温度较现代高 2℃~3℃，降水多为 100毫米左右，暖期中存在多次短期寒冷事件，年均温最冷时较现代低 3℃。全新世晚期（距今 3500 年以来），气候转向冷干；距今 1500 年温度降到全新世平均值以下；5 世纪开始降温；到 10 世纪温度达到最低点，温度低于全新世平均温度 1℃；13 世纪进入小暖期，随后温度又波动下降，进入小冰期；直到 19 世纪小冰期结束以后温度迅速上升，降水也有所增加。

第二节　历史沿革

一　史前时期

伊金霍洛旗史前时期包括旧石器时代、新石器时代、青铜时代和早期铁器时代。

（一）旧石器时代

在距今 7 万~3 万年的旧石器时代中期，在鄂尔多斯大地上的远古文化是乌兰木伦遗存，古人类进行采集和狩猎活动，他们使用的工具有石器、骨器和木器等。石制品以石英岩为主，小型和微型数量最多，中型较多，大型极少，不见巨型石制品。锤击法是剥片和工具修理的主要方法，在工具修整过程中使用了软锤技术。石制品为小型石片工业组合，未见以卵石或大型材料直接加工的大型工具。石制品类型丰富，包括石核、石锤、石片、工具、备料和断块等，工具以石片工具占绝对多数，类型丰富，有刮削器、凹缺器、锯齿刃器、尖状器、端刮器、锥、钻具、鸟喙状器、带背刀、雕刻器、盘状器等，工具组合具有欧洲旧石器中期文化特点，反映出东西方文化之间存在着文化交流与融合。骨器种类有刮削器、尖状器和刀等。

动物种类有大型哺乳类、小型哺乳类以及鸟类和软体类。大型哺乳类动物有披毛犀、普氏野马、诺氏巨驼、河套大角鹿、马鹿和原始牛等，小型哺乳类有鼢鼠、仓鼠、田鼠和跳鼠等，属于华北晚更新世萨拉乌苏动物群，即河套大角鹿—野马动物群。

乌兰木伦遗址发现了灰烬、木炭、炭屑和烧骨，反映出当时人们能够使用火，并用火烧烤食物，具有加工熟食的能力。

乌兰木伦人以采集、狩猎为生，过着追逐动物，随季节迁徙的不定居生活。属于财产共有，人人平等，各尽所能，共享劳动成果的原始共产主义社会。

（二）新石器时代

伊金霍洛旗地区新石器时代考古学文化序列为半坡文化鲁家坡类型、庙底沟文化王墓山坡下类型、海生不浪文化、阿善文化、永兴店文化等。

1. 半坡文化鲁家坡类型

仰韶时代半坡文化时期，分布在渭河流域的半坡文化沿黄河向北迁移，在南流黄河东西两岸形成了鲁家坡类型，年代距今 6800~6200 年。

房屋为方形半地穴式建筑，长条形门道位于前墙中部，长方形或椭圆形坑灶位于居住面前部正对门道处。居住面普遍抹草拌泥并经烧烤。居住面中部有四个柱洞。

陶器中夹砂陶略多于泥质陶。夹砂陶多数夹粗砂，其中少量含有云母，质地疏松，呈褐色，流行绳纹，其次是弦纹，常见两者组合在一起，上部为弦纹，下部为绳纹。泥质陶细腻坚硬，大部分呈红色，多素面和磨光，部分陶器口沿饰弦纹，还有少量附加堆纹和乳丁纹。彩陶数量较少，颜色为红色，图案为宽带纹和成组条纹。器类有敛口罐、敛口瓮、红顶钵、折沿盆、折唇球腹壶、大口尖底罐、小口罐、盆形甄、刀、纺轮、环等。

石器以磨制为主，器形有铲、磨盘、磨棒、双孔刀、凿、锄、钻、砺石、刮削器、石叶等。骨器数量较少，有铲、匕等。

2. 庙底沟文化王墓山坡下类型

仰韶时代庙底沟文化时期，庙底沟文化向北扩张，在内蒙古中南部地区形成了王墓山坡下类型，年代距今 6200~5500 年。

房屋成排分布，半地穴式，平面呈圆角方形，一种房屋有穴外台面，一种房屋无穴外台面。居住面近门处有近圆形坑灶，坑灶后部有斜伸的出火坑，前部有长条形通风道直达门道出口。居住面、穴壁和穴外台面均抹草拌泥，并且均经火烧烤成青灰色硬面。居住面中部有四个大柱洞，穴外台面上有一圈小柱洞。

陶器分为夹砂陶和泥质陶两类。夹砂陶多呈红褐色，多夹粗砂，绝大部分器表饰细绳纹和弦纹，还有少量附加堆纹、指甲纹和指窝纹等。泥质陶质地细腻，器表多素面和磨光，少量饰彩。彩陶绝大部分为黑色，个别为红色。图案多样，有宽带纹、变体鱼纹、圆点纹、弧线纹、斜线纹、三角纹、勾叶纹、豆荚纹、梯格纹等。器形有重唇口小口尖底瓶、直口钵、鼓腹盆、侈口罐、大口尖底罐、敛口瓮、圈足纽式器盖、火种炉、刀、纺轮等。

3. 海生不浪文化

距今 5500~5000 年，内蒙古中南部地区形成了独具特色的新石器时代考古学文化——海生不浪文化。

房屋为圆角方形半地穴式建筑，长条形门道位于前墙中部，圆形坑灶位于正对门道的居住面中部，沿半地穴四周分布有柱洞。

陶器分为泥质、夹砂和砂质三类，前两者数量较多，后者数量极少。陶色以褐色为主，红色很少，还有极少量黑陶和白陶。泥质陶多素面和磨光，少量装饰彩陶。颜色多数为黑色，其次是红色，还有少量紫色、褐色和白色。多数彩陶为复彩，少量为单彩。以外彩为主，内彩较为发达。图案繁缛复杂，有涡纹、鳞纹、网纹、双勾纹、勾叶纹、棋盘格纹、三角纹、菱形纹、绞索纹、圆圈纹、圆点纹、平行线纹、弧线纹、折线纹、锯齿纹等。夹砂陶器器表多饰绳纹，还有少量附加堆纹、方格纹、篮纹、指窝纹等。器形有小口双耳罐、筒形罐、侈口鼓腹罐、彩陶罐、折腹钵、曲腹钵、豆、碗、壶、杯、器盖、纺轮、刀等。

4. 阿善文化

距今 5000~4500 年，内蒙古中南部地区在海生不浪文化基础上发展成为新的考古学文化——阿善文化。

多数中、小型聚落周围无围墙，少数大型聚落周围依山势建有石围墙。聚落内有房屋和祭祀遗迹。半地穴式建筑，平面为圆角方形，有的在半地穴外围砌石墙。部分居住面抹有白灰，灶位于正对门道处居住面中部，有地面灶、坑灶，形状有圆形、方形。祭祀遗迹有圆形石堆和方形建筑台基等。聚落具有明显的防御和宗教功用。

陶器以夹砂和泥质为主，还有少量砂质陶。多数为灰色陶，少量为褐色陶、黑皮褐胎陶和灰皮褐胎陶，极个别为红色陶和白色陶。器表以饰横篮纹和素面磨光为主，在罐和瓮的口沿外侧流行箍多道附加堆纹，还有数量较多的绳纹、方格纹、戳印纹等，红色彩陶和彩绘数量少，个别见白彩和蓝彩。绝大部分是平底器，少量为尖底器和圜底器。陶器唇部多装饰小纽，腹部常见对称双环形耳。主要器类有大口直壁缸、敛口瓮、小喇叭口尖底瓶、高领罐、深腹豆、斜腹盆、平底碗、折腹钵、单耳杯、器盖、纺轮、刀、网坠、环等。

5.永兴店文化

距今 4500~4000 年，内蒙古中南部地区沿南流黄河两岸，在阿善文化基础上发展成为新的考古学文化——永兴店文化。

少数大型聚落周围依地势建有石围墙，多数聚落无石围墙。房屋有窑洞式、半地穴式和地面式建筑，有单间和套间之分，平面形状为凸字形和圆形。凸字形房屋的长条形门道位于房屋前中部，圆形房屋不见门道。居住面和墙壁流行抹白灰，室内中部有圆形地面灶，还有壁灶。墓葬为土坑竖穴墓，葬式有侧身直肢、仰身直肢和侧身屈肢，无葬具，无随葬品。

陶器以夹砂和泥质为主，还有少量砂质陶。多数为灰色陶，陶色纯正，少数为褐色陶。器表多饰斜篮纹，绳纹、方格纹数量居其次，还有少量戳印纹、附加堆纹等，少量素面。器形有斝、双鋬鬲、甗、盉、直壁缸、敛口瓮、高领罐、单耳罐、双耳罐、斜腹盆、曲腹盆、敛口钵、大口尊、高柄浅腹豆等。

新石器时代聚落位于河流两侧的山坡和台地上，以及湖泊周围的山坡上，在阿善文化和永兴店文化中心聚落周围有石围墙环绕，加强了防御功能，并出现了祭坛，祭祀成为精神生活的重要组成部分。过着定居生活，单房居住的是核心家庭，几所相互关联房屋构成大家庭，小型聚落可能为一个氏族，大型聚落内可能有多个氏族。氏族内财产共有，人人享有平等的社会地位。生产工具以磨制石器和骨器为主，种类有石斧、石锛、石凿、石铲、石刀、石磨棒、石磨盘、石纺轮、石锉、石钻、砺石、刮削器、石镞、石叶和骨铲、角凿、骨镞、骨锥等。生业以农业为主，兼营狩猎和采集。早期狩猎和采集比重较大，伴随时间推移，比重逐渐减少。手工业主要是制造石器、陶器、骨器、木器和纺织等，还没有从农业中独立出去。

（三）青铜时代

伊金霍洛旗青铜时代考古学文化以朱开沟遗址和白敖包遗址为代表。朱开沟遗址发掘者将朱开沟遗址全部遗存命名为"朱开沟文化"[1]，经研究，朱开沟遗址

---

[1]内蒙古文物考古研究所：《内蒙古朱开沟遗址》，《考古学报》1988 年第 3 期。

遗存可分为两种性质不同的考古学文化遗存，分别命名为"白敖包文化"和"朱开沟文化"。白敖包文化年代相当于龙山时代晚期至夏代前期，朱开沟文化年代在夏代后期至商代早期。

工具以石器为主，新出现了青铜器，还有一些骨器、蚌器以及木器等。生业以农业为主，还有发达的家畜饲养业，饲养动物种类有猪、羊等，制陶业等手工业兴盛，狩猎和采集作为经济的补充。

青铜时代的内蒙古中南部地区出现了贫富分化，用动物肩胛骨进行占卜。在陕西北部地区属于白敖包文化的石峁遗址的石城规模宏大，出土玉器精美，石峁城址很可能是白敖包文化集团的首都。

白敖包文化年代为距今 4200～3800 年。陶器有鋬手鬲、单耳鬲、盉、敛口瓿、三足瓮、斝、单耳罐、双耳罐、折肩罐、大口尊、豆、壶等。

朱开沟文化年代为距今 3800～3400 年。陶器有肥袋足鬲、敞口瓿、敞口盆、带纽罐、矮领罐、三足瓮、方杯等。

（四）早期铁器时代

鄂尔多斯地区早期铁器时代考古学文化有桃红巴拉文化，年代在春秋至战国时代。

墓葬为土坑竖穴墓，南北向。死者仰身直肢，头向北。墓内普遍殉牲，种类有马、牛、羊，以殉头和蹄为主。殉牲一般放置在填土中，尸骨周围摆放陶器、青铜器、铁器、金银器等随葬品，尸骨和衣服上佩戴各种装饰品。

青铜器有短剑、镞、刀、锥（针）管、鹤嘴斧、凿、锥等兵器和工具，衔、镳、马面饰、车辕饰、杆头饰等车马器，带饰、带扣、管状饰、圆雕动物形象等装饰品等。金银器有冠饰、带饰、饰片、项圈、耳环和耳坠等。铁器有剑、刀、锥等。陶器数量少，制作粗糙，种类只有罐类。青铜器和金银器上动物纹样发达，图案有猛兽噬食草动物纹、动物相斗纹、伫立或伏卧状动物纹、虚幻动物纹等。

生业为游牧经济，饲养羊最多，其次是马和牛。制铜业和制铁手工业发达，而制陶业欠发达，金器制造水平较高。

桃红巴拉文化活动地域在鄂尔多斯高原，时间在春秋至战国时期，逐水草游牧，与历史文献记载的匈奴人生活地域和时间，以及生活方式吻合，考古学家把桃红巴拉文化推定为匈奴人遗存[1]。

二　历史时期

在战国时期中原列国开始向北扩张，伊金霍洛旗地区开始进入历史时期。

秦惠文王更元元年（公元前 324 年），秦国迫使魏国割让上郡十五县。秦惠文王更元五年（公元前 320 年）攻入鄂尔多斯高原，向北至北河（今巴彦淖尔市乌加河），鄂尔多斯高原大部归秦国控制，秦上郡较魏也有所扩大，包括鄂尔多斯东部的准格尔旗和伊金霍洛旗、达拉特旗、东胜区东部。秦昭襄王时，灭义渠，在鄂尔多斯西南部设置北地郡。为拒胡，巩固北部边疆新占土地，秦惠文王更元元年（公元前 324 年）开始沿陇西、北地、上郡修筑长城，大约在秦昭襄王二十年（公元前 287 年）完工。长城从陕西省神木县进入内蒙古自治区鄂尔多斯市伊金霍洛旗东部，向东北经过准格尔旗西部、东胜区和达拉特旗东部，以及准格尔旗北部，达黄河西岸。

秦朝统一全国后，秦始皇于三十二年（公元前 215 年）派遣蒙恬发兵三十万北击匈奴，统领楼烦和白羊王，占领河南地，广筑县城，伊金霍洛旗归上郡管辖。修筑从九原至云阳的秦直道，南北纵贯伊金霍洛旗。

西汉时期伊金霍洛旗北部归朔方刺史部西河郡、南部归朔方刺史部上郡管辖。东汉时期伊金霍洛旗属并州刺史部的西河郡和上郡管辖，南匈奴降汉后，成为南匈奴驻牧地。三国和西晋时期羌胡占领伊金霍洛旗。后赵、前秦、后秦归朔方郡统辖。407 年铁弗匈奴赫连勃勃建立大夏国，设置幽州统治伊金霍洛旗等地。后归北魏和西魏统治。

隋朝时期伊金霍洛旗归榆林郡管辖，唐朝时期归关内道夏州和胜州管辖。西夏时期属夏州所辖。元代伊金霍洛旗隶属陕西行省延安路所辖。明朝初年，属于东胜卫辖地。明弘治年间，鞑靼进入河套地区，伊金霍洛旗属于袄儿都司。明中后期，蒙古鄂尔多斯部进入鄂尔多斯高原。

清朝对蒙古地区实行盟旗制度，将鄂尔多斯划分为左翼前、中、后，右翼前、中、后六个旗，合称伊克昭盟。伊金霍洛旗大部分属于鄂尔多斯左翼中旗，也称郡

---

[1] 田广金：《桃红巴拉的匈奴墓》，《考古学报》1976 年第 1 期。

王旗。清乾隆元年（1736年）从乌审旗划出十三个苏木，组成鄂尔多斯右翼前末旗，也称札萨克旗。

民国三年（1914年）将归绥改为绥远特别区，郡王旗和札萨克旗归绥远管辖。民国十六年（1927年）归蒙藏委员会管辖，民国二十五年（1936年）归绥境蒙政会管辖。

1947年绥远解放，郡王旗和札萨克旗属绥远管辖。1949年中华人民共和国成立，郡王旗和札萨克旗归内蒙古自治区伊克昭盟管辖。1958年11月5日，郡王旗和札萨克旗合并，称札郡旗，有10个公社。1959年1月15日改称伊金霍洛旗（伊金霍洛蒙古语，意为"圣主的陵寝"），旗址驻地设在新街镇，有8个公社，1961年划分为12个公社，1962年11月划分为15个公社。1964年7月1日旗址驻地迁往阿勒腾席热镇。1983年将全旗15个公社改为12个乡、3个苏木、2个镇，2005年9月5日将15个乡镇苏木撤并为7个镇，分别是阿勒腾席热镇、乌兰木伦镇、伊金霍洛镇、札萨克镇、纳林陶亥镇、红庆河镇、苏布尔嘎镇。全旗现有总人口16.4万人，其中少数民族1.1万人，主要有蒙古、汉、回、满、瑶、白、土家、朝鲜等民族。

第二章　考古经过

第一节　发掘经过

为配合松（松定霍洛）—马（马家塔）公路建设，1986 年对白敖包遗址进行了清理，1989 年对白敖包遗址进行了抢救性发掘。

一　第一次清理发掘

1986 年 8 月，内蒙古自治区伊克昭盟文物工作站（现在为鄂尔多斯考古研究院）调查小组在文物普查中发现了伊金霍洛旗白敖包遗址。同年 10 月，位于内蒙古自治区和陕西省交界处的神（神木）府（府谷）和东胜煤田配套工程松（松定霍洛）—马（马家塔）公路，在这一地区进行筑路施工。公路由西北向东南，先经白敖包西侧的遗址区，然后向东，沿白敖包南侧坡下推铲路基，致使遗址和墓葬遭到破坏。同年 11 月，在有关部门的协调和帮助下，伊克昭盟文物工作站组织人员前往清理发掘，对已遭破坏地段的遗址进行了小面积清理工作，清理房屋 1 座、灰坑 11 座、墓葬 2 座（其中 1 座为瓮棺葬），出土陶器、石器、骨器等遗物。

二　第二次清理发掘

1989 年 8~11 月，由内蒙古自治区文物考古研究所会同伊克昭盟文物工作站、伊金霍洛旗文物管理所，共同对白敖包南侧筑路施工取土地段进行抢救性清理发掘，沿着公路东西布探方和探沟，西部布探方 15 个（编号 T1~T14、T11 扩方），东部布探方 7 个（编号 T15~T21），中部布探沟 42 条（编号 TG1~TG42）。发掘面积约 6000 平方米，清理房址 1 座（编号 F2）、灰坑 28 座（编号 H10、H12、H14、H17~H40）、灰沟 7 条（编号 G1~G7）、墓葬 66 座（编号 M1~M39、M41~M67）（图二），出土有陶器、石器、骨器 258 件。参加发掘人员有内蒙古自治区文物考古研究所李少兵、吉平、连吉林，伊克昭盟文物工作站高毅、刘建华、郝二玲，伊金霍洛旗文物管理所王志平，达拉特旗文物管理所王清云，技工李连顺（彩版二、三，3）。

第二节　资料整理经过

资料整理分为两个阶段，第一阶段是 1990~1991 年的初步整理阶段，第二阶段是 2010~2015 年的系统整理阶段。

一　初步资料整理

1990 年 10 月 ~1991 年 1 月对 1989 年发掘资料进行了初步整理工作，并对大部分遗物进行拼对、修复和绘图，参加整理人员有李少兵、高毅、田丽、李连顺。

二　系统资料整理

2010~2011 年再次对 1989 年发掘资料进行系统整理，并进行了拍照，参加整理人员有索秀芬、李少兵、李婉琪、齐溶青、孙璐、吴松岩，拍照郭殿勇。2012~2014 年马婧绘制了遗迹墨线图和部分遗物图。2014 年 3~5 月李威对陶器纹饰进行了拓片工作。

第三节　编写报告经过

编写发掘报告分两个部分，一个是撰写发掘报告，一个是编辑发掘报告。

一　撰写发掘报告

2012~2013 年编写 1989 年发掘资料报告过程中，对所有遗迹、遗物图和照片进行核对，绘图马婧，拍照玛雅、白云峰、李铁军，撰稿索秀芬、李少兵、李婉琪、齐溶青、孙璐、吴松岩。

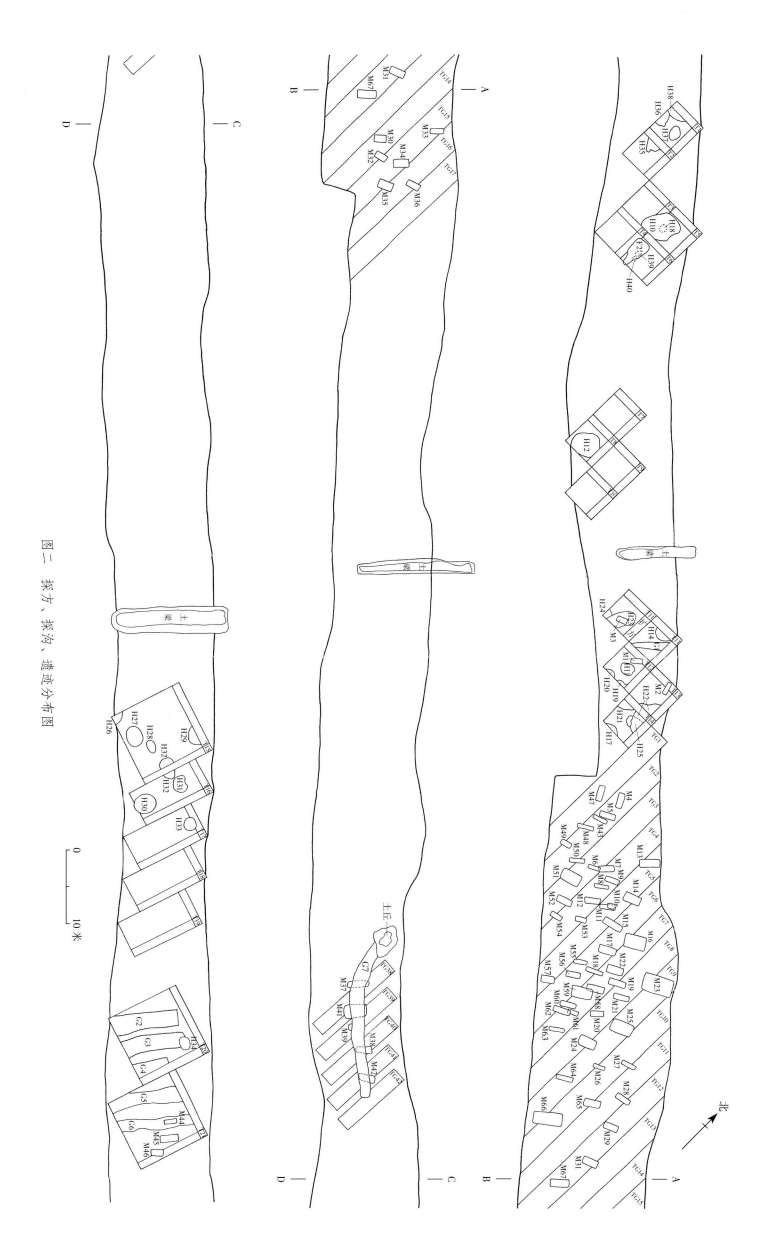

图二　探方、探沟、遗迹分布图

二　编辑发掘报告

2014 年 8~10 月，进行贴图。2014 年 10~12 月对图、照片和文字进行核对。绘图马婧，贴图索秀芬、李婉琪，列表李婉琪、索秀芬，线图电子排版孙璐，照片排版吴松岩，核对索秀芬。

第三章　地层堆积与遗存阶段划分

1989 年发掘地段是沿着公路方向布探方和探沟，绝大多数地段在推路基时地层遭到破坏，在遗址最东端和西端保留少量地层，其余部分只残存墓葬。

第一节　地层堆积

1989 年发掘的白敖包遗址部分是沿着公路布方，大部分遗址上部已被修路时用推土机推掉，各探方保存文化堆积厚度各不相同，大部分文化层无存，有的只保留灰坑、墓葬、灰沟等遗迹。

一　探方地层堆积

在遗址西部布探方 15 个，分别是 T1~T11、T11 扩方、T12~T14，其中 T7、T9、T10 为空方，其余探方有文化层堆积和房屋（F2）、灰坑（H10~H12、H14、H17~H25、H35~H40）、沟（G1）、墓葬（M1~M3）分布。

在遗址东部布 T15~T21，共计 7 个探方，其中 T18、T19 为空方，其余探方表土下有灰坑 H26~H33，沟 G2~G6，墓葬 M44~M46 分布。

1. T1 地层

T1 位于发掘区西部，T2 北侧。T1 仅一层堆积 T1 ①层，即表层黄沙土层，为风沙淤积而成，厚度为 0~50 厘米，疏松，无遗物。T1 ①层下开口的灰坑有 H36~H38，其中 H36 打破 H38（图三）。

2. T3 地层

T3 位于发掘区西部，T4 北侧，T5 西侧。T3 存三层堆积，分别是 T3 ①层、

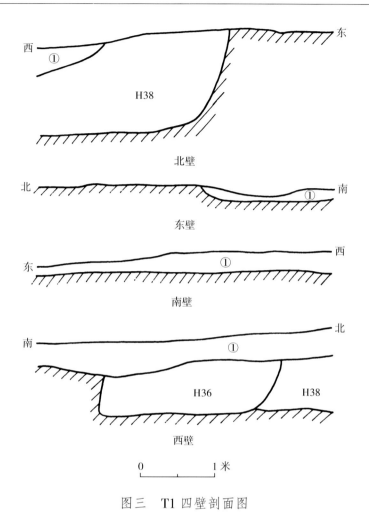

图三 T1 四壁剖面图

T3 ②层和 T3 ③层（图四）。

T3 ①层为表土层，为黄沙土层，质地疏松，遍布全方。厚 19~36 厘米。无遗物。

T3 ②层分布在探方的南部地区，为灰花色土层，质地坚硬。厚 0~26 厘米。包含少量夹砂和泥质灰陶片，器形有花边鬲等。

花边陶鬲（T3 ②：1） 夹砂灰陶。圆唇，侈口，直领，下部残。领上部饰一周齿形附加堆纹，领下部饰竖向篮纹，其下部饰一周凹弦纹。口径 21、残高 7.3 厘米（图五）。

T3 ③层为灰黄色土层，质地较硬。遍布全方。厚 5~27 厘米。包含少量夹砂褐陶和泥质灰陶片。H10 开口于 T3 ③层下，打破生土层。

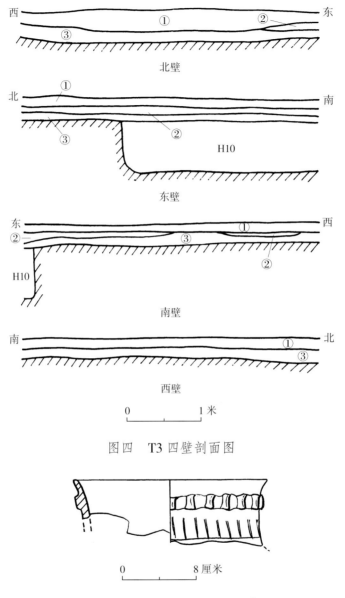

图四　T3 四壁剖面图

图五　T3②层出土花边陶鬲（T3②：1）

3. T5 地层

T5 位于发掘区西部，T3 东侧，T6 北侧。T5 存四层堆积，分别是 T5①层、T5②层、T5③层和 T5④层（图六）。

T5①层为表土层，为黄沙土层，质地疏松，几乎遍布全方。厚 0~23 厘米。无遗物。

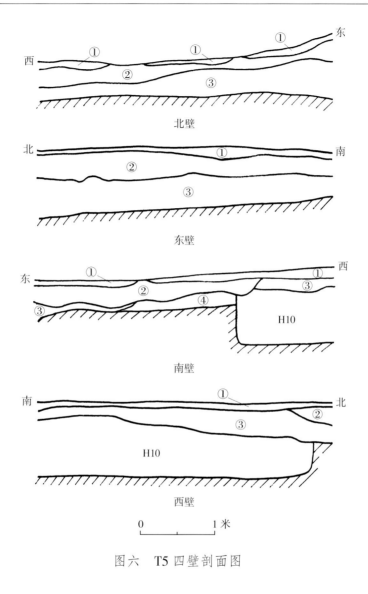

图六　T5 四壁剖面图

　　T5 ②层为灰花色土层，质地坚硬。除探方西南角没有分布外，其余部分均有分布。厚 0~35 厘米。包含少量泥质篮纹陶片。

　　T5 ③层为黄花土层，质地较为松软。除探方东部没有分布外，其余部分均有分布。厚 0~55 厘米。包含少量夹砂和泥质陶片，以及陶丸等。H10 开口于 T5 ③层下，打破 T5 ④和 H18，以及生土层。

　　陶丸（T5 ③：1）　泥质灰陶。圆球形。素面。直径 1.6 厘米（图七；彩版四五，3）。

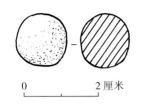

图七　T5③层出土陶丸
（T5③：1）

T5④层为黄色沙土层，其中夹杂灰色土块，质地较为松软。厚0~55厘米。无遗物。

4. T11 地层

T11位于发掘区西部，T11扩方东侧，T12北侧。T11存六层堆积，分别是T11①层、T11②层、T11③层、T11④层、T11⑤层和T11⑥层（图八）。

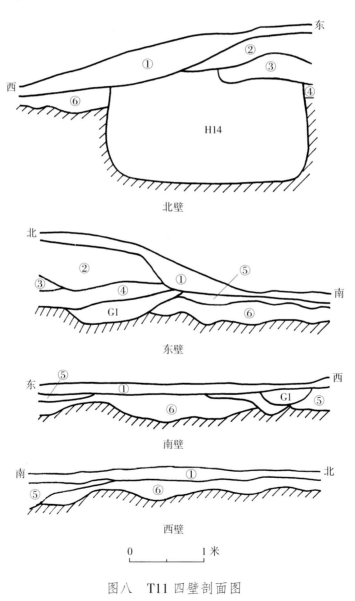

图八　T11 四壁剖面图

地层东部高，西部低，由东向西倾斜。

T11①层为黄色沙土层，土质疏松。遍布全方。厚5~45厘米。无遗物。

T11②层为黑色沙土层，较为纯净，土质较硬。分布在东北部。厚0~42厘米。包含少量夹砂绳纹褐陶片和泥质篮纹灰陶片。

T11③层为黑灰色泛黄色土层，含沙，质地较为松软。分布在探方东北部。厚0~25厘米。包含少量夹砂绳纹褐陶片和泥质篮纹灰陶片。H14开口于T11③层下，打破T11④、⑤、⑥和生土层。

T11④层为灰褐色土层，呈粉状，含少量砂石粒，质地疏松。分布在探方东北部。厚0~33厘米。包含少量夹砂绳纹褐陶片、泥质素面和篮纹灰陶片。G1开口于T11④层下，打破⑤层、⑥层和生土层。

T11⑤层为黄褐色土层，沙质，较松软。分布在探方南部。厚0~35厘米。包含个别灰陶片。

T11⑥为红褐色土层，较黏，坚硬，其间夹杂白色斑点。除西南部和东北部没有分布外，其余部分均有分布。厚0~35厘米。无遗物。

5. T11扩方地层

T11扩方位于发掘区西部，T11西侧，T12西北侧。T11扩方存六层堆积，分别是T11扩方①层、T11扩方②层、T11扩方③层、T11扩方④层、T11扩方⑤层和T11扩方⑥层（图九）。

T11扩方①层为黄色沙土层，质地疏松。遍布全方。厚5~19厘米。无遗物。M3开口于T11扩方①层下，打破H23和生土层。

T11扩方②层为灰褐色土层，略呈粉状，夹杂少量沙粒，较为疏松。分布在探方的西南部。厚0~25厘米。包含少量夹砂绳纹、泥质篮纹和素面灰陶片。H23开口于T11扩方②层下，打破T11扩方⑤层、⑥层和H24，被M3打破。

T11扩方③层为灰褐色土层，含有沙粒，质地较软。分布在探方西南部。厚0~26厘米。包含少量泥质素面陶片。H24开口于T11扩方③层下，打破T11扩方④层、⑤层、⑥层和生土层，被H23打破。

T11扩方④层为灰黄色土层，沙质，质地松软。分布在探方中西部。厚0~30厘米。无遗物。

T11扩方⑤层为黄褐色土层，沙质，质地疏松。除探方西南部没有分布外，其

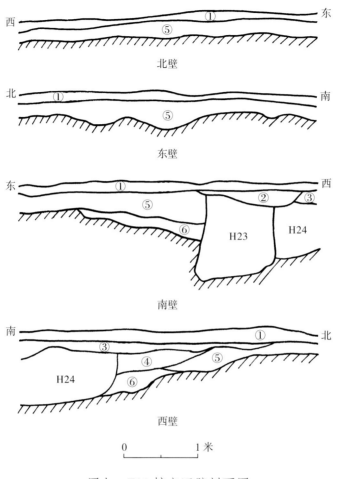

图九 T11扩方四壁剖面图

余部分均有分布。厚0~45厘米。无遗物。

T11扩方⑥层为红褐色土层，质地较黏，夹杂着白色斑点，较硬。分布在探方的中南部和中西部。厚0~29厘米。无遗物。

6. T12地层

T12位于发掘区西部，T11南侧，T13西侧。T12存八层堆积，分别是T12①层、T12②层、T12③层、T12④层、T12⑤层、T12⑥层、T12⑦层和T12⑧层（图一〇）。

T12①层为黄沙土层，质地疏松。遍布全方。厚3~21厘米。无遗物。M1和H11开口于T12①层下，打破T12④层、T12⑤层、T12⑦层和生土层，H11位于

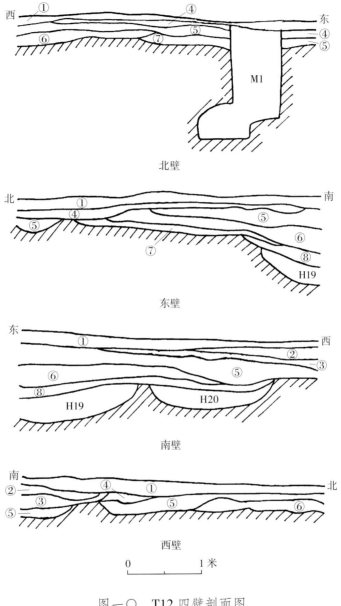

图一〇　T12 四壁剖面图

M1 南侧，是 M1 的祭祀坑。

T12 ②层为黄色沙土层，夹杂灰色土块，质地疏松。分布在探方的西南部。厚 0~16 厘米。无遗物。

T12 ③层为黑灰色土层，质地松软。分布在探方的西南部。厚 0~19 厘米。包含极少夹砂绳纹和泥质篮纹灰陶片，以及少量兽骨。

T12④层为黄花色土层，质地结构紧密，有黏性。分布在探方东部和北部地区。厚0~15厘米。无遗物。

T12⑤层为黑色花土层，质地松软。几乎遍布全方，只有个别地区没有分布。厚0~36厘米。无遗物。

T12⑥层为灰黄色土层，质地松软。分布在探方中部地区。厚0~36厘米。包含少量夹砂绳纹褐陶片和泥质篮纹灰陶片。

T12⑦层为黑黄色土层，质地松软。分布在中部地区，东西向延伸。厚0~14厘米。无遗物。

T12⑧层为灰黄色花土层，质地松软。分布在探方的东南部。厚0~21厘米。无遗物。H19、H20开口于T12⑧层下，打破生土层。

7. T13地层

T13位于发掘区西部，T12东侧，T14北侧。T13存三层堆积，分别是T13①层、T13②层、T13③层（图一一）。

T13①层为黄色沙土层，结构松散，颗粒细小。分布在探方东南部和西北部。厚0~15厘米。无遗物。H22、M2开口于T13①层下，打破T13②、③、生土层。

T13②层为黑色土层，结构紧密，颗粒细小，土质较硬。分布在大部分，只有东南角没有分布。厚0~58厘米。包含少量泥质篮纹灰陶片。

T13③层为灰黄色土层，结构紧密，颗粒细小，土质较软。除东南角外，其余部分均有分布。厚0~46厘米。无遗物。

8. T14地层

T14位于发掘区西部，T13南侧，TG1东侧。T14存三层堆积，分别是T14①层、T14②层、T14③层（图一二）。

T14①层为黄色沙土层，颗粒细小，均匀。分布在探方西南部和东南部。厚0~35厘米。无遗物。H22开口于T14①层下，打破T14②层、③层、生土层，叠压在H25之上。

T14②层为黑黄色土层，颗粒细密，土质较硬。分布在探方西部。厚0~23厘米。包含少量夹砂绳纹褐色陶片。H21开口于T14②层下，打破T14③和生土层。

T14③层为灰黄色土层，颗粒细密，土质较硬。分布在探方西南部。厚0~55

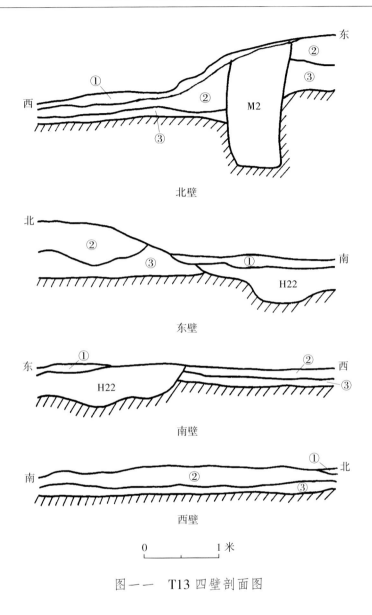

北壁

东壁

南壁

西壁

0　　　　　1 米

图一一　T13 四壁剖面图

厘米。无遗物。H17 开口于 T14 ③层下，打破生土层。H25 开口于 T14 ③层下，叠压在 H22 下，打破生土层。

二　探沟地层堆积

1. TG1~TG17 地层

在遗址中部打探沟 TG1~TG17，共计 17 条探沟。探沟上部堆积被推土机推掉，

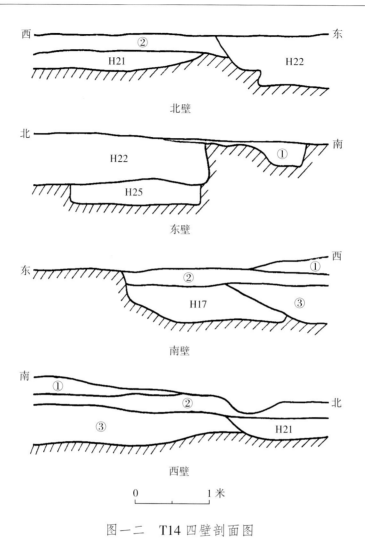

图一二　T14 四壁剖面图

地表出露墓葬 M4~M36、M43、M47~M67，共计 55 座墓葬。墓葬均打破生土层。

2. TG38~TG42 地层

在遗址西部打探沟 TG38~TG42，共计 5 条探沟。探沟上部堆积被推土机推掉，出露灰沟 G7，打破墓葬 M37、M38、M39、M41、M42，以及生土层。

TG38 ①层为黄色沙土层，颗粒细小，均匀。厚 0~40 厘米。G7 和 M37 开口于 TG38 ①层下，G7 打破 M37，G7 和 M37 打破生土层（图一三）。

TG41 ①层为黄色沙土层，颗粒细小，均匀。厚 10~31 厘米。G7 和 M42 开口于 TG41 ①层下，G7 打破 M42，G7 和 M42 打破生土层（图一四）。

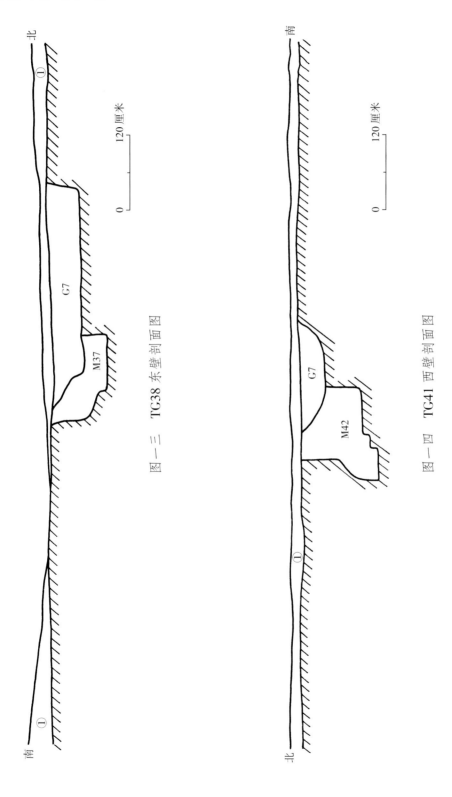

图一三　TG38 东壁剖面图

图一四　TG41 西壁剖面图

第二节　遗存阶段划分

一　西部发掘区叠压打破关系

在发掘区西部，M1 开口于 T12 表土层下，打破 T12 ④层、⑤层、⑦层和生土层，M1 晚于 T12 ④层、⑤层、⑦层。M2 开口于 T13 表土层下，打破 T13 ②层、③层和生土层，M2 晚于 T13 ②层、③层。M3 开口于 T11 扩方表土层下，打破 H23，M3 晚于 H23。H23 开口于 T11 扩方②层下，H24 开口于 T11 扩方③层下，H23 打破 H24，H23 和 H24 打破④层、⑤层、⑥层，H23 晚于 H24。

二　中部发掘区叠压打破关系

中部发掘区墓葬之间有四组打破关系，即 M6 → M7、M10 → M11、M59 → M58、M62 → M61，其中 M6、M7、M10 没有随葬品，M6 和 M7、M10 和 M11 不具备分期意义，M58 早于 M59，M61 早于 M62。

三　东部发掘区叠压打破关系

在发掘区东部，M44 打破灰沟 G6，从打破关系看，M44 晚于灰沟 G6，但灰沟 G6 内没有遗物出土，这组打破关系也不具有分期意义。

灰沟 G7 打破 M37、M38、M39、M41、M42，灰沟 G7 晚于 M37、M38、M39、M41、M42。

四　遗存阶段划分

在东部发掘区灰沟 G7 打破 M37~M39、M41、M42。M37~M39、M41、M42 出土折肩罐、双耳罐、敞口尊、侈口盉、敛口盉、单耳罐、粗柄豆、细柄豆、单把鬲等，灰沟 G7 中出土蛇纹鬲、敛口瓮等。以蛇纹鬲为代表的遗存晚于以单把鬲为代表的遗存，由此划分为早、晚两个阶段，以 M37、M38、M39、M41、M42 为代表的遗存属于第一阶段，以 G7 为代表的遗存属于第二阶段。除了 G7 以外的其他 1989 年清理的遗存均属于第一阶段遗存。

　　F2 位于发掘区西部，居住面上的陶鬲（F2 ②：1）高领，袋足，与 M33 随葬鬲（M33：2）形态一致，不同之处为 F2 ②：1 为双鋬，形体大，为实用器；M33：2 为单把，形体小，为明器。F2 居住面上的折肩高领罐下部残，高领，与墓葬出土高领罐形制相同。从而判断第一阶段居住址和墓葬为生居死葬关系。

　　根据地层和遗迹叠压打破关系，以及遗物特征，遗址分为两个大的阶段，第一阶段有发掘的地层、灰坑、房址、灰沟 G1~G6 和墓葬，以及一些采集陶器；第二阶段以灰沟 G7 为代表，还有一些采集陶器。

第四章 第一阶段遗存

第一阶段遗迹有房屋、灰坑、灰沟和墓葬等，遗物中陶器数量最多，还有少量骨器、石器等。

第一节 第一阶段遗迹

一 房屋

1989 年发掘第一阶段房址 1 座，编号 F2。

F2 位于发掘区的西部，在 T4 和 T6 内。开口于表土层下，叠压在 H39 之上，打破 H40 和生土层。半地穴式建筑，平面形状呈凸字形，直壁，南北长 300、东西宽 262、残深 30~40 厘米。门道位于南墙中部，大致呈梯形，前窄后宽，宽 30~130、长 118 厘米，呈斜坡式，方向 180°。居住面为一层垫土，厚约 5 厘米，表面平整。在居住面中部有一个圆形柱洞，直径 34、深 35 厘米。柱洞底部垫一层碎陶片，厚 10 厘米。在靠西墙北部的居住面上有圆角长方形地面灶，南北长 105、东西宽 48、红烧土厚 8~10 厘米。在灶北部居住面上放置 1 件残折肩陶罐（F2②：2），在灶和北壁之间居住面上放置 1 件残錾耳陶鬲（F2②：1），在西南部靠近门道处的居住面上放置 1 件骨管（F2②：3）和 1 件骨针（F2②：4）（图一五）。房内填土为黑花土（F2①），有黏性，较硬。填土中有陶片、骨器和兽骨。陶片分为夹砂灰陶和泥质灰陶两种陶系，纹饰有绳纹和篮纹，可辨器形有鬲和折肩罐。

錾耳陶鬲（F2②：1） 夹砂黑褐陶。尖圆唇，斜领，束颈，袋状足，足尖残。

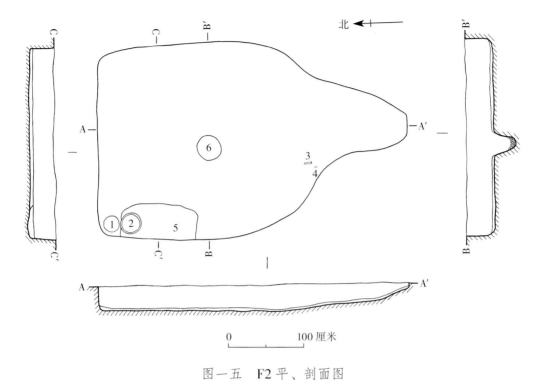

图一五　F2平、剖面图

1. 鋬耳陶鬲　2. 折肩陶罐　3. 骨管　4. 骨针　5. 灶　6. 柱洞

饰绳纹，两袋足之间饰一个鸡冠耳，相对袋足上饰另一个鸡冠耳。口径17.6、残高26.5厘米（图一六，5；彩版五，5）。

折肩陶罐（F2②：2）　泥质灰陶。只残存领部。颈部饰三道凹弦纹，其内饰平行斜线纹。残高9.8厘米（图一六，4）。

骨管（F2②：3）　用动物肢骨加工而成，外表磨光。一端封闭，略粗；另一端开口，略细。横剖面呈半圆形。长11.4、宽1.5~2.2、厚1.4~1.8厘米（图一六，2；彩版四八，3）。

骨针（F2②：4）　磨光。扁圆柱形，上部残，只存下部尖部。残长2.1、残直径0.1~0.2厘米（图一六，3）。

骨凿（F2①：1）　用兽肢骨磨制而成，长条形，在一端保留肢骨关节，另一端磨成扁平状刃形。一侧面较平，另一侧面由刃部逐渐外凸。长15.8、刃宽3厘米（图一六，1；彩版四七，6）。

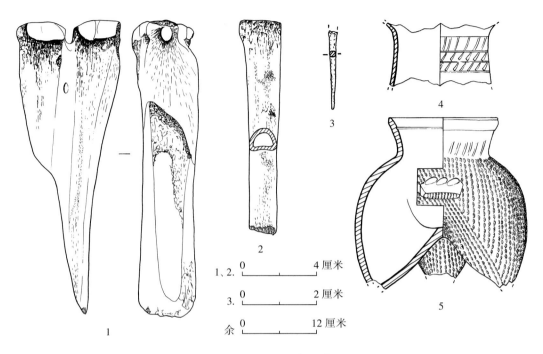

图一六　F2 居住面和填土中出土器物

1. 骨凿（F2①：1）　2. 骨管（F2②：3）　3. 骨针（F2②：4）　4. 折肩陶罐（F2②：2）
5. 鋬耳陶鬲（F2②：1）

二　灰坑

1989 年清理第一阶段灰坑 27 座（附表一），编号为 H10、H12、H14、H17~H40。灰坑平面形状分为圆形、椭圆形、不规则形和不明形状四个类型。

（一）圆形灰坑

4 座。根据剖面形状分为三种。

1. 直壁平底

1 座，编号为 H18。

H18　位于发掘区西部，T5 西南部。被 H10 叠压，打破生土层。平面为圆形，直壁，平底。口径 90、深 70 厘米（图一七）。填土为灰花土，夹杂少量生土块，包含少量夹砂素面灰陶片。

2. 袋状平底

2 座，编号为 H27、H30。

H27　位于发掘区东部，T15 西南部。开口于 T15 ①层下，打破生土层。平面为圆形，袋状壁，平底。口径 225、底径 262、深 68厘米（图一八）。填土为灰色土，疏松，包含少量泥质和夹砂灰陶片。

H30　位于发掘区东部，T16 南部。开口于 T16 ①层下，打破生土层。平面为圆形，袋状壁，平底。口径 250、底径 276、深 162厘米（图一九）。填土为灰黄色土，较硬，包含少量泥质灰陶片。

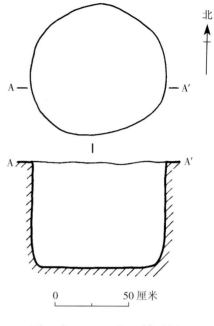

图一七　H18 平、剖面图

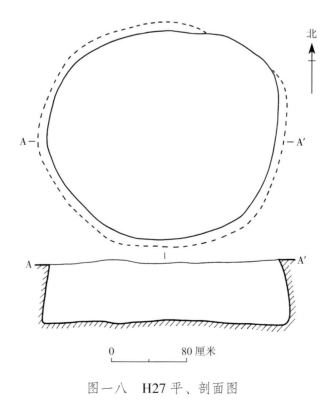

图一八　H27 平、剖面图

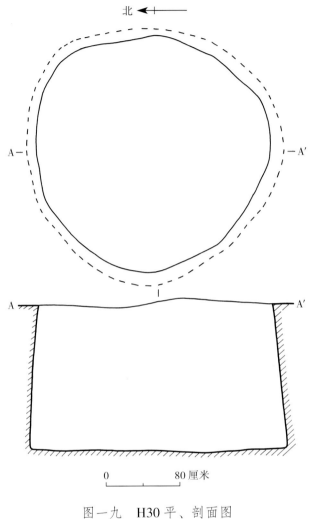

图一九　H30 平、剖面图

3. 直壁斜底

1 座，编号为 H33。

H33　位于发掘区东部，T17 北部。开口于 T17 ①层下，打破生土层。平面为圆形，直壁，斜底。口径 190、深 12~50 厘米（图二〇）。填土为黄花土，较松软，包含少量灰色泥质陶片。

（二）椭圆形灰坑

5 座。根据剖面形状分为三种。

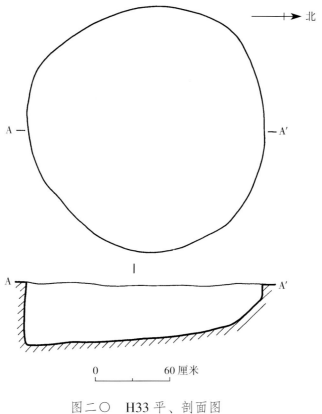

图二〇　H33 平、剖面图

1. 斜壁平底

3 座，编号为 H28、H37、H39。

H28　位于发掘区东部，T15 南部。开口于 T15 ①层下，打破生土层。平面为椭圆形，斜壁，近平底。口长径 178、口短径 152、深 64 厘米（图二一）。填土为灰黄色土，紧密，较硬，无遗物。

H37　位于发掘区西部，T1 东部。开口于 T1 ①层下，打破生土层。平面为椭圆形，近斜壁，近平底。口长径 190、口短径 150、深 107 厘米（图二二）。填土为灰色土，疏松，内含少量木炭颗粒，包含少量夹砂黑褐陶片、石器和兽骨，器形有陶鬲和石钺等。

石钺（H37：1）　磨制。平面呈梯形，上窄下宽，扁平，顶部较厚，向刃部逐渐变薄，靠近顶部正中有一个圆形钻孔，两面对钻，正锋，顶部和刃部有疤痕。长 11.5、顶宽 4.5、刃宽 7.5、厚 0.8~1.2、孔径 0.8~1.3 厘米（图二三，2）。

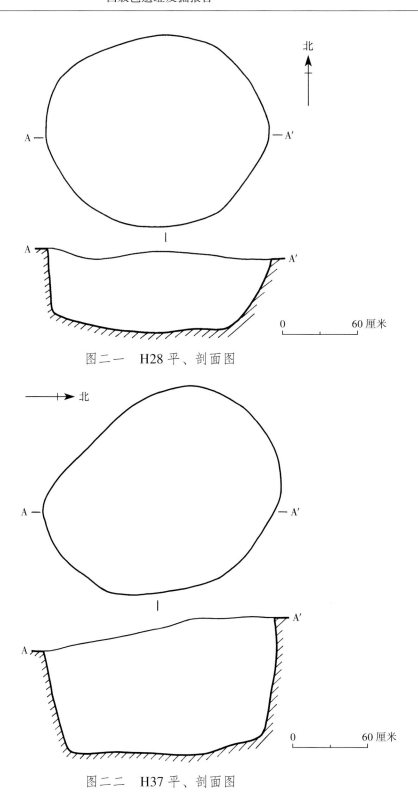

图二一　H28 平、剖面图

图二二　H37 平、剖面图

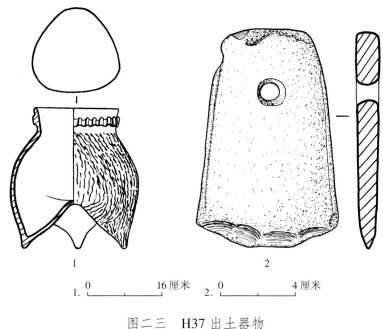

图二三　H37 出土器物

1. 陶鬲（H37：2）　2. 石钺（H37：1）

陶鬲（H37：2）　夹砂黑褐陶。尖圆唇，口微侈，直领，束颈，口部不甚圆，略呈三角形。乳状足，实足根微外撇。领部饰齿形附加堆纹，器表饰绳纹。口径17.6、高29.6厘米（图二三，1；彩版五，3）。

H39　位于发掘区西部，T6中部。叠压在 F2 下，打破生土层。平面为椭圆形，斜壁，平底。口长径130、口短径112、深18厘米（图二四）。填土为黑花土，有黏性，松软，包含少量夹砂灰陶片，器形有三足瓮等。

三足陶瓮（H39：1）　夹砂灰陶。仅残存一个袋足。饰绳纹。残宽14.8、残高12.4厘米（图二五）。

2. 直壁平底

1 座，编号为 H32。

H32　位于发掘区东部，T15 东部和 T16 西部。开口于 T15 ①和 T16 ①层下，打破生土层。平面为椭圆形，直壁，平底。口长径298、口短径193、深133厘米（图二六）。填土为灰黄色土，较硬，包含少量泥质灰陶片和夹砂灰陶片。

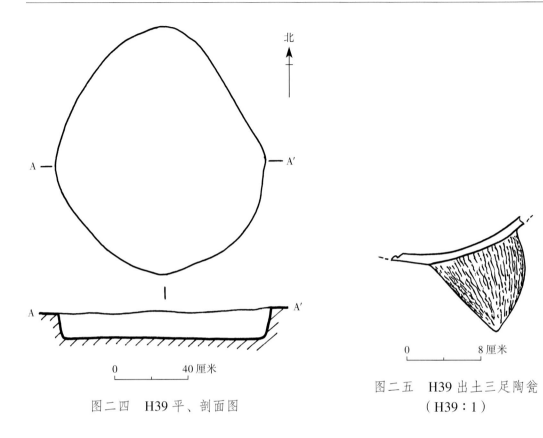

图二四　H39平、剖面图

图二五　H39出土三足陶瓮
（H39∶1）

3. 锅底状

1座，编号为H34。

H34　位于发掘区东部，T20东北部。开口于T20①层下，打破G3和生土层。平面为椭圆形，锅底状底。口长径72、口短径56、深15厘米（图二七）。填土为黑灰色土，松软，包含少量绳纹夹砂灰陶片。

（三）不规则形灰坑

3座。根据剖面形状分为两种。

1. 直壁平底

2座，编号为H10、H40。

H10　位于发掘区西部，T5西南部，T3东部，T4东北部和T6北部，对T5和T3部分进行了发掘，T4和T6部分未进行发掘。坑口距地表约30厘米，开口于T5③层下，打破T5④层和H18，以及生土层。发掘部分坑口呈不规则形，直壁，

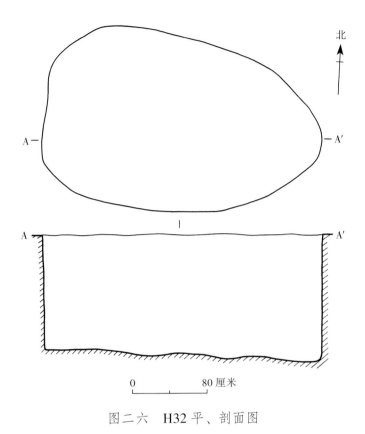

北

图二六　H32 平、剖面图

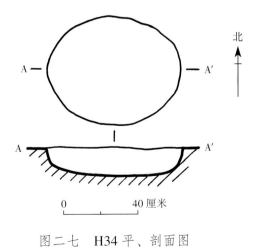

北

图二七　H34 平、剖面图

平底。口径 338~502、深 120 厘米（图二八）。坑内填土为灰花土，较硬。包含少量陶器和较多骨器。陶器为泥质灰陶和夹砂褐陶，其中有 1 件陶丸，其余比较破碎，不辨器形。骨器数量较多，器形有锥和卜骨。

　　骨锥（H10：1）　用兽骨磨制而成。上部为骨头原状，一面凸起，一面内凹，下部磨成扁圆尖形。长 6.6、上端最宽 1.8、厚 0.2、尖端最细 0.1、厚 0.15 厘米（图二九，5；彩版四七，7）。

　　骨锥（H10：2）　用兽骨磨制而成。上部切成斜面，一面凸起，一面内凹，下部磨成扁圆形尖锥状。长 5.7、顶端最宽 0.8、厚 0.2、尖端最细 0.1、厚 0.15 厘米（图二九，2；彩版四八，1）。

　　陶丸（H10：3）　泥质灰陶。圆球形，器表光滑。素面。直径 0.8 厘米（图

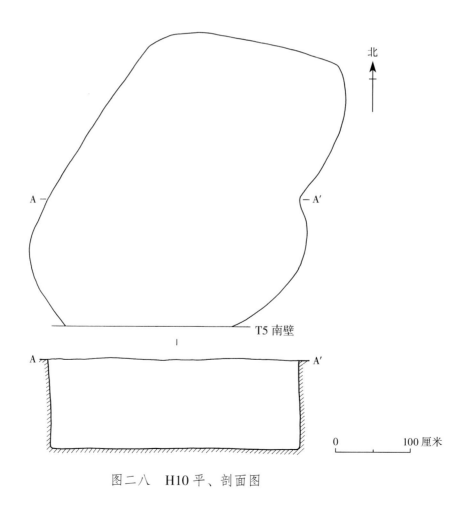

图二八　H10 平、剖面图

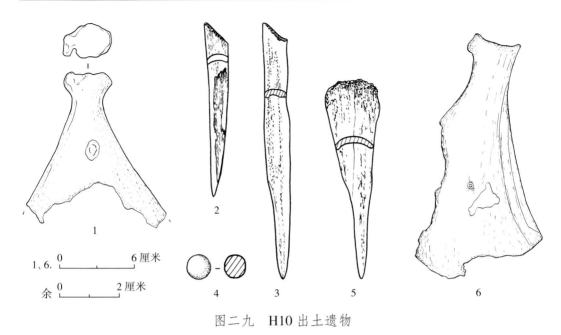

图二九　H10 出土遗物

1、6. 卜骨（H10：6、H10：5）　2、3、5. 骨锥（H10：2、H10：4、H10：1）　4. 陶丸（H10：3）

二九，4；彩版四五，4）。

骨锥（H10：4）　用兽骨从中部劈开磨制而成。上端残成斜面状，一面凸起，一面内凹，下部磨成扁圆形尖锥状。残长 8.5、上部残宽 0.8、厚 0.2、尖端宽 0.15、厚 0.15 厘米（图二九，3；彩版四八，2）。

卜骨（H10：5）　用猪肩胛骨制成。中部有一个圆形灼痕，先钻后灼，在灼痕的上下方各有一个弧形兆痕。在孔下方有不规则形疤痕。已残，长 19.3、残宽 10.1 厘米，灼痕直径 2~6 厘米（图二九，6）。

卜骨（H10：6）　用猪肩胛骨制成。中部有一个椭圆形灼痕。已残。残长 13.8、残宽 11.2 厘米，灼痕长径 1~1.4 厘米（图二九，1）。

H40　位于发掘区西部，T6 西南部。开口于 T6 ①层下，被 F2 打破，打破生土层。平面呈不规则形，直壁，平底。口部最长 60、最宽 44、深 31 厘米（图三〇）。填土为黑花土，有黏性，松软，无遗物。

2. 斜壁平底

1 座，编号为 H31。

H31　位于发掘区东部，T16 北部。开口于 T16 ①层下，打破生土层。平面呈

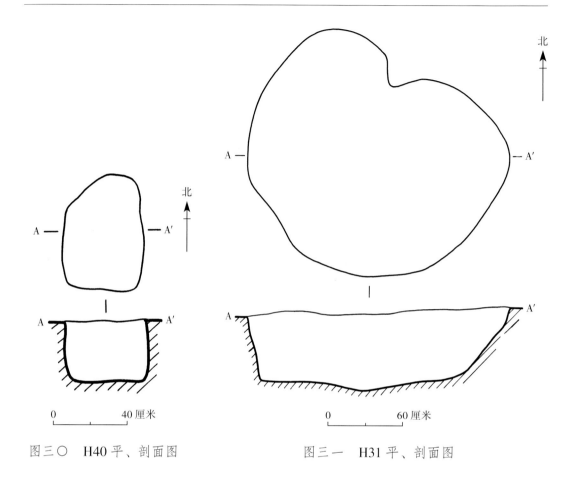

图三〇 H40 平、剖面图   图三一   H31 平、剖面图

不规则形，近斜壁，近平底。最大口径 200、深 60 厘米（图三一）。填土为灰黄色花土，较硬，无遗物。

（四）不明形状灰坑

15 座。根据剖面形状分为七种。

1. 锅底状剖面

6 座，编号为 H12、H19、H20、H21、H23、H24。

H12   位于发掘区西部，T8 东南部。开口于 T8 ①层下，打破生土层。除东部和南部没有发掘以外，其余大部分已经发掘。平面形状不明，剖面呈锅底状。最大口径约 360、最深 110 厘米（图三二）。填土为褐色，较为松软，包含有少量破碎泥质篮纹灰陶片，以及骨器和石器，器形有骨锥、骨片、骨刀、骨饰件和石刀等。

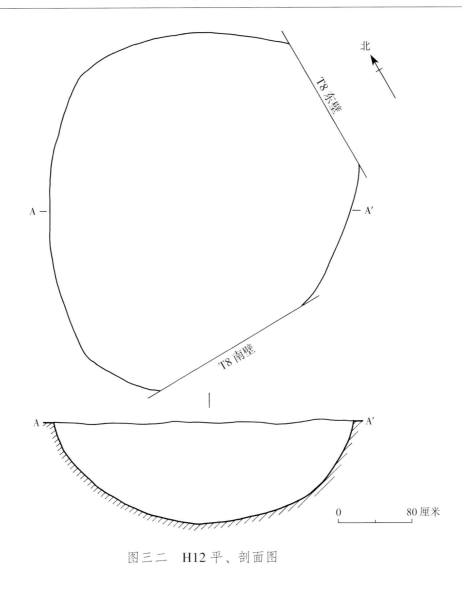

图三二　H12 平、剖面图

　　骨锥（H12∶1）　用兽骨磨制而成。上部横剖面为方形，下部横剖面为圆形。长 4.9 厘米（图三三，5）。

　　石刀（H12∶2）　磨制。平面大致呈梯形，上部略宽，下部略窄，由上部背部向下部刃部逐渐减薄，形成刀刃。中锋。中部一个对钻圆孔，一端残。残长 5.5、宽 3.8、最厚 0.7 厘米（图三三，2）。

　　骨锥（H12∶3）　利用兽骨磨制而成，一面内凹，一面凸起，上部残。残长 8.4 厘米（图三三，6）。

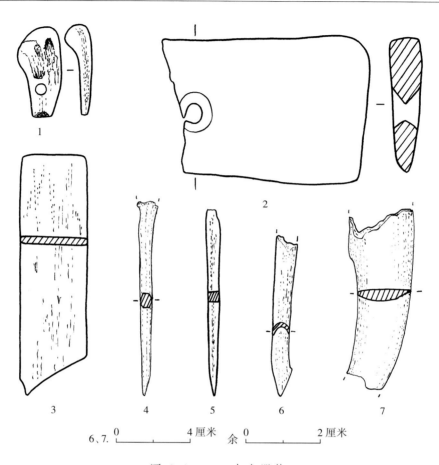

图三三　H12 出土器物

1. 骨饰品（H12：7）　2. 石刀（H12：2）　3. 骨片（H12：4）　4~6. 骨锥（H12：6、
H12：1、H12：3）　7. 骨刀（H12：5）

骨片（H12：4）　利用兽骨磨制而成，扁平。一端残断，残存部分平面呈长方
形，残长 6.4、宽 1.8、厚 0.2 厘米（图三三，3）。

骨刀（H12：5）　利用动物骨头磨制而成，呈弧形长条形，下边有刃，呈凸弧形，
上边为背，略呈内凹形，两端残，一端略宽，一端略窄。残长 9.4、残宽 2~3.4 厘米
（图三三，7）。

骨锥（H12：6）　用兽骨磨制而成。圆锥形，尖偏向一侧。顶部残。残长 5.1
厘米（图三三，4）。

骨饰品（H12：7）　利用兽骨磨制而成。一端较宽，一端较窄，较宽部分较
厚，较窄部分较薄，近中部钻一个圆形孔。长 2.4、宽 0.6~1.1、厚 0.2~0.7 厘米（图

三三，1）。

H19　位于发掘区西部，T12东南部，只发掘灰坑的西北部，在T12东隔梁内部分和T12以南部分未发掘。开口于T12⑧层下，打破生土层。平面形状不明，剖面呈锅底状。发掘部分口部最长170、深48厘米（图三四）。填土为黑灰色花土，松软，未见遗物。

H20　位于发掘区西部，T12南部，只发掘灰坑的北部，在T12以南部分未发掘。开口于T12⑧层下，打破生土层。平面形状不明，剖面呈锅底状。发掘部分口部最长172、深32厘米（图三五）。填土为黑灰色花土，疏松，未见遗物。

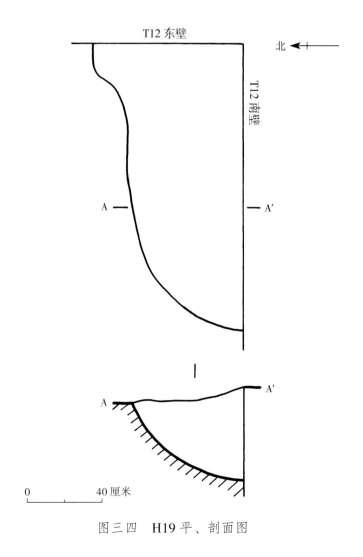

图三四　H19平、剖面图

　　H21　　位于发掘区西部，T14 西北部，只发掘了东南部分，压在 T14 北隔梁下和 T14 以外部分未发掘。开口于 T14 ②层下，打破 T14 ③层和生土层。平面形状不明，剖面呈锅底状。发掘部分口部最长 265、深 21～32 厘米（图三六）。填土为黄色花土，颗粒较大，较硬，包含少量夹砂褐色绳纹陶片和泥质篮纹灰色陶片。

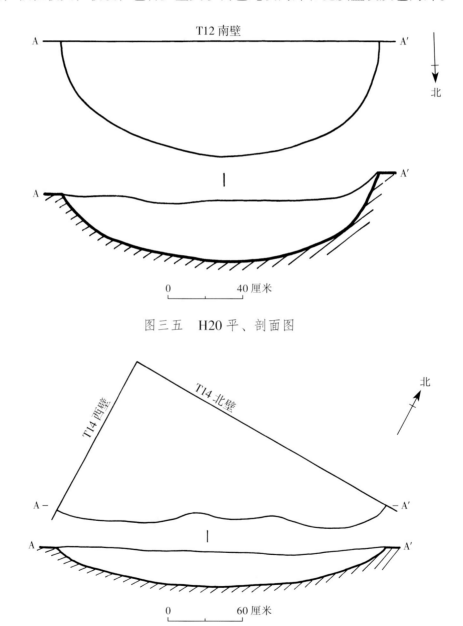

图三五　　H20 平、剖面图

图三六　　H21 平、剖面图

　　H23　位于发掘区西部，T11 扩方中南部，北部进行了发掘，T11 扩方以外的南部未进行发掘。开口于 T11 扩方②层下，打破 T11 扩方⑤层、⑥层和 H24，被 M3 打破。平面形状不明，剖面呈近锅底形，底部凹凸不平。发掘部分最长 430、深 128 厘米（图三七）。填土为灰褐色黏土，夹少量砂石，包含泥质篮纹和素面灰陶片，以及夹砂绳纹褐陶片，复原陶器有盆和鼎。

　　陶盆（H23∶1）　泥质灰陶。尖唇，厚叠唇，敞口，斜直壁，平底。器表饰竖向宽篮纹。口径 17、底径 11、高 9.5 厘米（图三八，1）。

　　陶鼎（H23∶2）　泥质灰陶。圆唇，敞口，斜直壁，圜底，底下装三个圆锥形足，口与底之间有双大耳。腹部饰一周凹弦纹。口径 10、高 8 厘米（图三八，2；彩版

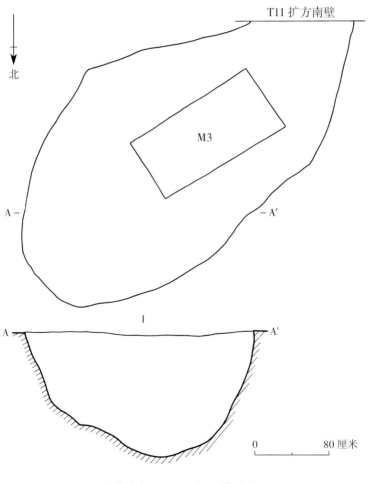

图三七　H23 平、剖面图

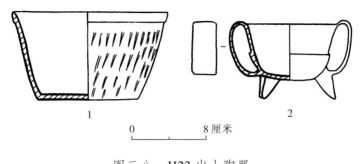

图三八　H23 出土陶器

1. 盆（H23∶1）　2. 鼎（H23∶2）

四五，2）。

H24　位于发掘区西部，T11 扩方西南部，只发掘了东北角，其余部分未发掘。开口于 T11 扩方③层下，打破 T11 扩方④层、⑤层、⑥层和生土层，被 H23 打破。平面形状不明，剖面呈锅底形。发掘最长 140、深 52 厘米（图三九）。填土为黑灰色，较为疏松，略呈黏性，包含较多陶片，有夹砂黑褐色绳纹陶片，以及泥质灰陶篮纹陶片，器形有甗等。

陶甗（H24∶1）　夹砂黑褐陶。尖圆唇，敛口，折肩，斜直腹，三足部分残，中腹饰对称鸡冠鋬耳。口部素面，器身饰绳纹。口径 22.5、残高 29.6 厘米（图四〇）。

2. 直壁平底

4 座，编号为 H14、H25、H26、H29。

H14　位于发掘区西部，T11 东北部，部分压在 T11 北隔梁下，未做清理。开口于 T11 ③层下，打破 T11 ④、⑤、⑥和生土层。平面形状不明，直壁，平底。清理最大口径 260、深 106 厘米（图四一）。填土为沙质土，上部较灰，下部较黄，杂有黑灰色土，包含有少量夹砂绳纹褐陶片和泥质灰陶篮纹陶片。

H25　位于发掘区西部，T14 东部，部分压在东隔梁下，未做清理。开口于 T14 ③层下，叠压在 H22 下，打破生土层。平面形状不明，直壁，平底。清理最长 188、深 36 厘米（图四二）。填土为黑色花土，疏松，颗粒较大，包含少量夹砂灰陶绳纹陶片和兽骨等，器形有鬲等。

陶鬲（H25∶1）　夹砂灰陶。口沿内斜，呈斜方唇，直口，束颈，斜肩，下部残。

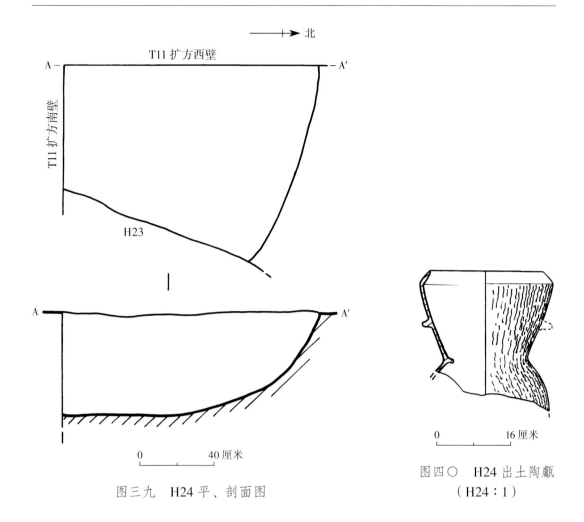

图三九 H24 平、剖面图

图四〇 H24 出土陶甗
（H24：1）

颈下饰一周凹弦纹，器表饰绳纹。口径 25、残高 8 厘米（图四三）。

H26 位于发掘区东部，T15 西南角，T15 探方外未发掘。开口于 T15 ①层下，打破生土层。平面形状不明，近直壁，近平底。清理最长 202、深 140 厘米（图四四）。填土为黑灰色花土，疏松，有少量泥质灰陶片和夹砂褐陶片。

H29 位于发掘区东部，T15 北部，T15 北隔梁部分未发掘。开口于 T15 ①层下，打破生土层。平面形状不明，近直壁，近平底。清理最长 260、深 80 厘米（图四五）。填土为灰黄色土，较硬，无遗物。

3. 弧壁平底

1 座，编号为 H17。

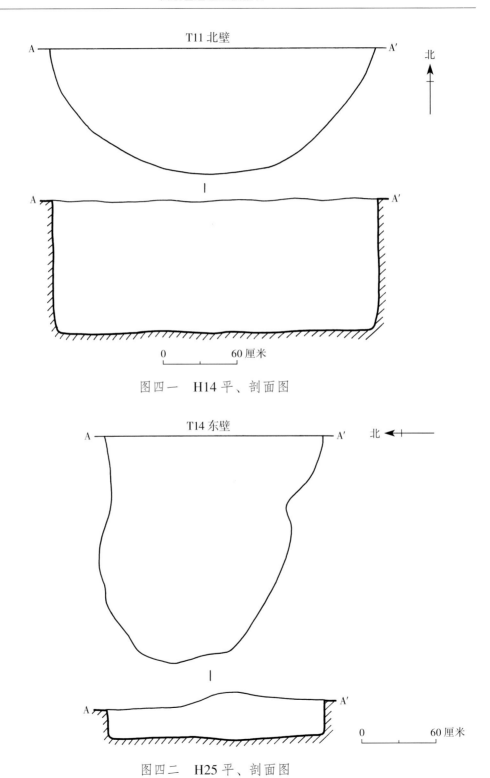

图四一　H14 平、剖面图

图四二　H25 平、剖面图

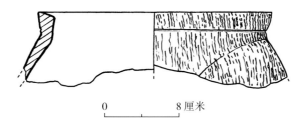

图四三　H25 出土陶鬲（H25：1）

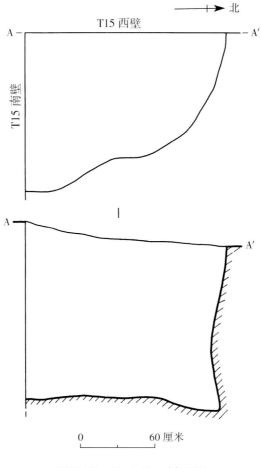

图四四　H26 平、剖面图

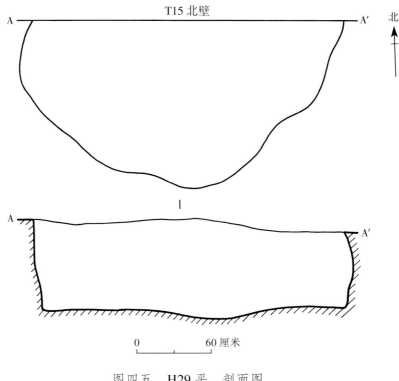

图四五　H29 平、剖面图

H17　位于发掘区西部，T14 南部，只发掘了北部少部分，南部大部分在 T14 以外未发掘。开口于 T14 ③层下，打破生土层。平面形状不明，弧壁，平底。发掘最大口径 220、深 52 厘米（图四六）。填土为黑灰色花土，疏松，出土少量泥质灰陶片和夹砂灰陶片。

4. 袋状平底

1 座，编号为 H22。

H22　位于发掘区西部，T13 东南部、T14 东北部，发掘了南部，在 T14 北隔梁和东隔梁，以及布方以外部分未发掘。开口于 T14 ①层下，打破 T14 ②层、③层及生土层，叠压在 H25 之上。平面形状不明，剖面呈袋状，底较平。发掘 T14 部分最长 280、深 72 厘米（图四七）。填土为黄色花土，颗粒较大，较硬，包含少量夹砂素面灰陶片。

5. 斜直壁，底不平

1 座，编号为 H35。

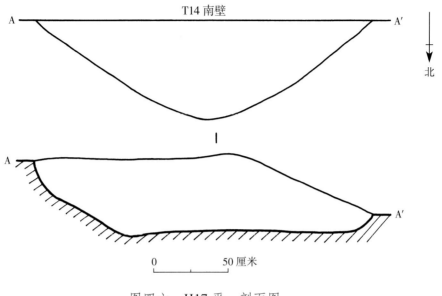

图四六 H17 平、剖面图

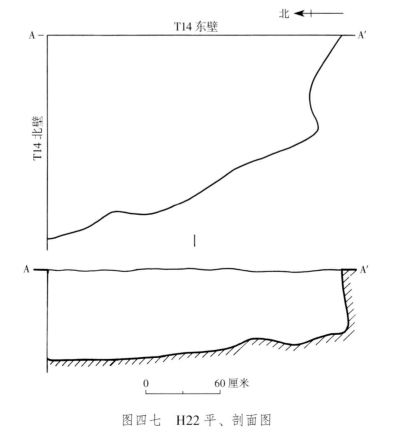

图四七 H22 平、剖面图

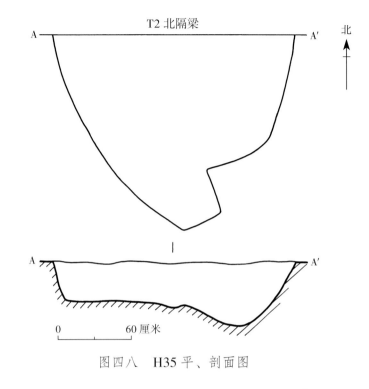

图四八　H35 平、剖面图

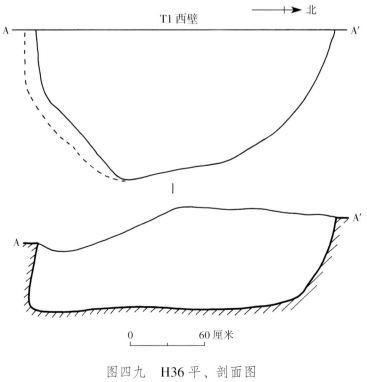

图四九　H36 平、剖面图

H35　位于发掘区西部，T2 北部，北隔梁内部分未发掘。开口于 T2 ①层下，打破生土层。平面形状不明，斜直壁，底高低不平。清理部分最长 196、深 30~49 厘米（图四八）。填土为黑灰色花土，较硬，包含少量泥质灰陶片和夹砂褐陶片。

6. 一侧斜直壁，一侧袋状，平底

1 座，编号为 H36。

H36　位于发掘区西部，T1 西部，T1 以外部分未发掘。开口于 T1 ①层下，打破 H38 和生土层。平面形状不明，一侧斜直壁，一侧袋状，平底。发掘最长 238、深 80 厘米（图四九）。填土为黑灰色土，疏松，颗粒细密，包含少量泥质灰陶片和夹砂灰陶片，以及少量兽骨等。

7. 斜壁平底

1 座，编号为 H38。

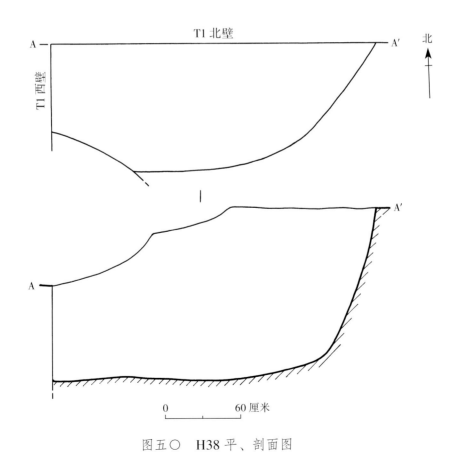

图五〇　H38 平、剖面图

H38   位于发掘区西部，T1 西北部，T1 北隔梁和以外部分未发掘。开口于
T1 ①层下，打破生土层，被 H36 打破。平面形状不明，斜壁，底较平。发掘口
部最长 260、深 136 厘米（图五〇）。填土为黑灰色土，疏松，包含少量泥质灰
陶片。

三   灰沟

灰沟共 6 条，编号为 G1~G6（附表二）。

G1   位于发掘区西部，T11 中部，T11 东隔梁、T12 北隔梁均未发掘。开口于
T11 ④层下，打破⑤层、⑥层和生土层。发掘部分平面为长条形，东部较宽，向西
部逐渐变窄，沟壁和底高低不平，大致呈锅底状。发掘沟长 530、宽 59~125、深
35 厘米（图五一）。填土为黄黑色花土，松软，包含少量泥质黄褐陶片等。

残陶器（G1：1）   泥质黄褐陶。口部残，直腹，平底。素面。底径 5.1、残高 8.1

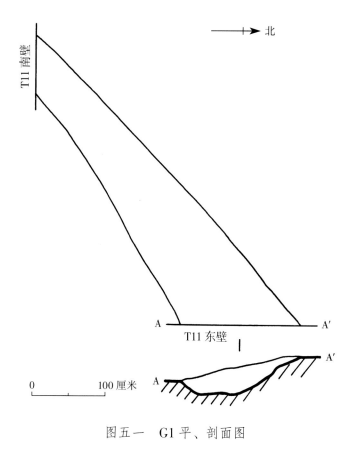

图五一   G1 平、剖面图

图五二   G1 出土残陶器
（G1：1）

厘米（图五二；彩版四六，4）。

G2　位于发掘区东部，T20 西部，T20 以外部分未发掘。开口于 T20 ①层下，打破生土层。发掘部分为长条形，平面形状两端略宽，中部略细。斜壁，平底。发掘长 909、宽 205~245、深 25 厘米（图五三）。填土为灰色土，松软，包含少量夹砂绳纹灰陶片。

G3　位于发掘区东部，T20 中部，T20 以外部分未发掘。开口于 T20 ①层下，打破生土层，被 H34 打破。发掘部分平面呈长条形，斜壁，平底。发掘部分长 865、宽 219、深 35 厘米（图五四）。填土为黑黄色花土，松软，包含少量泥质篮纹陶片。

G4　位于发掘区东部，T20 东部，T20 东隔梁部分未发掘。开口于 T20 ①层下，打破生土层。平面形状不明，斜壁，平底。发掘部分长 441、宽 89~205、深 31 厘米（图五五）。填土为黑灰色土，松软，包含少量夹砂绳纹陶片。

G5　位于发掘区东部，T21 西部，T21 以外部分未发掘。开口于 T21 ①层下，打破生土层。发掘部分平面呈长条形，两端略宽，中部略窄，斜壁，平底。发掘部分长 921、宽 185~232、深 28 厘米（图五六）。填土为黄灰色土，松软，包含少量夹砂绳纹陶片和泥质素面陶片。

G6　位于发掘区东部，T21 中部，T21 以外部分未发掘。开口于 T21 ①层下，打破生土层，被 M44 打破。发掘部分平面呈长条形，两端略宽，中部略窄，斜壁，平底。发掘部分长 925、宽 151~239、深 35 厘米（图五七）。填土为黑灰色土，松软，包含少量泥质篮纹陶片和夹砂绳纹陶片。

四　墓葬

发掘墓葬 66 座（附表三）。墓葬形制有竖穴墓、土洞墓、二层台墓、壁龛墓四种。竖穴墓和土洞墓数量相等，数量较多，二层台墓数量较少，个别为壁龛墓。竖穴墓 30 座，占 45.45%，其中长方形竖穴墓 11 座，占 16.67%；梯形竖穴墓 12 座，占 18.18%；长条形竖穴座 7 座，占 10.61%。土洞墓 30 座，占 45.45%，其中半洞室墓 10 座，占 15.15%；全洞室墓 20 座，占 30.30%。二层台墓 5 座，占 7.58%，其中一边二层台墓 1 座，占 1.52%；两边二层台墓 1 座，占 1.52%；一角二层台墓 2 座，占 3.03%；四角二层台墓 1 座，占 1.52%。壁龛墓 1 座，占 1.52%。

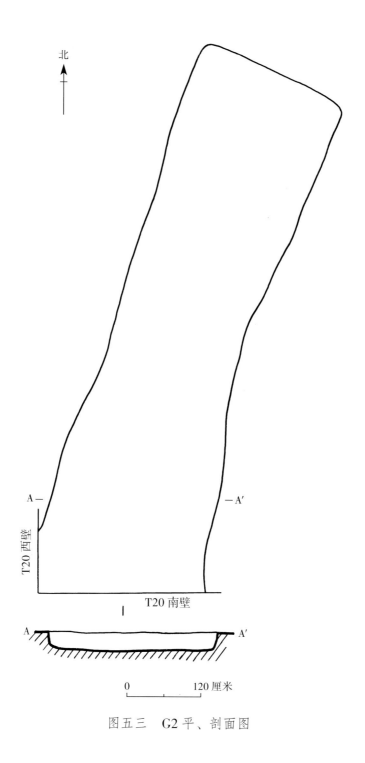

北

A —　　　　　　　　　　— A′

T20 西壁

T20 南壁

A　　　　　　　　　　　A′

0　　　　120 厘米

图五三　G2 平、剖面图

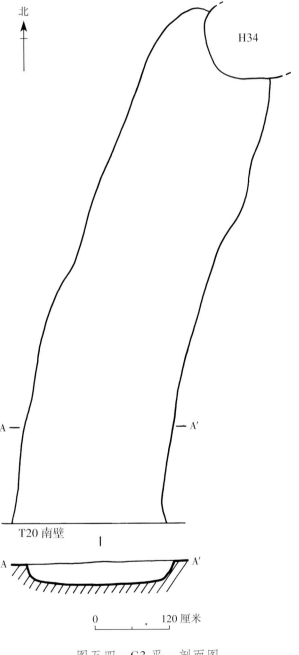

北

H34

A — — A′

T20 南壁

A — — A′

0   120 厘米

图五四 G3 平、剖面图

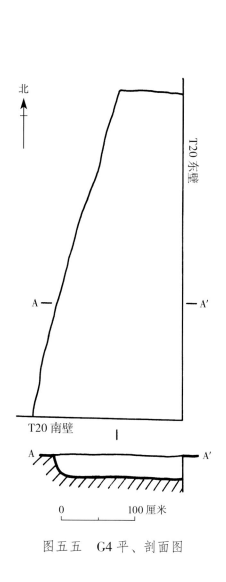

图五五　G4 平、剖面图

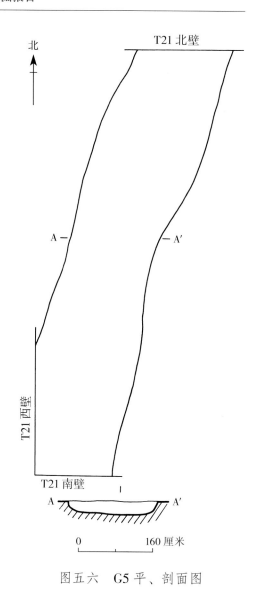

图五六　G5 平、剖面图

　　葬式以单人葬为主，55 座，占 83.33%，双人葬数量较少，7 座，占 10.61%，还有个别四人葬和五人葬，四人葬 1 座，占 1.52%，五人葬 1 座，占 1.52%，空墓 1 座，占 1.52%，不明 1 座，占 1.52%。

　　尸骨 78 具，以仰身葬为主，侧身葬数量较少，还有少量俯身葬。仰身直肢 57 具，占 73.08%。仰身下肢直肢上肢屈肢 2 具，占 2.56%。侧身直肢 7 具，占 8.97%。侧身屈肢 5 具，占 6.41%。俯身直肢 2 具，占 2.56%。俯身屈肢 1 具，占 1.28%。不

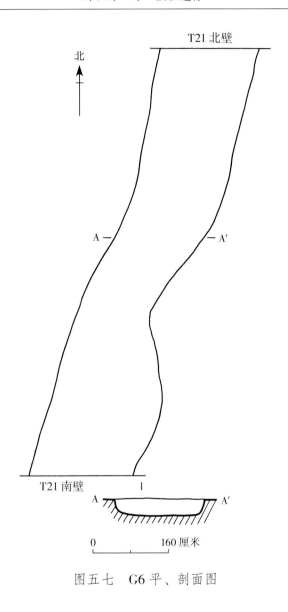

图五七 G6 平、剖面图

明 4 具，占 5.13%。

墓向多数为东北方向，在 9°~82° 之间。少数为西北方向，在 327°~344° 之间。东北向 63 座，占 95.45%。西北向 3 座，占 4.55%。

死者面向上占多数，其次是面向右，再次是面向左，数量最少是面向下。面向上 31 座，占 39.74%。面向右 23 座，占 29.49%。面向左 16 座，占 20.51%。面向下 3 座，占 3.85%。不明 5 座，占 6.41%。

少量墓葬有用木板制成的木框,无底,无盖。有木框墓葬3座,占4.55%。

大多数墓葬有随葬品,有随葬品墓葬56座,占84.85%。少数墓葬无随葬品,无随葬品墓葬10座,占15.15%。随葬品总计225件。绝大部分放置于脚下,少部分放置在头周围和下肢周围。少者1件,多者14件,一般为2~4件。1件4座,占6.06%。2件11座,占16.67%。3件18座,占27.27%。4件6座,占9.09%。5件5座,占7.58%。6件3座,占4.55%。7件5座,占7.58%。8件1座,占1.52%。10件1座,占1.52%。11件1座,占1.52%。14件1座,占1.52%。多数随葬品是陶器,陶器211件,占93.78%。有用残器随葬的习俗,陶器基本组合为单耳罐、双耳罐、折肩罐、豆,还有少量单把鬲、盂、斝、簋、尊、碗、杯、罐、壶、筒形器、纺轮等,以及多用残破陶片做的器盖。还有少量石器、骨器等,石器9件,占4.00%,骨器5件,占2.22%,种类有石镞、石球、绿松石、骨环等。

殉牲墓葬有9座,占13.64%。殉牲一般放置在墓坑底部,个别放置在填土中。殉牲种类有狗、羊、猪、马,有完整狗,也有只有羊下颌骨、猪下颌骨、猪和羊的肋骨和肢骨,以及马牙,还有不明种属的动物骨头等。

有的墓葬附近有祭祀坑,但发掘区大部分墓葬上部已经被推土机推掉,祭祀坑较浅,可能已被推掉,M1地层没被推掉,其前有一座祭祀坑(H11),坑底用一只猪祭祀。

(一)竖穴墓

竖穴墓共计30座,编号为M3、M6、M9、M10、M11、M13、M15、M16、M17、M18、M19、M25、M26、M27、M28、M30、M32、M33、M36、M38、M39、M43、M44、M51、M52、M54、M59、M63、M65、M66,分为三种。

1. 长方形竖穴墓

11座,编号为M3、M13、M15、M16、M17、M18、M19、M32、M43、M51、M65。

M3 位于发掘区中西部,T11扩方中部偏南部位。开口于T11扩方①层下,打破H23和生土层。竖穴坑平面呈长方形,直壁,平底,长152、宽69、深70厘米。单人葬,仰身直肢,头向58°,面向右(图五八)。无随葬品。填土为灰褐色土,土质疏松。

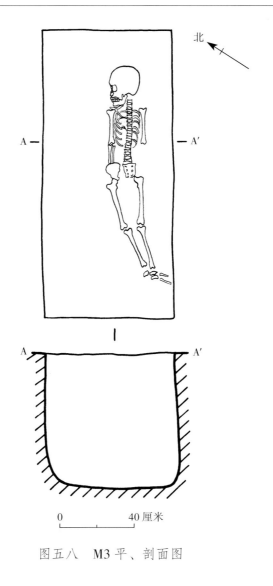

图五八 M3 平、剖面图

M13 位于发掘区中西部，TG4 东北部和 TG5 西北部。开口于 TG4 ① 和 TG5 ① 层下，打破生土层。竖穴坑平面为圆角长方形，直壁，平底，长 270、宽 127、深 97 厘米。双人葬，西侧尸骨为仰身直肢，面向上，东侧尸骨为侧身屈肢，面向右，两者头向相同，为 28°。在东侧人骨胸部有 1 枚石镞（M13：1），为中箭而死（图五九）。填土为灰黄色土，土质疏松。

石镞（M13：1） 琢制，平面呈三角形，底边微凹，其余两边平直，边缘较薄，中部扁平。长 2.6、最宽 1.8、中部厚 0.35 厘米（图六〇）。

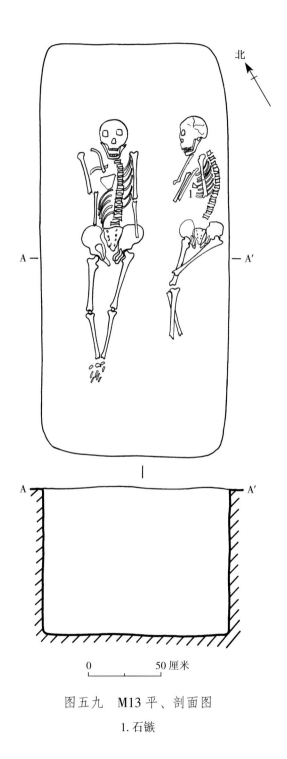

北

A —　　　　　　　　　— A'

1

A　　　　　　　　　　A'

0　　　　50 厘米

图五九　M13 平、剖面图
1. 石镞

0　　　2 厘米

图六〇　M13 随葬石镞
（M13：1）

M15　位于发掘区中西部，TG5 中东部和 TG6 中西部。开口于 TG5 ①和 TG6 ①层下，打破生土层。竖穴坑平面大致呈长方形，两端平直，东侧边略外凸，西侧边略向内凸，直壁，平底，长 270、宽 54、深 93 厘米。单人葬，侧身屈肢，头向 75°，面向左。脚下放置 3 件陶器，1 件碗（M15：1）、1 件双耳罐（M15：2）、1 件单耳罐（M15：3）（图六一）。填土为灰花土，较硬。

陶碗（M15：1）　泥质灰陶。圆唇，侈口，腹壁斜直，微内凸弧形，平底。下腹饰不规则划纹。口径 18.4、底径 8.8、高 10.2 厘米（图六二，1；彩版三八，5）。

双耳陶罐（M15：2）　泥质灰陶。圆唇，高直领，口微外敞，折肩，下腹斜收，平底。口和肩部装对称桥形双耳。素面。口径 14、肩径 17.6、底径 7.6、高 17.6 厘米（图六二，2；彩版二五，1）。

单耳陶罐（M15：3）　夹砂黑褐陶。厚缘方唇，高领，口微外敞，斜肩，中腹圆鼓，下腹斜收，平底，口和中腹间装一个桥形单耳。耳上端口沿处饰一个圆形小泥饼，颈部素面，肩部和腹部饰竖绳纹。口径 9.3、腹径 11.4、底径 5.6、高 12 厘米（图六二，3；彩版三〇，3）。

M16　位于发掘区中西部，TG6 东北部和 TG7 西北部。开口于 TG6 ①和 TG7 ①层下，打破生土层。竖穴坑平面为圆角长方形，头端略宽，脚端略窄，直壁，平底，长 282、宽 100~144、深 128 厘米。双人葬，人骨均为仰身直肢，面向右，头向 62°。脚下放置 8 件陶器，3 件豆（M16：1、4、6）、1 件器底（M16：2）、1 件单耳罐（M16：3）、1 件器底作为器盖（M16：5）、1 件折肩罐（M16：7）、1 件小罐（M16：8）（图六三）。填土为黄褐色土，黏硬。

陶豆（M16：1）　泥质黑皮陶。圆唇，敞口，浅盘，平底。柄上部较细，向下逐渐变粗，下部残。柄部残存圆形镂孔。口径 25.2、残高 13.5 厘米（图六四，3；彩版一五，2）。

陶器底（M16：2）　罐底部。夹砂灰陶。残存腹壁斜直，平底。素面。底径 5.8、残高 3.3 厘米（图六四，4）。

单耳陶罐（M16：3）　夹砂黑褐陶。圆唇，敞口，高领，溜肩，鼓腹，平底。口和中腹之间装一耳。颈部素面，肩部和腹部饰粗绳纹，竖向排列。口径 8、腹径 10、底径 6.2、高 11.6 厘米（图六四，1；彩版三〇，4）。

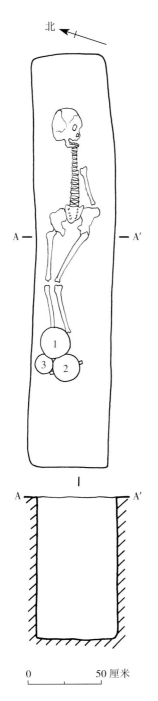

北

A ——　—— A'

A ——　　—— A'

0　　　　　50 厘米

图六一　M15 平、剖面图

1. 陶碗　2. 双耳陶罐　3. 单耳陶罐

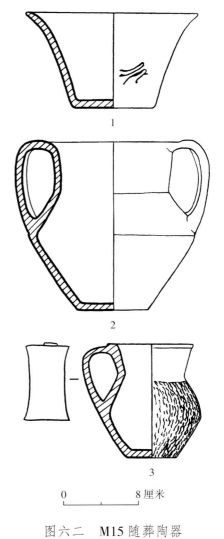

1

2

3

0　　　　8 厘米

图六二　M15 随葬陶器

1. 陶碗（M15：1）　2. 双耳陶罐（M15：2）

3. 单耳陶罐（M15：3）

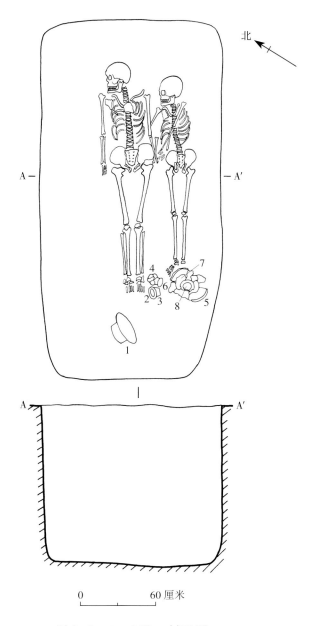

图六三 M16平、剖面图

1、4、6.陶豆 2.陶器底 3.单耳陶罐
5.陶器盖 7.折肩陶罐 8.小陶罐

陶豆（M16：4）　仅存豆盘底部和豆柄上部，作为器盖使用。泥质灰陶。素面。残口径11.7、残高3.2厘米（图六四，5）。

陶器盖（M16：5）　仅存器底，作为器盖使用。泥质灰陶。器表凹凸不平，底部有平行横向和竖向划纹。底径14、残高1.6厘米（图六四，8）。

陶豆（M16：6）　泥质灰陶。圆唇，敞口，浅盘，平底，柄部下部残，残存柄部较粗、较直，柄部残存圆形镂孔。口径17.4、残高7厘米（图六四，7；彩版二一，5）。

折肩陶罐（M16：7）　夹砂灰陶。厚叠圆唇，喇叭口，高领，折肩，斜直腹，平底。折肩和上腹部装对称桥形双耳。颈部饰两道凹弦纹，两道凹弦纹之间刻划竖划纹。

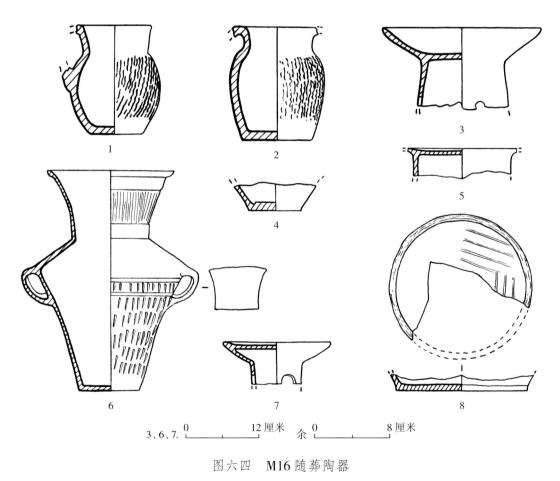

图六四　M16随葬陶器

1.单耳罐（M16：3）　2.小罐（M16：8）　3、5、7.豆（M16：1、M16：4、M16：6）　4.器底（M16：2）
6.折肩罐（M16：7）　8.器盖（M16：5）

下腹上部饰四道凹弦纹，下腹部饰竖向篮纹。口径20.5、肩径25、底径10.5、高35厘米（图六四，6；彩版一二，3）。

小陶罐（M16：8） 夹砂黑褐陶。厚叠圆唇，侈口，口部饰长条形纽，纽已残。束颈，溜肩，鼓腹，平底。颈部素面，器身饰粗竖向绳纹。口径8.8、腹径10.2、底径7.8、高12厘米（图六四，2；彩版四二，5）。

M17 位于发掘区中西部，TG6中东部和TG7中西部。开口于TG6①和TG7①层下，打破生土层。竖穴坑平面为圆角长方形，直壁，平底，长240、宽102、深90厘米（图六五）。未见尸骨，无随葬品，空墓。竖穴坑两侧边为62°。填土为灰黄色土，土质较硬。

M18 位于发掘区中西部，TG6中东部和TG7中西部。开口于TG6①和TG7①层下，打破生土层。竖穴坑平面为圆角长方形，口略大于底，斜直壁，平底。墓口长195、墓口宽58、墓底长180、墓底宽49、深40厘米。单人葬，仰身直肢，头向60°，面向上。脚下放置3件陶器，1件碗（M18：1）、1件残陶器（M18：2）、1件折肩罐（M18：3）（图六六）。填土为黑灰色花土，松软。

陶碗（M18：1） 泥质灰陶。圆唇，敞口，口部一侧低，向另一侧逐渐增高，斜直壁，平底。素面。器表粗糙。口径13.4、底径9.7、高4.8~5.8厘米（图六七，3）。

残陶器（M18：2） 夹砂灰陶。口部残，溜肩，鼓腹，底微外凸，平底。素面。器表凹凸不平，粗糙。腹径12、底径7、残高14.4厘米（图六七，1；彩版四六，1）。

折肩陶罐（M18：3） 泥质灰陶。仅残存下腹部。下腹中部饰一周凹弦纹，之下饰斜向篮纹。底径8、残高17.2厘米（图六七，2）。

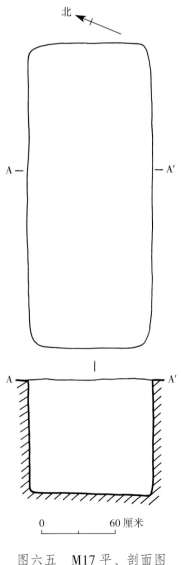

北

A— —A'

A A'

0　　　　60厘米

图六五 M17平、剖面图

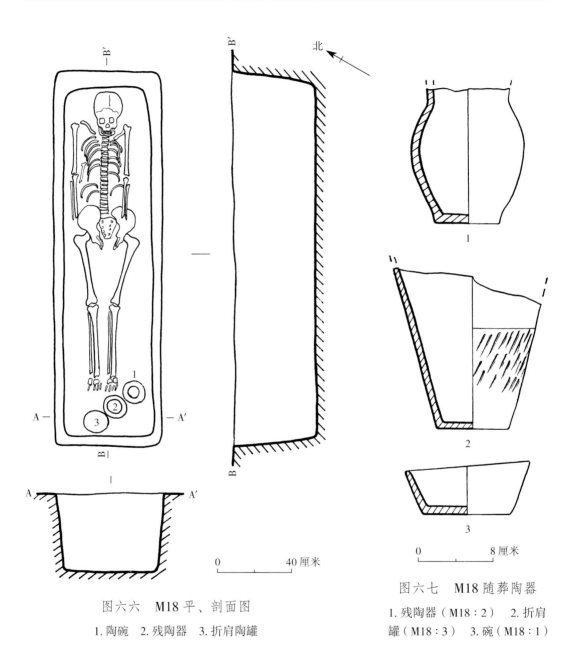

图六六　M18 平、剖面图

1. 陶碗　2. 残陶器　3. 折肩陶罐

图六七　M18 随葬陶器

1. 残陶器（M18:2）　2. 折肩罐（M18:3）　3. 碗（M18:1）

M19　位于发掘区中西部，TG7 中东部和 TG8 中西部。开口于 TG7 ① 和 TG8 ① 层下，打破生土层。竖穴坑平面为圆角长方形，直壁，平底，长 214、宽 90、深 50~55 厘米。单人葬，仰身直肢，头向 60°，面向右。脚下放置 2 件陶器（图六八），1 件单把鬲（M19:1）、1 件单耳罐（M19:2）。

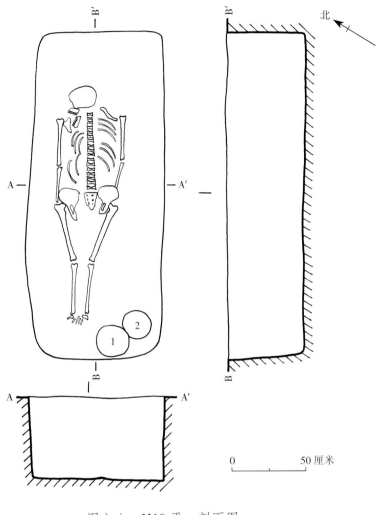

图六八 M19 平、剖面图

1.单把陶鬲 2.单耳陶罐

单把陶鬲（M19：1） 夹砂灰陶。口部残，肥袋足，有实足根，足尖平齐，口与袋足之间装单柄，已残。颈部素面，器身饰绳纹。残高15.3厘米（图六九，1）。

单耳陶罐（M19：2） 夹砂灰褐陶。圆唇，敞口，高领，束颈，溜肩，中腹圆鼓，下腹斜收，平底，口与腹之间装桥形单耳。颈上部素面，颈下部有横向不规则排列划纹，器身饰竖向篮纹。手制，器表粗糙。口径12、腹径13.2、底径7.2、高19厘米（图六九，2；彩版二八，3）。

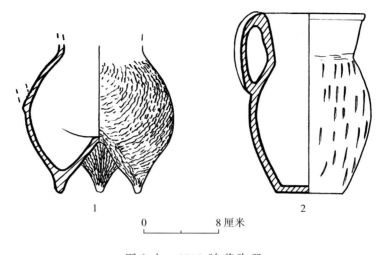

图六九　M19 随葬陶器

1. 单把鬲（M19：1）　　2. 单耳罐（M19：2）

M32　　位于发掘区中西部，TG14 中东部，TG15 中西部。开口于 TG14 ① 和 TG15 ① 层下，打破生土层。竖穴坑平面为长方形，直壁，平底。长 173、宽 75、深 19 厘米。单人葬，仰身直肢，头向 60°，面向左。墓葬东南角随葬 3 件陶器，2 件豆（M32：1、M32：2）、1 件簋（M32：3）（图七〇）。填土为红黄色花土，较黏硬。

陶豆（M32：1）　夹砂灰陶。浅豆盘，厚圆唇，敞口，斜直壁，平底。细豆柄残。器表有横向划纹。口径 13.6、残高 5.8 厘米（图七一，2；彩版二一，6）。

陶豆（M32：2）　夹砂灰陶。厚圆唇，敞口，平底。细豆柄已残。浅豆盘内饰一周凹弦纹。口径 14.6、残高 3.8 厘米（图七一，3）。

陶簋（M32：3）　夹砂灰陶。圆唇，喇叭形口，腹微鼓，高圈足与底等宽。腹部饰对称桥形耳。腹部在两道凹弦纹之间饰斜向篮纹，圈足上两道凹弦纹之间饰不规则菱形纹，其上饰两行各三个圆形镂孔，相错等距离排列。口径 19.8、高 24 厘米（图七一，1；彩版四四，2）。

M43　　位于发掘区中西部，TG2 中部。开口于 TG2 ① 层下，打破生土层。竖穴坑平面大致呈长方形，东侧边略向外鼓，直壁，平底，长 191、宽 58、深 42~63 厘米。单人葬，仰身直肢，头向 68°，面向上。头左上方随葬 1 件陶壶（M43：1）（图七二）。填土为黑黄色花土，松软。

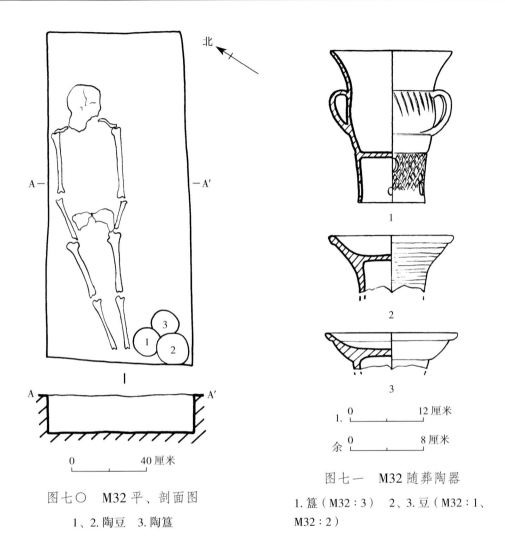

图七〇　M32 平、剖面图

1、2.陶豆　3.陶簋

图七一　M32 随葬陶器

1.簋（M32：3）　2、3.豆（M32：1、M32：2）

陶壶（M43：1）　泥质灰陶。圆唇，敞口，直颈，斜肩，圆折腹，下腹斜收，平底。领下饰一周凹弦纹。口径 10、腹径 12、底径 7、高 12.4 厘米（图七三；彩版四二，1）。

M51　位于发掘区中西部，TG2 东南部，TG3 西南部。开口于 TG2 ① 和 TG3 ① 层下，打破生土层。竖穴坑平面呈圆角长方形，直壁，平底。长 263、宽 146、深 191 厘米。墓底中部放置 1 具木框，用木板制成，平面呈"目"字形，上下两端两侧板出头，无盖，无底。长 205、宽 54、残高 10~13、厚 2~7 厘米。木框内放置 1 具尸骨，仰身直肢，头向 70°，面向左。在右小腿和右脚外侧即棺内西南角放置 6

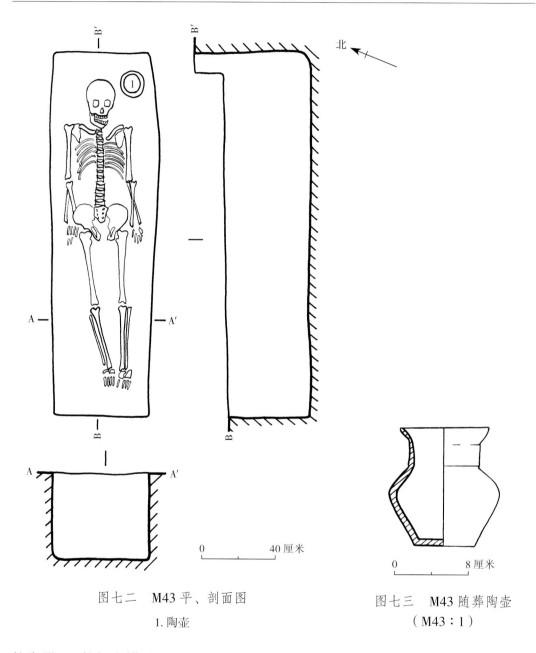

图七二　M43 平、剖面图
1. 陶壶

图七三　M43 随葬陶壶
（M43：1）

件陶器，1 件折肩罐（M51：1）、1 件豆（M51：2）、1 件器盖（M51：3）、1 件单把鬲（M51：4）、1 件杯（M51：5）、1 件单耳罐（M51：6），豆盘上放置 2 块动物骨头。鬲上放置 1 片陶片作为器盖（图七四）。填土为五花土，土质黏。

折肩陶罐（M51：1）　泥质灰陶。圆唇，侈口，高领，束颈，折肩，下腹斜直，底略内凹。领下部饰三道平行凹弦纹，上腹饰一周凹弦纹，腹部饰不规则方格纹。

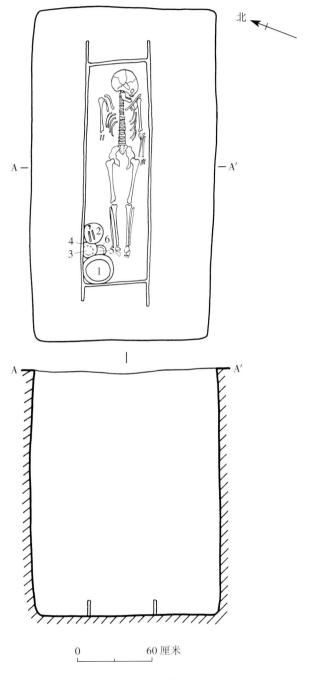

北

图七四　M51 平、剖面图

1. 折肩陶罐　2. 陶豆　3. 陶器盖　4. 单把
陶鬲　5. 陶杯　6. 单耳陶罐

口径 18、肩径 23.1、底径 11.5、高 31 厘米（图七五，5；彩版一〇，1）。

陶豆（M51：2）　泥质灰陶。浅豆盘，圆唇，平沿，敞口，微弧壁，平底。细豆柄，上部较直，下部呈喇叭形。豆盘中部壁上有两个修补圆形孔。豆盘口沿下饰一周凹弦纹，豆柄上部饰两个对称圆形镂孔。口径 16.2、残高 19.2 厘米（图七五，6；彩版一九，4）。

陶器盖（M51：3）　泥质灰陶。用陶片作为器盖，不规则。器表饰篮纹。最长 14、最宽 13.1、厚 0.8 厘米（图七五，1）。

单把陶鬲（M51：4）　夹砂黑褐陶。圆唇，敞口，高领，束颈，袋足，无实足根，平足尖。口和袋足之间装一个把，已残。领下部有一周凹弦纹，领部饰绳纹后抹平，足上饰竖向绳纹。口径 10、高 14 厘米（图七五，4；彩版四，4）。

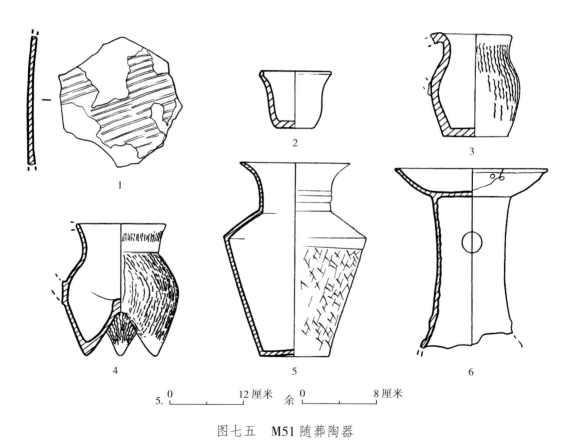

5. |0————————12厘米　余|0————————8厘米

图七五　M51 随葬陶器

1. 器盖（M51：3）　2. 杯（M51：5）　3. 单耳罐（M51：6）　4. 单把鬲（M51：4）　5. 折肩罐（M51：1）
6. 豆（M51：2）

陶杯（M51：5） 泥质灰陶。尖唇，直口，腹部呈微内凹的弧形，平底。素面。口径 7.5、底径 4.4、高 6 厘米（图七五，2；彩版三九，6）。

单耳陶罐（M51：6） 夹砂黑褐陶。圆唇，侈口，高直领，溜肩，鼓腹，平底，口与中腹之间装一耳，已残。器表饰绳纹。口径 7.6、腹径 9.6、底径 6.6、高 10.8 厘米（图七五，3；彩版三三，2）。

M65 位于发掘区中西部，TG10 中东部，TG11 中西部。开口于 TG10 ①和 TG11 ①层下，打破生土层。竖穴坑平面为长方形，直壁，平底。长 200、宽 98、深 6 厘米。人骨已被推土机推走，墓葬两边方向 60°。仅在西南角墓底保留 3 件残陶器，1 件陶片（M65：1）、2 件豆（M65：2、M65：3）（图七六）。

陶片（M65：1） 泥质灰陶。为折肩罐腹片。饰篮纹。残长 10、残宽 8.4 厘米（图七七，2）。

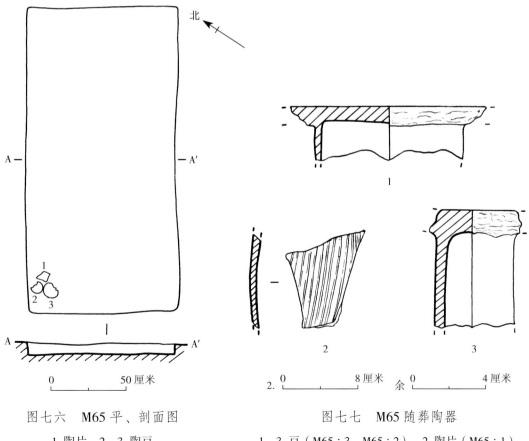

图七六 M65 平、剖面图

1.陶片 2、3.陶豆

图七七 M65 随葬陶器

1、3.豆（M65：3、M65：2） 2.陶片（M65：1）

　　陶豆（M65：2）　泥质灰陶。仅存部分豆盘底部和豆柄上部，平底豆盘，细豆柄。素面。残高 6.2 厘米（图七七，3）。

　　陶豆（M65：3）　泥质黑皮陶。只残存豆盘底部和豆柄上部，平底豆盘，粗豆柄。素面。残高 3 厘米（图七七，1）。

　　2. 梯形竖穴墓

　　12 座，编号为 M6、M11、M25、M28、M30、M36、M38、M44、M52、M59、M63、M66。头部较宽，脚部较窄。

　　M6　位于发掘区中西部，TG3 中东部。M6 打破 M7。开口于 TG3 ①层下，打破生土层。竖穴坑平面略呈头大尾小的梯形，直壁，平底，长 150、宽 30~50、深 30 厘米。单人葬，仰身直肢，头向 76°，面向左（图七八）。无随葬品。填土为黑

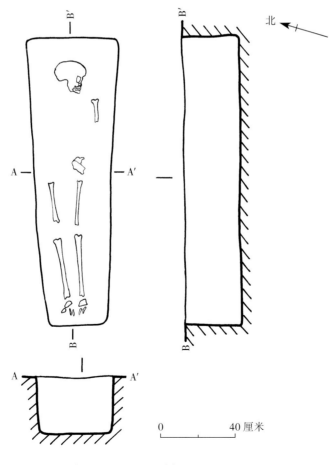

图七八　M6 平、剖面图

花土，松软。

　　M11　位于发掘区中西部，TG5 中部。M10 打破 M11。开口于 TG5 ①层下，打破生土层。竖穴坑平面呈头大尾小的梯形，两端呈外凸弧形，两侧边较直，圆角，直壁，平底，长 210、宽 38~78、深 48~86 厘米。单人葬，仰身直肢，头向 43°，面向右。脚下随葬 4 件陶器，1 件残陶器（M11：1）、1 件折肩罐（M11：2）、1 件单把鬲（M11：3）、1 件盉（M11：4）（图七九）。填土为灰黄色花土，松软。

　　残陶器（M11：1）　泥质黑褐陶。口部残，斜直腹，平底。腹上部饰一周凹弦纹。

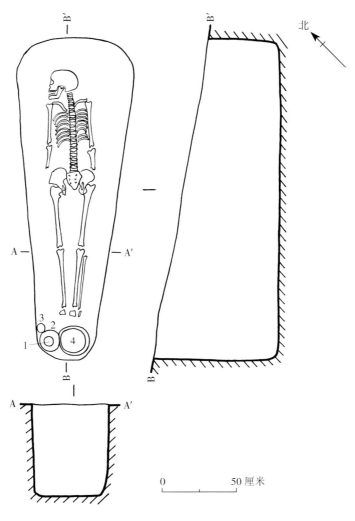

图七九　M11 平、剖面图

1.残陶器　2.折肩陶罐　3.单把陶鬲　4.陶盉

底径 5.6、残高 9.3 厘米（图八〇，3）。

折肩陶罐（M11：2）　泥质灰陶。上部残，斜直腹，平底。腹部饰斜向篮纹。底径 11.2、残高 10 厘米（图八〇，2）。

单把陶鬲（M11：3）　夹砂灰陶。侈口，束颈，口与袋足间饰桥形耳，只残存一袋足，矮实足根，足尖平。颈下饰一周凹弦纹，耳及器身饰方格纹。高 12 厘米（图八〇，4；彩版四，2）。

陶盉（M11：4）　夹砂灰陶。圆唇，敛口，折肩，带流，肩部饰对称鸡冠鋬，袋足，矮实足根。鋬耳上饰平行压印坑纹，器身饰绳纹。口径 14、高 19.2 厘米（图八〇，1）。

M25　位于发掘区中西部，TG9 中部，TG10 中西部。开口于 TG9 ① 和 TG10 ① 层下，打破生土层。竖穴坑平面呈头小尾大的梯形，头尾两端平行，东西墓边较为平直，墓口较大，墓底较小，壁斜直，平底。墓口长 285、墓口宽 140～155、墓底长 248、墓底宽 108～120、深 80 厘米。单人葬，仰身直肢，头向 58°，面向上。脚下随葬 5 件陶器，2 件单耳罐（M25：1、M25：3）、1 件豆（M25：2）、1 件双耳罐（M25：4）、1 件折肩罐（M25：5）（图八一）。填土为五花土，松软。

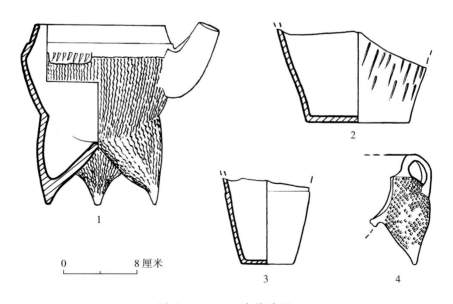

0　　　　　　8 厘米

图八〇　M11 随葬陶器

1. 盉（M11：4）　2. 折肩罐（M11：2）　3. 残陶器（M11：1）　4. 单把鬲（M11：3）

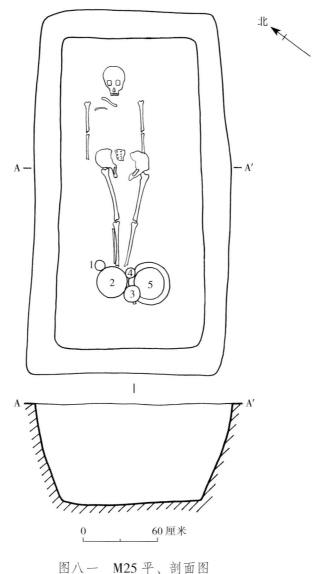

图八一　M25 平、剖面图

1、3.单耳陶罐　2.陶豆　4.双耳陶罐　5.折肩陶罐

　　单耳陶罐（M25：1）　　夹砂黑灰陶。圆唇，侈口，束颈，溜肩，中腹圆鼓，下腹斜收，平底。口与中腹间装一个单耳，已残。肩和腹部饰绳纹。口径 7、腹径 9.6、底径 6、高 11.6 厘米（图八二，1；彩版三一，3）。

　　陶豆（M25：2）　　泥质灰陶。厚圆唇，侈口，深弧腹，平底。粗高豆柄，较直，圈足下缘外凸。柄中部饰两道平行凹弦纹，上部一行凹弦纹上均匀分布三个圆形镂

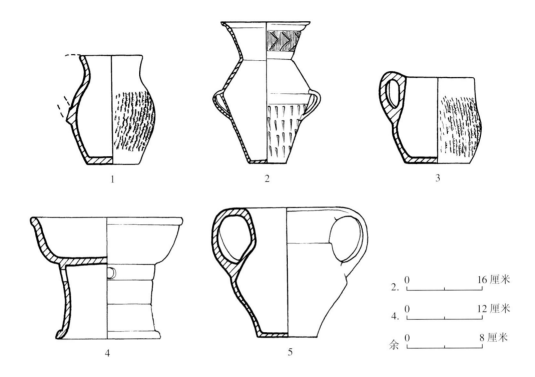

图八二　M25 随葬陶器

1、3.单耳罐（M25：1、M25：3）　2.折肩罐（M25：5）　4.豆（M25：2）　5.双耳罐（M25：4）

孔。口径 25.2、底径 17、高 19.6 厘米（图八二，4；彩版一五，1）。

　　单耳陶罐（M25：3）　夹砂黑灰陶。圆唇，微敛口，直颈，溜肩，圆腹，平底，口和肩之间装一个桥形耳。颈部素面，耳和器身饰绳纹。口径 8、腹径 9.6、底径 7.2、高 9.2 厘米（图八二，3；彩版三四，5）。

　　双耳陶罐（M25：4）　泥质灰陶。圆唇，敞口，高直领，束颈，斜肩，中腹圆折，下腹微内凹弧，平底，口与肩部装对称桥形耳。素面磨光。口径 11、腹径 12.4、底径 6.8、高 13.6 厘米（图八二，5；彩版二六，4）。

　　折肩陶罐（M25：5）　泥质灰陶。圆唇，侈口，高领，斜肩，中腹圆折，下腹斜收，平底，中腹装对称桥形耳。领部两道凹弦纹之间有竖向平行划纹，其上饰折线纹。颈下部和中腹部各有一道凹弦纹，腹部和双耳饰长竖篮纹。口径 19.5、肩径 21、底径 8.2、高 31 厘米（图八二，2；彩版一二，4）。

　　M28　位于发掘区中西部，TG11 中东部，TG12 中西部。开口于 TG11 ①和

TG12①层下，打破生土层。竖穴坑平面大致呈梯形，头宽脚窄，两边平直，两端呈外凸弧形。除西侧壁较直外，其余三面壁为斜壁，口部略大于底部，底部较平。长238、墓口宽66~92、墓底宽55~80、深33厘米。双人葬，西侧人骨俯身直肢，东侧人骨俯身屈肢，面均向下，头向73°。脚下随葬5件陶器，1件盉（M28：1）、1件单耳罐（M28：2）、1件双耳罐（M28：3）、1件豆（M28：4）、1件尊（M28：5）（图八三）。填土为五花土，松软。

陶盉（M28：1）　夹砂黑褐陶。尖圆唇，敛口，折肩处装流，束腰，乳状足，

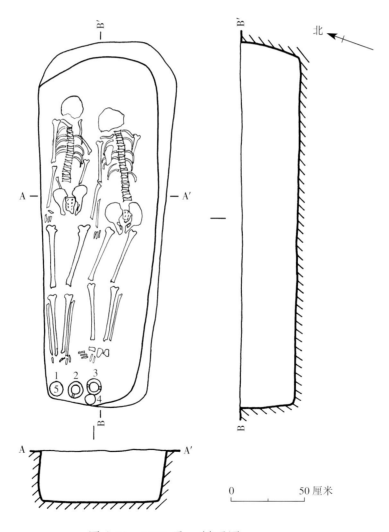

图八三　M28平、剖面图

1.陶盉　2.单耳陶罐　3.双耳陶罐　4.陶豆　5.陶尊

高实足根微外撇，圜底，肩部饰对称鸡冠状鋬。口部素面，其余器表饰绳纹，鋬耳根部压印三角形坑纹。口径 10、高 14.4 厘米（图八四，1；彩版六，2）。

单耳陶罐（M28∶2）　夹砂黑褐陶。圆唇，侈口，高领，鼓肩，中腹圆鼓，下腹斜收，平底。口部素面，其余器表和器耳上饰竖绳纹。口径 8.4、腹径 10.8、底径 7.2、高 10.8 厘米（图八四，5；彩版三三，6）。

双耳陶罐（M28∶3）　泥质灰陶。圆唇，敞口，高领，溜肩，中腹圆折，下腹呈略内凹的弧形，平底，口和肩之间装两个对称桥形耳。素面。口径 10.5、腹径 11.4、底径 7.6、高 11.6 厘米（图八四，2；彩版二五，2）。

陶豆（M28∶4）　泥质黑陶。圆唇，敞口，斜直壁，平底，浅盘。粗豆柄，中部细，两端粗，豆柄下缘外凸。器表磨光，豆柄上有上下两行镂孔，上行两个对称圆形镂孔，下行两个对称圆形镂孔之间有一个三角形镂孔，上行圆形镂孔和下行三角形镂孔相对排列。口径 13.8、底径 11、高 12.8 厘米（图八四，4；彩版一八，3）。

陶尊（M28∶5）　泥质黄褐陶。尖唇，敞口，腹略内凹呈弧形，平底。素面。

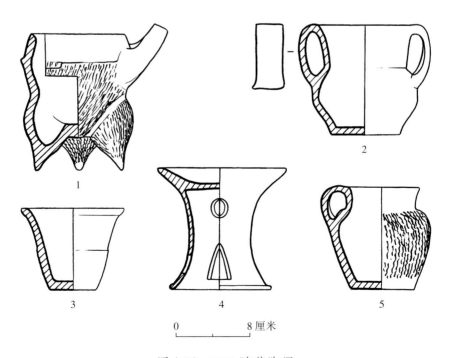

0　　　　　8 厘米

图八四　M28 随葬陶器

1. 盉（M28∶1）　2. 双耳罐（M28∶3）　3. 尊（M28∶5）　4. 豆（M28∶4）　5. 单耳罐（M28∶2）

口径 11.2、底径 5、高 8.8 厘米（图八四，3；彩版九，2）。

M30　位于发掘区中西部，TG14 中西部。开口于 TG14①层下，打破生土层。竖穴坑平面略呈梯形，头部略宽，脚部略窄，斜直壁，口部略大，底部略小，平底。口长 173、口宽 76~83、底长 166、底宽 69~74、深 31 厘米。单人葬，仰身直肢，头向 44°，面向上（图八五）。无随葬品。填土为灰色花土，黏硬。

M36　位于发掘区中西部，TG16 中东部，TG17 中西部。开口于 TG16①和TG17①层下，打破生土层。竖穴坑平面略呈梯形，头部略宽，脚部略窄，两侧边平直，两端外凸弧形，直壁，平底。长 218、宽 75~100、深 50 厘米。双人葬，西侧尸骨仰身直肢，面向左，东侧尸骨侧身直肢，面向右，头向 60°。脚下随葬 7 件陶器，1 件折肩罐（M36：1）、1 件双耳罐（M36：2）、1 件单把鬲（M36：3）、1 件尊（M36：4）、1 件豆（M36：5）、2 件单耳罐（M36：6、M36：7）（图八六）。填土为黄褐色，

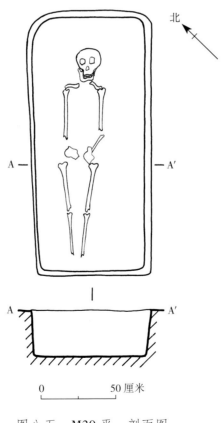

图八五　M30 平、剖面图

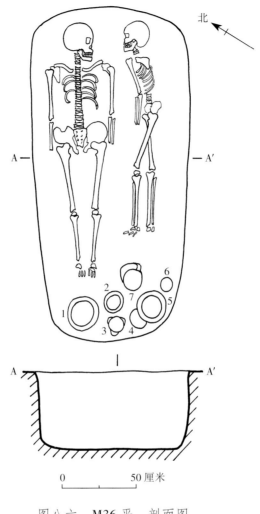

图八六　M36 平、剖面图

1.折肩陶罐　2.双耳陶罐　3.单把陶鬲　4.陶尊　5.陶豆　6、7.单耳陶罐

较硬。

折肩陶罐（M36：1）　泥质灰陶。圆唇，敞口，高领，束颈，折肩，斜直腹，平底。肩部装对称桥形双耳，其上饰竖向篮纹。领部有三道平行凹弦纹，其间饰压印圆形坑纹。腹上部饰一周凹弦纹，之下饰压印三角形坑纹，下腹饰竖向篮纹。口径18.5、肩径20、底径10、高29.1厘米（图八七，7；彩版一三，1、2）。

双耳陶罐（M36：2）　泥质灰陶。圆唇，敞口，高领，束颈，斜肩，圆折腹，下腹斜直，平底。口与肩部装对称桥形耳，已残。肩部饰一周凹弦纹。口径11.6、

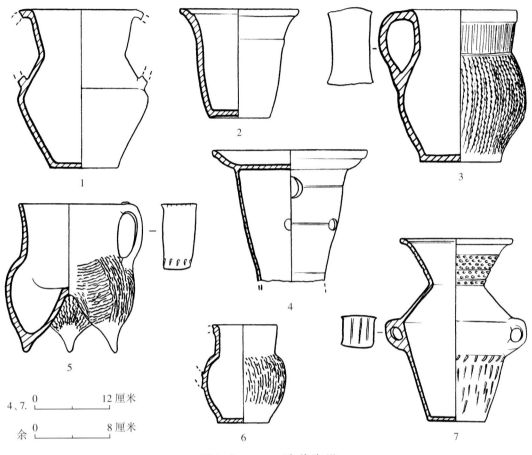

图八七　M36 随葬陶器

1. 双耳罐（M36∶2）　2. 尊（M36∶4）　3、6. 单耳罐（M36∶7、M36∶6）　4. 豆（M36∶5）
5. 单把鬲（M36∶3）　7. 折肩罐（M36∶1）

腹径 14、底径 6.4、高 16.6 厘米（图八七，1；彩版二三，4）。

　　单把陶鬲（M36∶3）　夹砂灰陶。方唇，敞口，高颈，乳状足，高实足根。颈部素面，袋足上饰绳纹。口径 10.8、高 15.5 厘米（图八七，5）。

　　陶尊（M36∶4）　泥质灰陶。圆唇，侈口，腹微鼓，底略内凹。器表磨光，素面。口径 12.8、腹径 8.4、高 11.6 厘米（图八七，2；彩版八，4）。

　　陶豆（M36∶5）　泥质灰陶。浅盘，圆唇，敞口，斜直壁，平底。豆柄下部残，残存部分上部较粗，下部较细。下端残端部分磨光后继续使用。豆盘底部有一周凹弦纹，豆柄上有三道平行凹弦纹。柄部有两行六个圆形镂孔，上行三个镂孔较大，

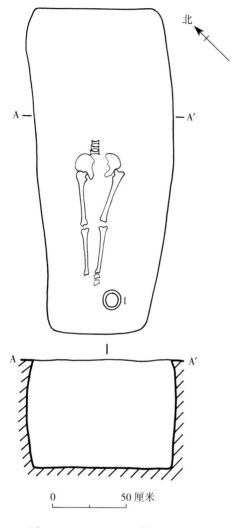

图八八　M38 平、剖面图

1.残陶器

图八九　M38 随葬残陶器
（M38：1）

下部三个镂孔较小。口径 24.8、残高 21
厘米（图八七，4；彩版一七，4）。

单耳陶罐（M36：6）　夹砂黑褐陶。
圆唇，直口，高领，束颈，鼓肩，鼓腹，
平底。颈部和近底部素面，肩和中腹饰竖
向粗绳纹。口径 7、腹径 9、底径 5.2、高
10.2 厘米（图八七，6；彩版三一，1）。

单耳陶罐（M36：7）　夹砂黑褐陶。
外叠厚圆唇，高领，溜肩，中腹圆鼓，下
腹呈内凹形，平底。口与肩部之间装一个
半圆形耳。颈部饰竖向平行划纹，颈下有
一周凹弦纹，腹部饰竖向绳纹，耳内侧饰
篮纹。口径 12、腹径 14、底径 9、高 16
厘米（图八七，3；彩版二八，4）。

M38　位于发掘区中东部，TG40 中
部。开口于 TG40 ①层下，打破生土层，
被 G7 打破。竖穴坑平面大致呈梯形，头
部略宽，脚部略窄，两端和西侧边较直，
东侧边呈外凸弧形，壁呈外凸弧形，平
底，口和底等大。长 213、宽 64~92、深
70 厘米。单人葬，头无存，上身仅存椎
骨下端，盆骨和下肢骨保存较好，仰身直
肢，墓向 35°。脚左下方随葬 1 件残陶器
（M38：1）（图八八）。填土为五花土，
松软。

残陶器（M38：1）　夹砂黑褐陶。
口部已残。直领，鼓肩，下腹较直，平
底。粗糙。器表饰竖向绳纹。腹径 9、
底径 7.8、残高 8 厘米（图八九；彩版

四六，3）。

M44　位于发掘区东部，T21东北部。开口于T21①层下，打破灰沟G6和生土层。竖穴坑平面大致呈梯形，头宽脚窄，头端和两侧边平直，脚端呈外凸弧形，直壁，平底，长170、宽36~52、深27~30厘米。单人葬，仰身直肢，头向20°，面向上。右小腿外侧随葬2件陶器，1件豆（M44：1）、1件鬲（M44：2）（图九〇）。填土为五花土，松软。

陶豆（M44：1）　泥质黑皮陶。豆盘缺失，残存豆柄上部。上部较细，下部逐渐变粗。豆柄上有平行划纹。残高8.7厘米（图九一，2）。

陶鬲（M44：2）　夹砂黑褐陶。口部残，乳状足，平足尖，有较高实足根。除足根部素面外，其余部分饰方格纹。残高16厘米（图九一，1）。

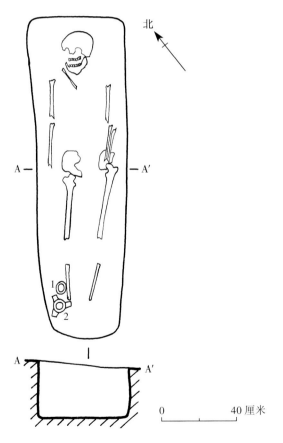

图九〇　M44平、剖面图
1.陶豆　2.陶鬲

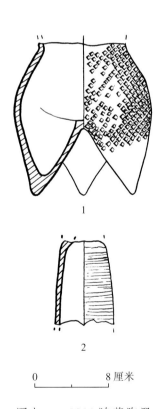

图九一　M44随葬陶器
1.鬲（M44：2）　2.豆（M44：1）

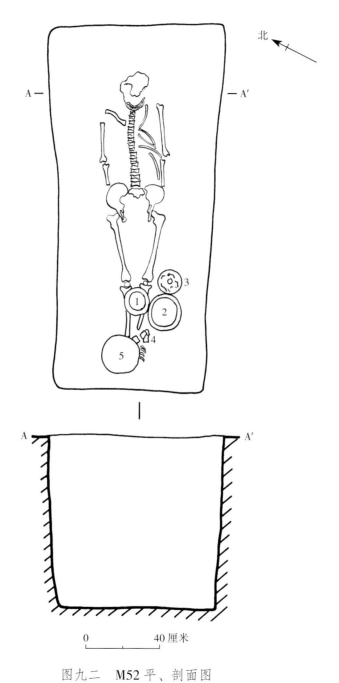

图九二　M52 平、剖面图

1. 双耳陶罐　2. 陶壶　3. 陶器盖　4. 单耳陶罐　5. 陶豆

　　M52　位于发掘区中西部，TG3 中东部，TG4 中西部。开口于 TG3 ① 和
TG4 ①层下，打破生土层。竖穴坑平面大致呈梯形，头端较宽，尾端较窄，两侧边
微内弧，两端较平直，壁较直，平底。长 190、宽 82~94、深 90 厘米。单人葬，
仰身直肢，头向 62°，面向上。小腿及其周围随葬 5 件陶器，1 件双耳罐（M52：1）、
1 件壶（M52：2）、1 件器盖（M52：3）、1 件单耳罐（M52：4）、1 件豆（M52：5）
（图九二）。填土为五花土，土质较软。

　　双耳陶罐（M52：1）　泥质黑陶。厚圆唇，敞口，高领，束颈，圆肩、斜直腹，
平底，口与肩之间装对称耳。磨光，素面。口径 17.5、底径 8.8、高 19.6 厘米（图
九三，5；彩版二七，4）。

　　陶壶（M52：2）　泥质黄褐陶。厚圆唇，敞口，高领，束颈，斜肩，中腹圆折，
下腹斜收，平底。素面。口径 13、腹径 15.5、底径 8.8、高 15.6 厘米（图九三，1；
彩版四〇，4）。

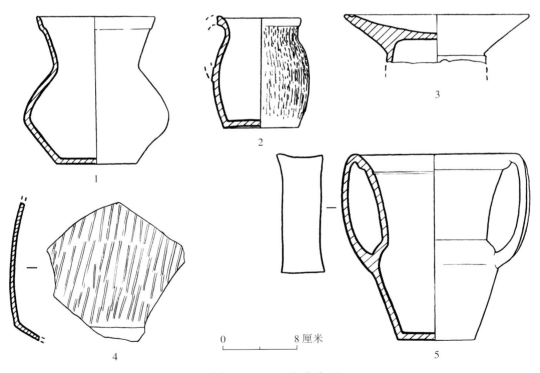

　　0　　　　　　8 厘米

图九三　M52 随葬陶器

1. 壶（M52：2）　　2. 单耳罐（M52：4）　　3. 豆（M52：5）　　4. 器盖（M52：3）　　5. 双耳罐（M52：1）

陶器盖（M52：3）　泥质灰陶。用陶片做器盖，呈不规则形。器表饰竖篮纹。最长15.5、最宽15.3厘米（图九三，4）。

单耳陶罐（M52：4）　夹砂黑褐陶。厚尖唇，侈口，矮直领，束颈，溜肩，鼓腹，底略内凹，口与中腹之间装一个耳，已残。通身饰绳纹。口径8.8、腹径10.4、底径8.2、高11.6厘米（图九三，2；彩版三三，3）。

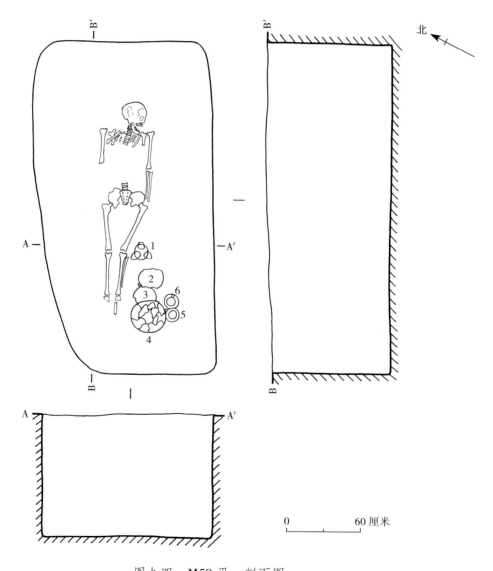

图九四　M59平、剖面图

1.陶鬲　2.单耳陶罐　3.折肩陶罐　4.陶杯　5.陶豆　6.陶尊

陶豆（M52：5）　夹砂灰陶。浅豆盘，圆唇，口沿中部内凹，敞口，斜直壁，底近平。豆柄已残，残留一个圆形镂孔。口径20、残高5.3厘米（图九三，3；彩版一六，1）。

M59　位于发掘区中西部，TG6中东部，TG7中西部。开口于TG6①和TG7①层下，打破M58和生土层。竖穴坑平面呈梯形，头端较宽，脚端较窄，头端、脚端、东侧边较平直，西侧边略呈外凸弧形，直壁，平底。长262、宽100~145、深95~100厘米。单人葬，仰身直肢，头向65°，面向左。下肢东侧随葬6件陶器，1件鬲（M59：1）、1件单耳罐（M59：2）、1件折肩罐（M59：3）、1件杯（M59：4）、1件豆（M59：5）、1件尊（M59：6）（图九四）。填土为黄黑色花土，疏松。

陶鬲（M59：1）　夹砂黑褐陶。仅残存三个袋足，足尖部残。器表饰绳纹。残高12厘米（图九五，2）。

单耳陶罐（M59：2）　夹砂灰陶。厚圆唇，小侈口，矮直领，溜肩，中腹圆鼓，下腹斜直，平底略外凸，口与中腹之间装一个桥形耳。口沿外侧饰一周凹弦纹，颈

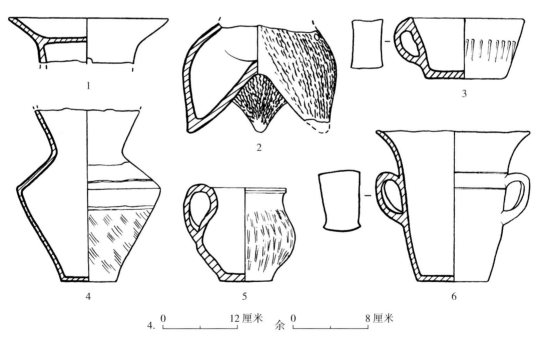

图九五　M59随葬陶器

1. 豆（M59：5）　2. 鬲（M59：1）　3. 杯（M59：4）　4. 折肩罐（M59：3）　5. 单耳罐（M59：2）
6. 尊（M59：6）

部素面，腹部饰竖向篮纹。口径 8.5、腹径 10.4、底径 5.6、高 10 厘米（图九五，5；彩版三二，2）。

折肩陶罐（M59：3）　泥质灰陶。口沿已残，敞口，高斜颈，折肩，下腹呈略内凹弧形，平底。肩部饰平行横线纹，上腹部饰两道凹弦纹，下腹饰斜篮纹。肩径 22.8、底径 9、残高 27.3 厘米（图九五，4）。

陶杯（M59：4）　泥质黄褐陶。圆唇，敞口，斜直壁，平底。口与下腹之间装一个桥形耳。中腹饰竖向篮纹。口径 12.6、底径 8.6、高 6.4 厘米（图九五，3；彩版三九，5）。

陶豆（M59：5）　泥质灰陶。浅豆盘，圆唇，敞口，斜直壁，平底。细豆柄，下部残，残留一个圆形镂孔。口径 17.2、残高 5 厘米（图九五，1；彩版一八，2）。

陶尊（M59：6）　泥质灰陶。圆唇，侈口，腹微鼓，平底，中腹部装对称桥形耳。上腹部饰两道凹弦纹。口径 16.6、底径 8、高 16 厘米（图九五，6；彩版七，3）。

M63　位于发掘区中西部，TG7 南部。开口于 TG7 ①层下，打破生土层。竖穴坑平面呈梯形，头端较窄，脚端较宽，除脚端较平直外，其余三边均呈外凸弧形，直壁，平底。长 190、宽 35~60、深 27 厘米。单人葬，只残存头骨和下肢骨残块，头向 60°，面向不清。东南角放置 3 件陶器，1 件花边鬲（M63：1）、1 件单把鬲（M63：2）、1 件双耳罐（M63：3）（图九六）。填土为五花土，松软。

花边陶鬲（M63：1）　夹砂黑褐陶。圆唇，直口，颈部较高，袋足，无实足根。颈部饰一周花边形附加堆纹，器身饰绳纹。口径 9.7、高 15.1 厘米（图九七，2；彩版五，2）。

单把陶鬲（M63：2）　夹砂黑陶。圆唇，高直领，袋足，无实足根，口与袋足之间装一个器耳，已残。领部磨光，领下饰一道凹弦纹，近口沿内侧领部有一道凹弦纹，袋足上饰绳纹。口径 12.5、高 14.5 厘米（图九七，1；彩版五，1）。

双耳陶罐（M63：3）　泥质灰陶。器表有一层黄色碱土。圆唇，口较直，直领，斜肩，中腹圆折，斜腹斜收，平底。口与中腹之间装对称桥形耳。素面。口径 9.4、腹径 10.6、底径 6.4、高 11.5 厘米（图九七，3；彩版二四，4）。

M66　位于发掘区中西部，TG9 东南部，TG10 西南部。开口于 TG9 ①和 TG10 ①层下，打破生土层。竖穴坑平面大致呈梯形，头端较宽，脚端较窄。两端

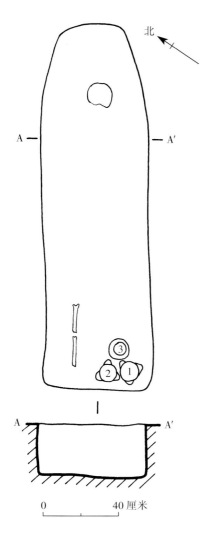

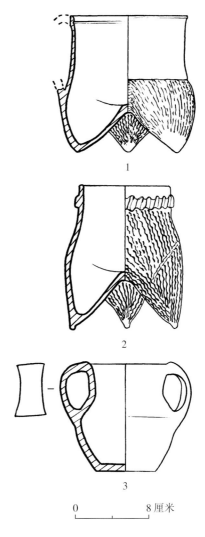

图九六　M63 平、剖面图

1. 花边陶鬲　2. 单把陶鬲　3. 双耳陶罐

图九七　M63 随葬陶器

1. 单把鬲（M63：2）　2. 花边鬲（M63：1）

3. 双耳罐（M63：3）

较平直，两侧边内凹，圆角，壁较直，平底。墓穴长 370、宽 150~240、深 345 厘米。墓底中部放置 1 个木板框，长方形，无顶，无底，长 216、宽 79、高 10、厚 2~5 厘米。单人葬，仰身直肢，头向 55°，面向上。脚下随葬 4 件陶器，1 件盉（M66：1）、1 件小罐（M66：2）、1 件豆（M66：3）、1 件折肩罐（M66：4）（图九八）。填土为五花土，松软。

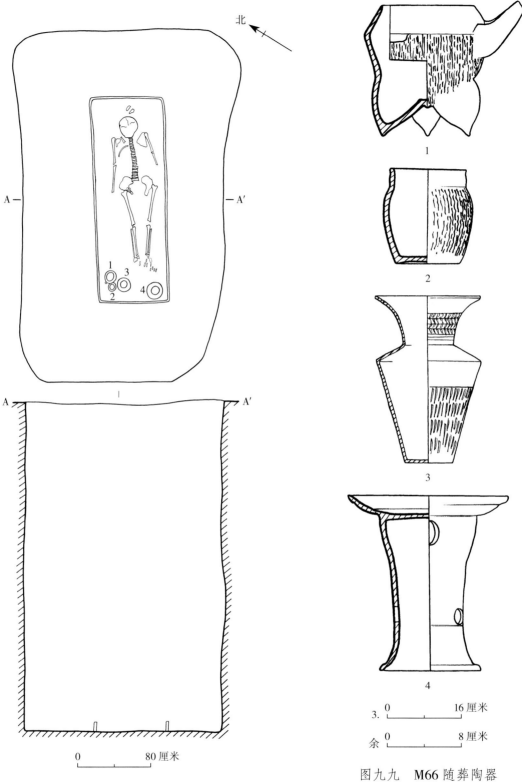

图九八　M66 平、剖面图

1. 陶盉　2. 小陶罐　3. 陶豆　4. 折肩陶罐

图九九　M66 随葬陶器

1. 盉（M66∶1）　2. 小罐（M66∶2）

3. 折肩罐（M66∶4）　4. 豆（M66∶3）

陶盉（M66：1）　夹砂黑褐陶。圆唇，敛口，折肩，束腹，管状流高于器口，袋足，实足根。肩部饰对称鋬耳。口部磨光，腹部饰绳纹，袋足部素面。口径10、高13.8厘米（图九九，1）。

小陶罐（M66：2）　夹砂黑褐陶。尖圆唇，直口，矮领，束颈，鼓肩，微鼓腹，平底略内凹。颈部素面，其余器表饰绳纹。口径8、腹径9.6、底径7.2、高10厘米（图九九，2；彩版四二，3）。

陶豆（M66：3）　泥质灰陶。浅豆盘，尖圆唇，敞口，斜直壁，近平底。豆柄较粗，两端略粗，中部略细，下端外凸。豆柄下部饰凹弦纹一周，豆柄上部和中部各饰一行圆形镂孔，一行分别为三个，错向分布。口径17.2、底径10.8、高18.6厘米（图九九，4；彩版一七，2）。

折肩陶罐（M66：4）　泥质灰陶。圆唇，侈口，高领，束颈，折肩，下腹斜直，平底。领部饰七道平行凹弦纹，上部五道之间饰平行压印三角形坑纹，下腹饰竖向篮纹。口径22.5、肩径23.8、底径10、高35厘米（图九九，3；彩版一一，2、3）。

3. 长条形竖穴墓

7座，编号为M9、M10、M26、M27、M33、M39、M54。

M9　位于发掘区中西部，TG4中东部。开口于TG4①层下，打破生土层。竖穴坑平面呈长条形，头端平直，脚端外凸呈弧形，两侧边较为平直，直壁，平底，长200、宽60、深50厘米。单人葬，侧身屈肢，头向77°，面向左。无随葬品（图一〇〇）。填土为灰黄色花土，松软。

M10　位于发掘区中西部，TG5中部。开口于TG5①层下，打破M11和生土层。东部被修路时毁坏，残留西半部。从残存墓坑看，竖穴坑平面为圆角长条形，口大底小，斜直壁，平底。残长60~120、口宽100、底宽93、深10厘米，单人葬，从残存下肢看为直肢葬，墓葬方向为43°。无随葬品（图一〇一）。填土为灰褐色，土质疏松。

M26　位于发掘区中西部，TG9中东部，TG10中西部。开口于TG9①和TG10①层下，打破生土层。竖穴坑平面大致为圆角长条形，头部略向外凸出，壁较直，平底，长165、宽49、深32厘米。单人葬，仰身直肢，头向60°，面向上。左侧小腿左侧墓底放置2件陶器，1件单耳罐（M26：1）、1件双耳罐（M26：2）（图一〇二）。填土为黑色花土，土质松软。

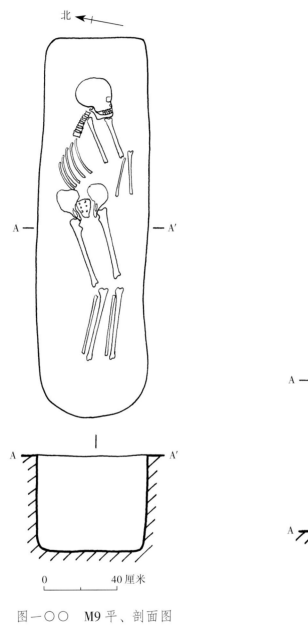

图一〇〇　M9 平、剖面图

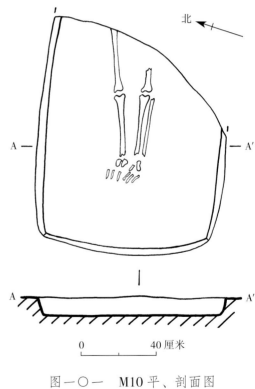

图一〇一　M10 平、剖面图

　　单耳陶罐（M26：1）　夹砂黑褐陶。圆唇，侈口，束颈，矮领，溜肩，鼓腹，平底，口与肩部之间装一个半圆形耳。颈部素面，肩和腹部饰竖绳纹。口径 9、腹径 10、底径 6.8、高 10.4 厘米（图一〇三，2；彩版三二，5）。

　　双耳陶罐（M26：2）　泥质灰陶。圆唇，微敞口，高领，斜肩，中腹圆折，

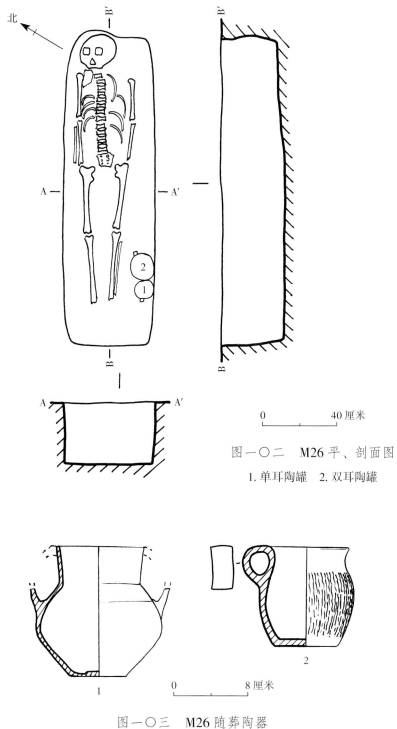

图一〇二　M26 平、剖面图

1. 单耳陶罐　2. 双耳陶罐

图一〇三　M26 随葬陶器

1. 双耳罐（M26：2）　2. 单耳罐（M26：1）

下腹斜收，平底，底中部凸起，口与肩之间装对称桥形耳。肩部饰一周凹弦纹。口径9.2、腹径13.2、底径6.2、高13.6厘米（图一〇三，1；彩版二四，2）。

M27　位于发掘区中西部，TG10中东部，TG11中西部。开口于TG10①和TG11①层下，打破生土层。竖穴坑平面呈长条形，头端呈外凸弧形，其余三壁较直，剖面除脚端壁较直外，其余三壁呈斜壁，口大底小，平底。墓口长184、墓口宽64、墓底长174、墓底宽54、深22厘米。单人葬，仰身直肢，头向60°，面向右（图一〇四）。无随葬品。填土为红黄色花土，土质黏硬。

M33　位于发掘区中西部，TG15东北部和TG16西北部。开口于TG15①和

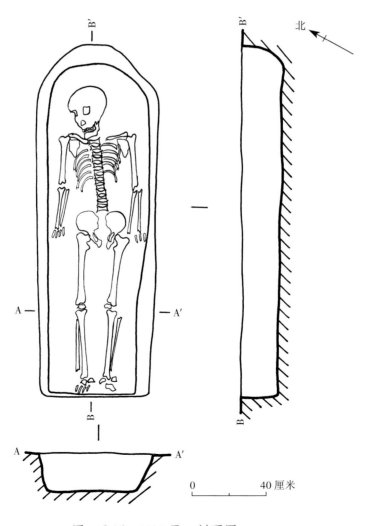

图一〇四　M27平、剖面图

TG16①层下，打破生土层。竖穴坑平面呈长条形，头端平直，脚端呈外凸弧形，两侧边平直，直壁，平底。长182、宽73、深21厘米。单人葬，仰身直肢，头向50°，面向左。脚下随葬4件陶器，1件尊（M33：1）、1件单把鬲（M33：2）、1件碗（M33：3）、1件豆（M33：4）（图一〇五）。填土为黄褐色，坚硬。

陶尊（M33：1）　泥质黑陶。厚圆唇，喇叭口，腹微鼓，平底，腹部装对称桥形耳。通体磨光。口内饰一周凹弦纹，口沿下、上腹、中腹外壁各饰一周凹弦纹。口径17、腹径12、底径7、高16.7厘米（图一〇六，4；彩版七，2）。

单把陶鬲（M33：2）　夹砂黑褐陶。尖圆唇，微敞口，高领，束颈，袋足，口

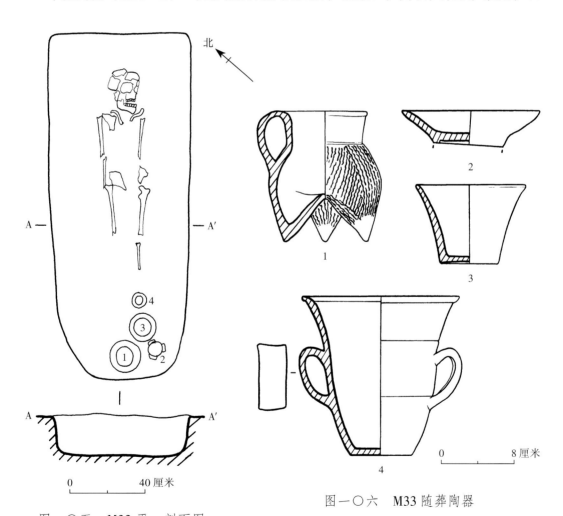

图一〇五　M33平、剖面图

1.陶尊　2.单把陶鬲　3.陶碗　4.陶豆

图一〇六　M33随葬陶器

1.单把鬲（M33：2）　2.豆（M33：4）　3.碗（M33：3）

4.尊（M33：1）

和肩之间装一个桥形耳。颈部和足根部位素面，颈下饰一周凹弦纹，袋足上饰绳纹。口径9、高13.6厘米（图一〇六，1；彩版四，1）。

　　陶碗（M33：3）　泥质灰褐陶。尖圆唇，喇叭口，壁微内凹，平底略内凹。素面。口径12、底径6.4、高8.4厘米（图一〇六，3；彩版三八，4）。

　　陶豆（M33：4）　泥质灰陶。浅豆盘，圆唇，斜直壁，平底，豆柄残。素面。口径15、残高3.8厘米（图一〇六，2；彩版二〇，2）。

　　M39　位于发掘区中东部，TG39中部。开口于TG39①层下，打破生土层，被G7打破。只存南部。竖穴坑平面呈长条形，两边较直，脚端呈外凸弧形，直壁，平底。残长82、宽68、深57厘米。仅存1块下肢骨。下肢骨左下侧随葬3件陶器，2件单耳罐（M39：1、M39：3）、1件壶（M39：2）（图一〇七）。填土为五花土，松软。

　　单耳陶罐（M39：1）　夹砂黑灰陶。厚圆唇，侈口，直领，圆肩，鼓腹，平底，口与肩部装一个桥形耳。领部素面，腹部饰方格纹。口径9.8、腹径12.8、底径7、

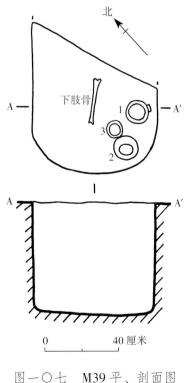

图一〇七　M39平、剖面图

1、3.单耳陶罐　2.陶壶

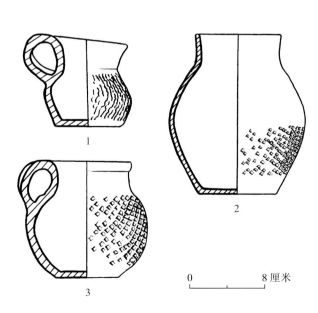

图一〇八　M39随葬陶器

1、3.单耳罐（M39：3、M39：1）　2.壶（M39：2）

高 12.5 厘米（图一〇八，3；彩版二九，4）。

　　陶壶（M39：2）　泥质灰陶。圆唇，直口，高直领，溜肩，圆鼓腹，平底。下腹部饰浅方格纹。口径 9.1、腹径 12.4、底径 8.4、高 16.8 厘米（图一〇八，2；彩版四〇，3）。

　　单耳陶罐（M39：3）　夹砂黑褐陶。斜口，耳部较高，相对耳部一侧较低。圆唇，侈口，束颈，斜肩，圆折腹，平底，口与肩之间装一个半圆形耳。肩和腹部饰竖向粗绳纹。口径 8、腹径 9.4、底径 7.2、高 9.6 厘米（图一〇八，1；彩版三五，2）。

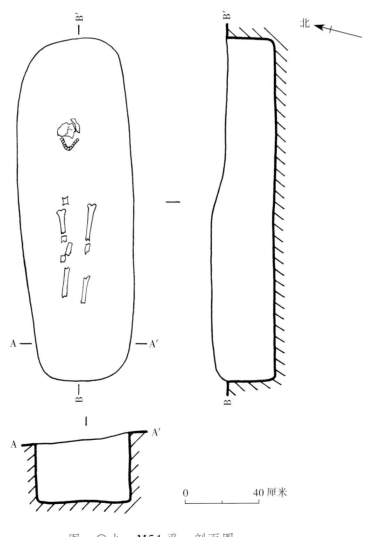

图一〇九　M54 平、剖面图

M54　位于发掘区中西部，TG3 东南部，TG4 西南部。开口于 TG3 ①和 TG4 ①层下，打破生土层。竖穴坑平面呈长条形，四边较为平直，圆角，直壁，平底，两端略窄，中部略宽。长 179、宽 62、深 25~36 厘米。单人葬，仰身直肢，头向75°，面向上（图一〇九）。无随葬品。填土为黑黄色花土，较硬。

（二）土洞墓

30 座，编号为 M1、M2、M4、M5、M7、M8、M14、M20、M21、M22、M24、

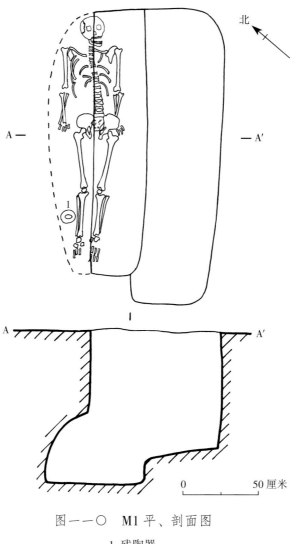

图一一〇　M1 平、剖面图

1. 残陶器

M29、M31、M34、M35、M37、M41、M42、M45、M47、M48、M49、M50、M53、
M55、M56、M57、M58、M64、M67，分为两种。

1. 竖穴半洞室墓

10座，编号为 M1、M20、M21、M22、M37、M41、M42、M45、M49、M58。
先挖长方形竖穴坑，再在竖穴西侧或西部挖洞，有的洞底与竖穴底部等平，有的洞
底比竖穴底部略深。洞室较窄，尸体一部分在洞室内，一部分在竖穴坑内。

M1　位于发掘区西部，探方 T12 北部。开口于 T12 ①层下，打破 T12 ④、⑤、
⑦层和生土层。竖穴坑北部为圆角长方形，直壁，斜直底，西南部向北错 18 厘米。
长 170~194、宽 50~85、深 82 厘米。在沿西壁向外向下和西壁北部向西掏挖，形
成半洞室状。向底下挖约 20 厘米，向西掏挖最宽 30 厘米，洞室东、南、北壁较直，

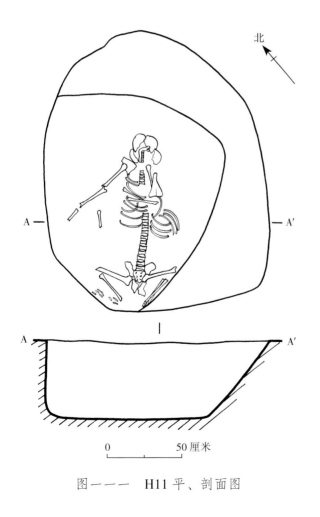

图一一一　H11 平、剖面图

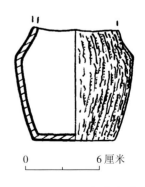

图一一二　M1 随葬残陶器
（M1∶1）

西壁弧形外凸，两端较窄，中部较宽。西壁向上微外凸，逐渐形成外凸弧形顶，洞室平底与竖穴底以直壁相连。洞室长 174、宽 40~66、高 46 厘米。单人葬，仰身直肢，人骨右侧在洞室内，左侧在洞室外，头向 40°，面向上。右侧小腿和洞室壁之间随葬 1 件残陶器（M1：1）（图一一〇）。填土为灰褐色，疏松。

在 M1 东南侧有一座祭祀坑（编号 H11），开口于 T12 ①层下，打破 T12 ④、⑤、⑦层和生土层。竖穴坑平面为不规则形，西南部为直壁，东部和北部为斜直壁，平底。长 184、宽 148、深 50 厘米。坑底仰置 1 头猪，头向 40°（图一一一），与 M1 墓向相同。填土为黑花土，有黏性，夹杂少量泥质篮纹灰陶片和夹砂灰陶片。

残陶器（M1：1）　夹砂黑褐陶。口部残，斜直肩，折上腹，下腹斜收，平底。饰绳纹。底径 6.8、残高 9 厘米（图一一二；彩版四五，5）。

M20　位于发掘区中西部，TG8 中部。开口于 TG8 ①层下，打破生土层。竖穴坑平面大致呈圆角长方形，两端略窄，中部略宽，直壁，平底，长 166、宽 58~73、深 60 厘米。在竖穴坑西半部向下、向外挖，形成半洞室，洞室南端几乎与竖穴坑等长，北端向北壁凸进，洞室四边呈外凸弧形，洞室西壁向上竖直，顶较平，平底。长 188、宽 40~50、高 50 厘米。洞室底低于竖穴底 23 厘米，竖穴平底和洞室平底以斜壁相连接。单人葬，仰身直肢，头向 40°，面向右。右小腿右侧随葬 1 件双耳陶罐（M20：1），左小腿和左脚的左侧随葬 1 件单耳陶罐（M20：3），左脚下随葬 1 件陶豆（M20：2）和 1 件陶器底（M20：4）（图一一三）。填土为五花土，松软。

双耳陶罐（M20：1）　泥质灰陶。圆唇，敞口，高领，圆折腹，下腹斜直，底略内凹，口和中腹之间装对称桥形耳。颈部和肩部素面，下腹饰竖粗篮纹，在器耳下端饰平行短斜线压印纹，用来加固器耳。口径 12、腹径 14.4、底径 9.2、高 16 厘米（图一一四，1；彩版二八，1）。

陶豆（M20：2）　泥质灰陶。圆唇，敞口，斜直壁，平底，豆柄较粗，上部稍细，下部逐渐增粗，下部残。豆柄上有两道平行凹弦纹，其间均匀分布四个圆形镂孔。口径 23.6、残高 15.6 厘米（图一一四，3；彩版一五，3）。

单耳陶罐（M20：3）　夹砂黑褐陶。尖圆唇，口微敛，直领，鼓肩，中腹圆鼓，下腹斜收，平底，口和肩之间装饰一个耳，已残。颈部素面，肩部和腹部饰绳纹。手制，内壁保留刮抹痕，凹凸不平。口径 8.8、腹径 11.4、底径 7.5、高 10.7 厘米（图

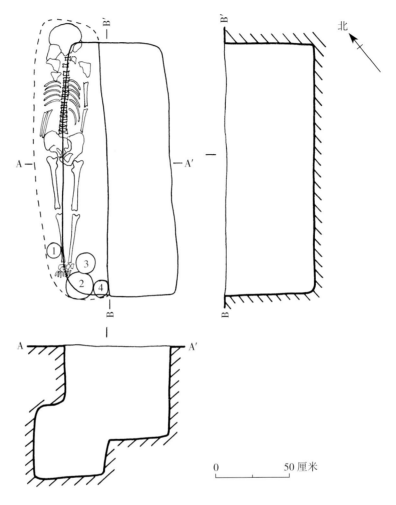

图一一三 M20 平、剖面图

1. 双耳陶罐 2. 陶豆 3. 单耳陶罐 4. 陶器底

一一四，2；彩版三四，2）。

陶器底（M20：4） 夹砂黑褐陶。器表饰绳纹。仅残存底部，下腹斜直，平底。底径 7.6、残高 7.2 厘米（图一一四，4）。

M21 位于发掘区中西部，TG8 中部。开口于 TG8 ①层下，打破生土层。竖穴坑平面呈长条形，两端平行，东边较直，西边外凸弧形，除南壁为口大底小斜直壁，其余东壁、北壁、西壁为直壁，平底。墓口长 213、墓底长 183、两端宽 40~50、中部宽 82、深 81 厘米。在竖穴西部向下、向外挖，形成半洞室，东边较直，西边

图一一四　M20 随葬陶器

1. 双耳罐（M20：1）　2. 单耳罐（M20：3）　3. 豆（M20：2）　4. 器底（M20：4）

外凸，北部较宽，南部较窄，西壁向上微外凸形成弧壁、弧顶，平底。长 183、宽
48~60、高 42 厘米。洞室底比竖穴底低 6 厘米，洞室和竖穴底以斜壁连接。单人葬，
仰身直肢，头向 56°，面向上。左脚外侧放置 3 件陶器，1 件豆（M21：1）位于北侧，
南侧 1 件折肩罐（M21：3）内放置 1 件双耳罐（M21：2）（图一一五）。填土为
五花土，上部较硬，下部松软。

陶豆（M21：1）　泥质黑皮陶。圆唇，平沿，敞口，斜直壁，平底。粗豆柄，
中部略细，两端略粗。柄部有三道平行凹弦纹，柄上有两层各三个圆形镂孔。口径
18.4、底径 12.7、高 19.2 厘米（图一一六，1；彩版一七，1）。

双耳陶罐（M21：2）　泥质黑褐陶。尖圆唇，敞口，高领，斜肩，中腹圆
折，下腹斜收，平底，口和肩之间装对称半圆形耳，一侧耳上部有四个修补钻孔。
器表磨光，素面。轮制，薄胎。口径 10.5、腹径 13、底径 5.6、高 14.8 厘米（图

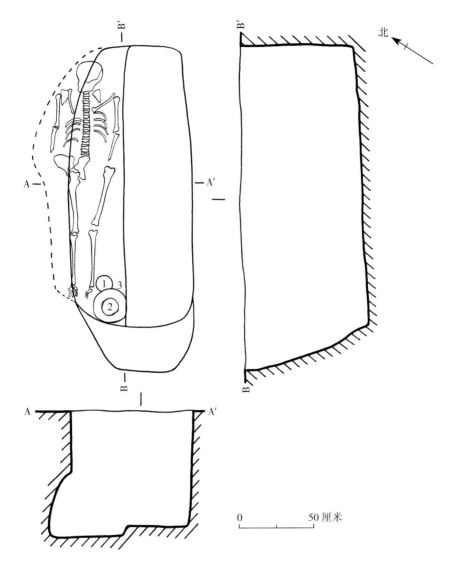

图一一五　M21 平、剖面图

1. 陶豆　2. 双耳陶罐　3. 折肩陶罐

一一六，2；彩版二二，3、4）。

折肩陶罐（M21：3）　泥质灰陶。厚圆唇，喇叭状口，高领，折肩，斜直腹，平底。口内饰一周凹弦纹，领外饰四道平行凹弦纹，两组凹弦纹间饰扩线纹，肩部素面，下腹饰竖篮纹。口径 24.2、肩径 26.4、底径 10、高 38 厘米（图一一六，3；彩版一一，4）。

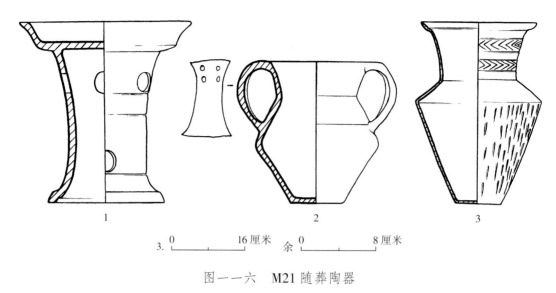

3. ⊢0━━━━━16厘米　余 ⊢0━━━━━8厘米

图一一六　M21 随葬陶器

1. 豆（M21：1）　2. 双耳罐（M21：2）　3. 折肩罐（M21：3）

M22　位于发掘区中西部，TG7 中部。开口于 TG7 ①层下，打破生土层。竖穴坑平面为圆角长方形，南壁略呈内凹弧形，其余三壁较直，平底。长 200、宽 86、深 91 厘米。在竖穴坑西半部向下、向外挖，形成半洞室。半洞室东壁和南北两端较平直，西壁呈外凸弧形，西壁向上竖直，斜顶，平底，长 200、宽 55、高 93 厘米。洞室底和竖穴底以直壁连接，洞室底比竖穴底低 28 厘米。单人葬，侧身直肢，头向 60°，面向右。脚下放置 3 件陶器，西侧 1 件鬲（M22：2）上放置 1 件器盖（M22：1），东侧放置 1 件豆（M22：3）（图一一七）。五花填土，较为松软。

陶器盖（M22：1）　夹砂红陶。圆形，边缘有三个钻孔。利用器底制作，一面素面，另一面上有平行竖线纹和平行横线纹，每一组凸棱纹内平行排列。直径 14.3、厚 0.9 厘米（图一一八，1；彩版四四，1）。

陶鬲（M22：2）　夹砂黑褐陶。口沿内斜，口沿内外两侧凸起，中间内凹，口微敛，腹壁较直，袋状足，矮实足根，圜底，上腹部饰两个对称鸡冠状鋬。口沿下饰一道凹弦纹，器身饰竖向绳纹。口径 12.8、高 14 厘米（图一一八，3；彩版六，4）。

陶豆（M22：3）　泥质灰陶。尖唇，敞口，斜壁，平底，浅盘。豆柄粗，上部略细，下部略粗，中部较直，下沿外撇。柄下部饰两道平行凹弦纹。口径 15.2、底径 11.4、高 14.4 厘米（图一一八，2；彩版一六，2）。

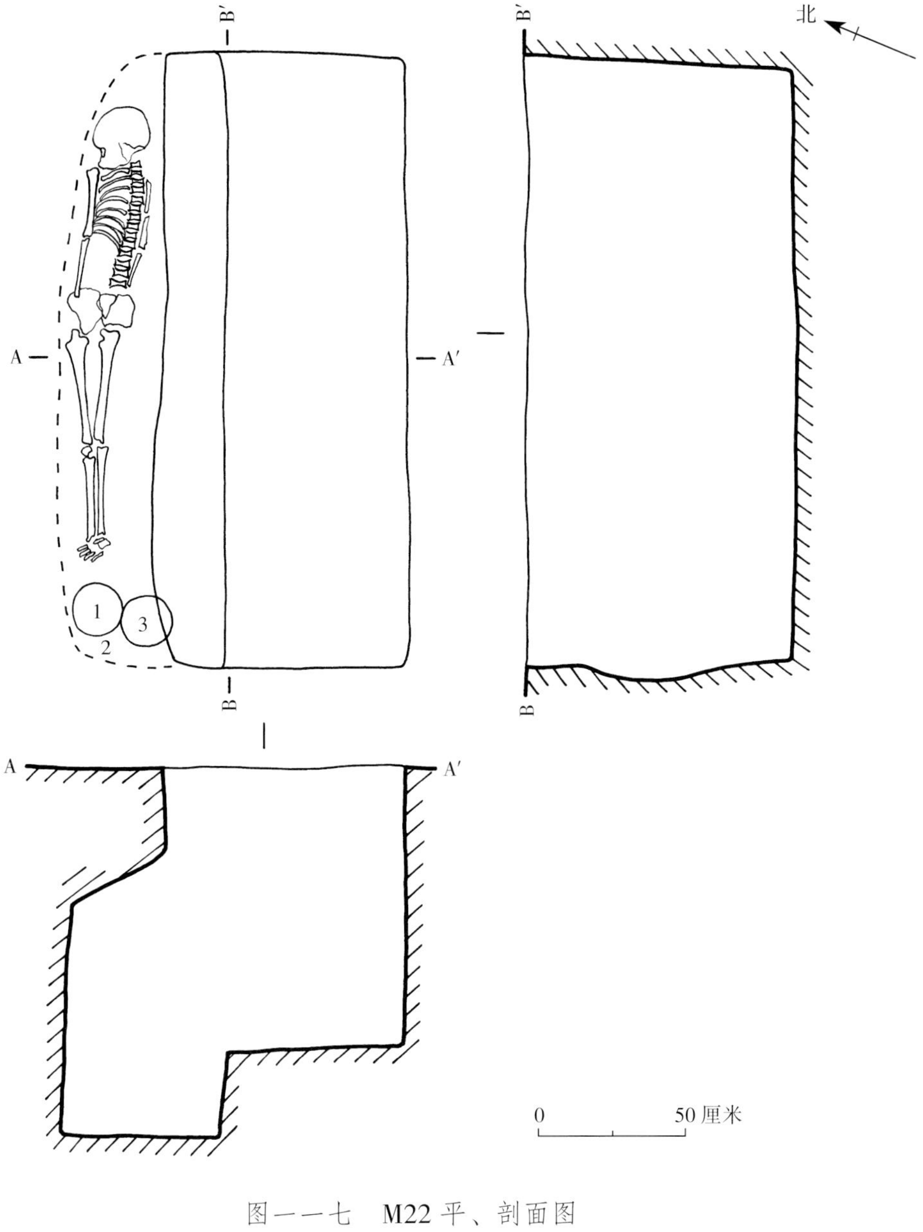

图一一七　M22 平、剖面图
1. 陶器盖　2. 陶斝　3. 陶豆

M37　位于发掘区中东部，TG38 中西部。开口于 TG38 ①层下，打破生土层，被 G7 打破。竖穴坑平面为长方形，直壁，底由东壁向西壁倾斜。长 255、宽 54、深 60~75 厘米。在底的西部向下、向西掏洞室。洞室西侧壁向上呈外凸弧形，顶

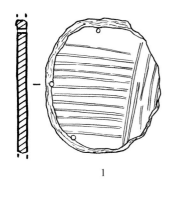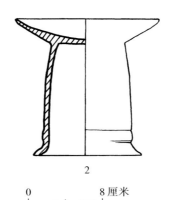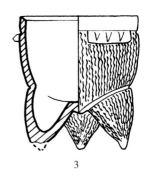

0　　　　　　　8厘米

图一一八　M22 随葬陶器

1. 器盖（M22：1）　2. 豆（M22：3）　3. 斝（M22：2）

部也呈弧形，平底低于竖穴底部最低处15厘米，两者以斜壁相连。洞室长255、底宽70、高50厘米。双人葬，位于洞室西北部，头向25°。西侧尸骨仰身直肢，面向上，东侧尸骨侧身直肢，面向右。脚下随葬7件陶器，1件折肩罐（M37：1）、3件豆（M37：2、M37：4、M37：5）、1件双耳罐（M37：3）、1件尊（M37：6）、1件盉（M37：7），在陶豆内有羊骨（图一一九）。填土为五花土，较软，有黏性。

折肩陶罐（M37：1）　泥质灰陶。圆唇，侈口，高领，束颈，折肩，斜直腹，底略内凹。领部饰四道平行凹弦纹，凹弦纹之间饰平行划纹，相邻两组方向相反。上腹饰一周凹弦纹，其下饰一周三角形压印坑纹，再下饰竖向篮纹。口径16.4、肩径18、底径9、高32.5厘米（图一二〇，3；彩版一二，1、2）。

陶豆（M37：2）　泥质灰陶。浅豆盘，厚圆唇，敞口，内壁斜直，外壁向外弧凸，平底。粗豆柄，上部较粗，中部较细，下部残。豆柄上饰两道凹弦纹，上部饰三个圆形镂孔。口径34.6、残高19.8厘米（图一二〇，6；彩版一四，2）。

双耳陶罐（M37：3）　泥质灰陶。圆唇，直口，高领，斜肩，圆折腹，下腹微内凹，平底。口与肩之间装对称桥形耳。素面。下腹有多道轮制痕。口径7.4、腹径10.4、底径6、高10.8厘米（图一二〇，5；彩版二四，3）。

陶豆（M37：4）　泥质灰陶。浅豆盘，厚尖唇，敞口，斜直壁，平底，细豆柄，上部较粗，中部较细，下部残。豆柄上饰两行六个圆形镂孔，每行三个相对分布。

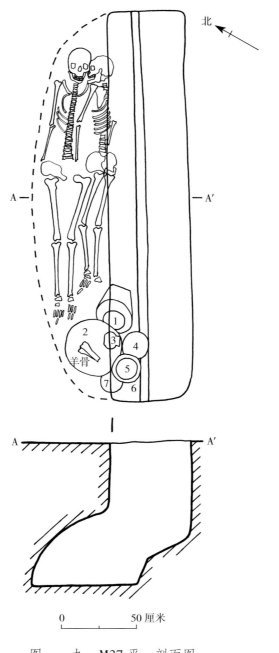

图一一九　M37平、剖面图

1. 折肩陶罐　2、4、5. 陶豆　3. 双耳陶罐
6. 陶尊　7. 陶盉

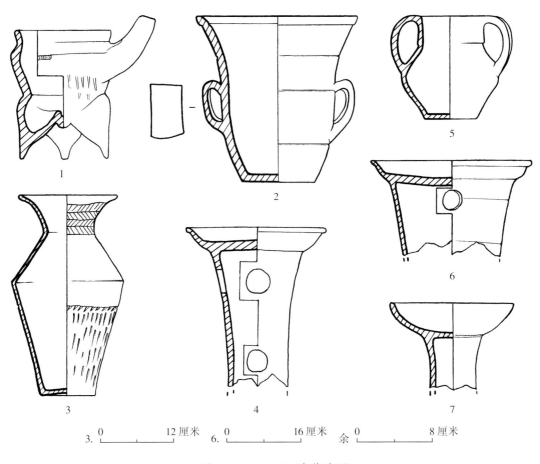

图一二〇　M37 随葬陶器

1. 盉（M37：7）　2. 尊（M37：6）　3. 折肩罐（M37：1）　4、6、7. 豆（M37：4、M37：2、M37：5）
5. 双耳罐（M37：3）

口径 15.4、残高 16.8 厘米（图一二〇，4；彩版二一，1）。

　　陶豆（M37：5）　泥质灰陶。浅豆盘，圆唇，敞口，弧壁，底较平。细豆柄，下部残。素面。口径 13.2、残高 9 厘米（图一二〇，7；彩版二〇，5）。

　　陶尊（M37：6）　泥质灰陶。厚圆唇，侈口，微鼓腹，平底，腹中部装对称桥形耳。腹部饰三道平行凹弦纹，敞口内壁饰一周凹弦纹。口径 17.6、腹径 12、底径 8、高 17.6 厘米（图一二〇，2；彩版八，1）。

　　陶盉（M37：7）　夹砂灰陶。圆唇，微侈口，直领，管状流高于器口，肩部饰对称鸡冠鋬，乳状足，高实足根微外撇。腹部饰浅痕竖向篮纹。口径 10.4、通高

15 厘米（图一二〇，1；彩版六，3）。

M41　位于发掘区中东部，TG38 中东部和 TG39 中西部。开口于 TG38 ① 和 TG39 ① 层下，打破生土层，被 G7 打破。竖穴坑平面为长方形，直壁，平底。长 251、宽 148、深 150 厘米。在竖穴坑西部向下、向西掏洞室。洞室底低于竖穴底 40 厘米，两者以斜壁相连，两端略长于竖穴两端。东西两侧边呈外凸弧形，头端和脚端较平直，西壁向上外凸呈弧形，外凸弧顶，平底。长 258、宽 126、高 101 厘米。三具尸骨放置在洞室内，一具尸骨放置在竖穴墓坑底部，由西向东依次编号为 ①、②、③、④，头向 40°。① 号尸骨侧身，上肢略屈，下肢直肢，面向左。② 号尸骨仰身直肢，面向左。③ 号尸骨侧身，上身直肢，下肢屈肢，面向右。④ 号尸骨侧身屈肢，面向左。头顶部随葬 3 件陶器，1 件尊（M41：1）、1 件单耳罐（M41：2）、1 件器底（M41：3）。② 号尸骨颈下有 4 颗绿松石珠，面前有 2 颗绿松石珠（M41：4）。脚下随葬 5 件陶器，3 件豆（M41：5、M41：8、M41：9）、1 件折肩罐（M41：6）、1 件盉（M41：7），在豆（M41：8）盘上放置猪肋骨（M41：10）。在竖穴顶部西南角放置 5 副猪下颌骨（M41：11）（图一二一）。填土为五花土，黏硬。

陶尊（M41：1）　泥质灰陶。圆唇，大侈口，中腹微鼓，下腹斜收，底略内凹。口部内壁有一周凹弦纹，腹中部压印一周圆形坑纹。口径 20.8、底径 9.2、高 17.2 厘米（图一二二，7；彩版七，4）。

单耳陶罐（M41：2）　砂质黑褐陶。圆唇，侈口，束颈，矮领，溜肩，底略外凸，口与肩部装一个桥形耳。素面。口径 9.6、腹径 10.4、底径 6.2、高 12.2 厘米（图一二二，5；彩版三五，1）。

陶器底（M41：3）　泥质黑陶。残存底部，外底平，内底凸起，下腹斜直。磨光。轮制痕迹清晰。底径 3.6、残高 3.5 厘米（图一二二，4）。

绿松石珠（M41：4）　6 件，形制相同。两端细，中腹粗，扁圆柱体，中部钻一个孔。绿色。M41：4-1，长 1.4、宽 0.5~1.3、厚 0.6、孔径 0.2~0.3 厘米（图一二二，2；彩版四七，2、3）。

陶豆（M41：5）　泥质灰陶。浅豆盘，圆唇，平沿外折，敞口，内壁斜直，外壁折底处有一周凸棱，平底，细豆柄，下部残。口径 13.2、残高 5.4 厘米（图一二二，1；彩版二一，4）。

折肩陶罐（M41：6）　泥质灰陶。尖唇，内斜沿，敞口，高领，束颈，折肩，

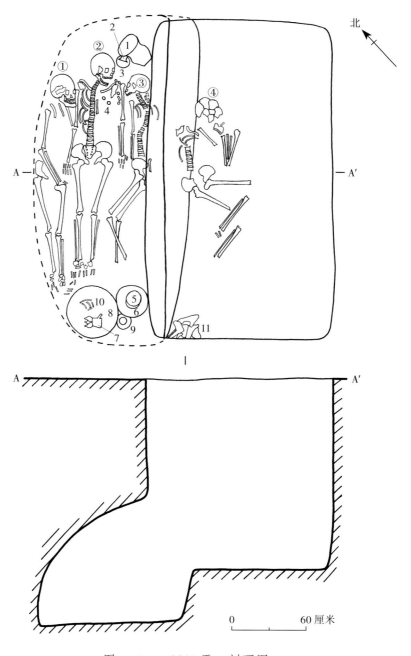

图一二一　M41 平、剖面图

1. 陶尊　2. 单耳陶罐　3. 陶器底　4. 绿松石珠　5、8、9. 陶豆　6. 折肩
陶罐　7. 陶盉　10. 猪肋骨　11.5 副猪下颌骨

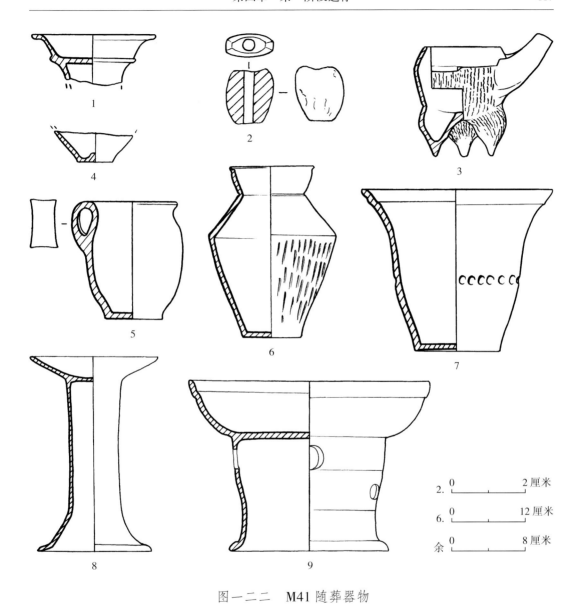

图一二二　M41 随葬器物

1、8、9.陶豆（M41：5、M41：9、M41：8）　2.绿松石珠（M41：4-1）　3.陶盉（M41：7）　4.陶器底（M41：3）　5.单耳陶罐（M41：2）　6.折肩陶罐（M41：6）　7.陶尊（M41：1）

上腹斜直，下腹略内凹。平底腹部饰竖篮纹。口径 13.9、肩径 20.4、底径 10、高 27.3 厘米（图一二二，6；彩版一三，5）。

陶盉（M41：7）　夹砂灰陶。圆唇，敛口，折肩，肩部装对称鸡冠鋬，管状流高于器口，乳状足，高实足根，平足尖。口部和流部素面，其他部位饰竖向绳纹。

口径 8、高 13 厘米（图一二二，3；彩版五，4）。

陶豆（M41：8）　泥质灰陶。豆盘较深，尖厚唇，敞口，弧腹，平底。粗豆柄，中部略细，下沿外撇。磨光，豆柄饰两道平行凹弦纹，上下两行十个镂孔，每行五个，上下错位排列。口径 26、底径 16.8、高 17.8 厘米（图一二二，9；彩版一四，4）。

陶豆（M41：9）　泥质灰陶。浅豆盘，圆唇，敞口，斜直壁，底近平。细高豆柄，下端呈喇叭形。磨光。口径 13.6、柄径 5、底径 12、高 20.2 厘米（图一二二，8；彩版二一，2）。

M42　位于发掘区中东部，TG41 中部。开口于 TG41 ①层下，打破生土层，被 G7 打破。竖穴平面为圆角长方形，直壁，平底。长 231、宽 88、深 99 厘米。在竖穴底部西侧向下挖两级台阶，在竖穴西壁下半部向西、向下掏洞室。洞室西侧呈外凸弧形，北侧较窄，南侧较宽，东侧壁较直，西壁向上外凸弧形，顶部略弧，平底。长 231、最宽 86、高 60 厘米，洞室平底低于竖穴底 20 厘米。单人葬，头部和上身上部缺失，仰身直肢，头向 62°。下肢周围放置 7 件陶器，1 件折肩罐（M42：1）、1 件尊（M42：2）、2 件豆（M42：3、M42：7）、1 件双耳罐（M42：4）、1 件单把鬲（M42：5）、1 件盉（M42：6）（图一二三）。填土为黄灰色花土，较硬。

折肩陶罐（M42：1）　泥质黑皮陶。圆唇，侈口，高领，束颈，折肩，斜直腹，平底。器表磨光。领中部饰两道凹弦纹，领下部饰竖向波折纹，肩下饰数道凹弦纹，其下饰一周压印三角形坑纹，腹部饰竖篮纹。口径 16.5、肩径 26、底径 10、高 35.6 厘米（图一二四，6；彩版一三，3、4）。

陶尊（M42：2）　泥质灰陶。圆唇，侈口，斜直腹，平底。中腹部饰一周凹弦纹，其下压印一周三角形坑纹，其下饰竖向篮纹。口径 16.2、底径 7.8、高 12.8 厘米（图一二四，1；彩版八，3）。

陶豆（M42：3）　泥质灰陶。浅豆盘，圆唇，敞口，弧壁，平底。粗豆柄，下部残。口径 27、残高 6.5 厘米（图一二四，7；彩版一九，3）。

双耳陶罐（M42：4）　泥质黑陶。尖圆唇，微敞口，高领，束颈，斜肩，圆折腹，下腹斜收，平底。口和肩之间装对称桥形耳。磨光。素面。口径 11、腹径 15、底径 6.2、高 16 厘米（图一二四，5；彩版二三，1）。

单把陶鬲（M42：5）　夹砂灰陶。厚圆唇，微敞口，高领，鼓肩，乳状足，高实足根，平足尖，口与肩部装一个桥形耳。颈部素面，足部饰方格纹。口径 9.6、

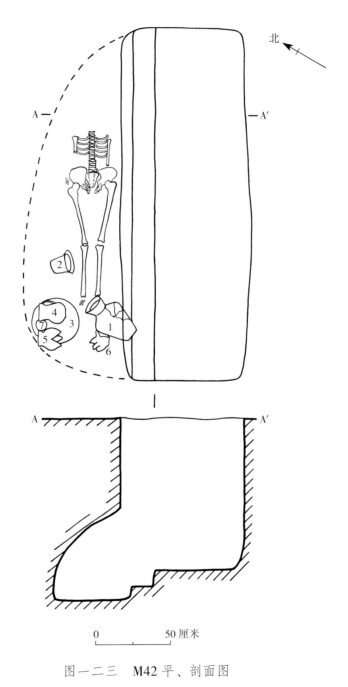

图一二三　M42 平、剖面图

1.折肩陶罐　2.陶尊　3、7.陶豆　4.双耳陶罐　5.单把陶鬲　6.陶盉

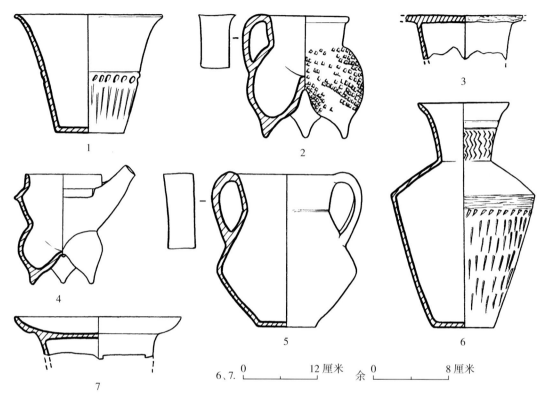

图一二四　M42 随葬陶器

1.尊（M42∶2）　2.单把鬲（M42∶5）　3、7.豆（M42∶7、M42∶3）　4.盉（M42∶6）　5.双耳罐
（M42∶4）　6.折肩罐（M42∶1）

高 12.8 厘米（图一二四，2）。

　　陶盉（M42∶6）　夹砂灰陶。尖圆唇。直口，折肩，肩部出流，管状流较直，高于口部。乳状足，高实足根，平足尖。素面。口径 8.4、高 12.7 厘米（图一二四，4）。

　　陶豆（M42∶7）　泥质灰陶。仅存豆盘中部和豆柄上部。豆盘平底，豆柄较粗。素面。残口径 12.5、残高 4.6 厘米（图一二四，3）。

　　M45　位于发掘区东部，探方 T21 中东部。开口于 T21 ①层下，打破生土层。竖穴坑平面为圆角长方形，直壁，平底。长 230、宽 68、深 50~60 厘米。在竖穴西部向下和向西挖成半洞室，洞室底部平面呈圆角长方形，西侧壁较直，顶大致呈斜坡形。长 230、宽 65、高 45 厘米。竖穴平底与洞穴平底以斜壁相连，两者相差 31 厘米。单人葬，仰身直肢，头向 9°，面向上。脚下随葬 3 件陶器，1 件双耳罐（M45∶1）、1 件长腹罐（M45∶2）、1 件豆（M45∶3）（图一二五）。填土为五

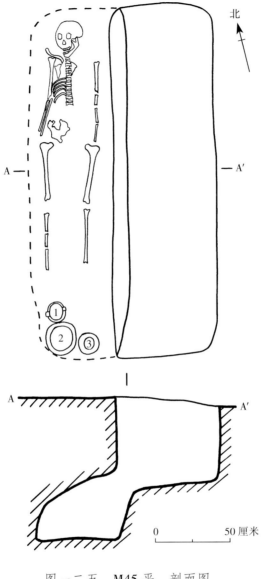

图一二五　M45 平、剖面图

1. 双耳陶罐　2. 长腹陶罐　3. 陶豆

花土，松软。

双耳陶罐（M45：1）　泥质灰陶。口部和双耳已残。溜肩，中腹圆鼓，下腹斜收，平底。素面。腹径 11、底径 7、残高 9.6 厘米（图一二六，1）。

长腹陶罐（M45：2）　泥质黑褐陶。圆唇，侈口，斜直领，束颈，溜肩，长腹，

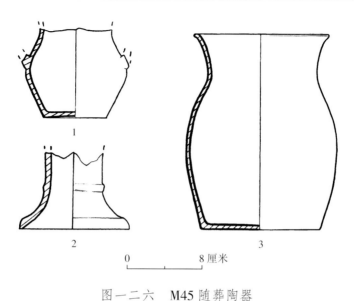

图一二六　M45 随葬陶器

1. 双耳罐（M45：1）　2. 豆（M45：3）　3. 长腹罐（M45：2）

中腹微鼓，下腹斜收，平底。素面。口径 14.4、腹径 16、底径 12.8、高 20.8 厘米（图一二六，3；彩版三七，3）。

　　陶豆（M45：3）　泥质灰陶。仅残存豆柄下部。细豆柄，柄下部呈喇叭形，下端较厚凸起。柄中部有一道凸棱纹。底径 12、残高 8.2 厘米（图一二六，2）。

　　M49　位于发掘区中西部，TG1 东南部，TG2 西南部。开口于 TG1 ①和 TG2 ①层下，打破生土层。竖穴坑平面为圆角长方形，直壁，平底，长 126、宽 54、深 115 厘米。在竖穴西部向西、向下挖洞室，洞室两端呈外凸弧形，西侧略内凹，大致呈长条形，西壁向上呈外凸弧形壁和顶，平底，低于竖穴底 15 厘米，两者以斜壁相连。洞室长 137、宽 54、高 63 厘米。单人葬，仰身直肢，头向 64°，面向上。脚下随葬 2 件陶器，1 件豆（M49：1）、1 件单耳罐（M49：2）（图一二七）。填土为五花土，松软。

　　陶豆（M49：1）　泥质灰陶。浅豆盘，尖唇，斜直壁，平底。豆柄较细，上下部较粗，中部较细，下端外撇。豆柄下部有三道平行凹弦纹，上下两行六个镂孔，每行三个，上下相错分布，上行三角尖部朝下，下行三角尖部朝上。口径 17.6、底径 12.5、高 17.3 厘米（图一二八，1；彩版一八，1）。

　　单耳陶罐（M49：2）　夹砂黑褐陶。圆唇，侈口，高直领，鼓肩，圆鼓腹，平底，

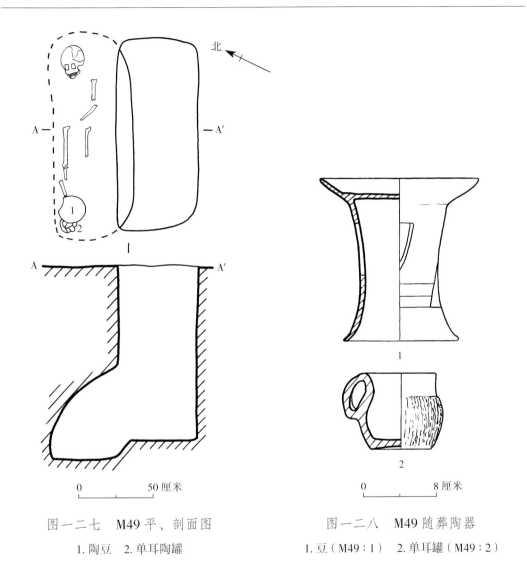

图一二七　M49 平、剖面图　　　　　　　图一二八　M49 随葬陶器

1. 陶豆　2. 单耳陶罐　　　　　　　　　　1. 豆（M49：1）　2. 单耳罐（M49：2）

口与中腹之间装一个桥形耳。颈部素面，其余器表饰竖向绳纹后磨光。口径 7.6、腹径 9.6、底径 6.8、高 8 厘米（图一二八，2；彩版三三，4）。

M58　位于发掘区中西部，TG7 中部。开口于 TG7 ①层下，打破生土层，被 M59 打破。竖穴坑平面呈圆角长方形，直壁，斜直底，由东向西倾斜。长 208、宽 76、深 70~80 厘米。在竖穴西部向下、向西挖洞室，头端较宽，脚端较窄，西侧壁下部较直，上部呈外凸弧形，顶呈外凸弧形。长 200、宽 34~62、高 62 厘米。洞室平底，与竖穴斜直底最低点以斜壁相连，两者相差 20 厘米。单人葬，仰身直肢，头向58°，面向右。小腿上、脚上和小腿东侧、脚下放置5件陶器，1件杯（M58：1）、1件单耳罐（M58：2）、1件壶（M58：3）、1件筒形器（M58：4）、1件豆（M58：5）（图一二九）。填土为五花土，土质较黏较硬。

陶杯（M58：1）　泥质黄褐陶。圆唇，口微侈，腹微鼓，底微凹，口与上腹

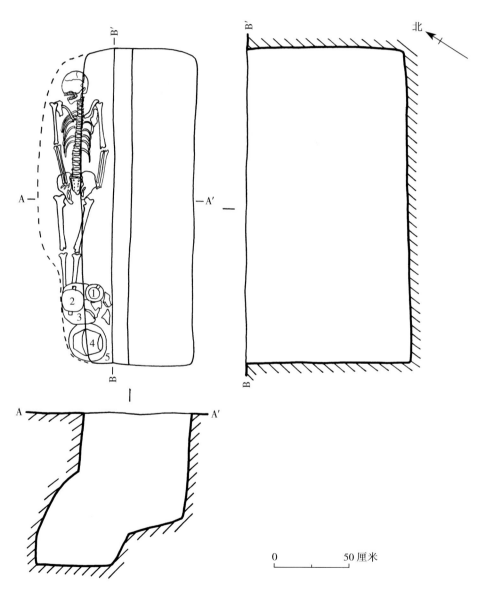

图一二九　M58平、剖面图

1. 陶杯　2. 单耳陶罐　3. 陶壶　4. 筒形陶器　5. 陶豆

之间装对称扁圆形器耳。素面。口径 11.8、底径 6.5、高 7 厘米（图一三○，2；彩版三九，4）。

　　单耳陶罐（M58：2）　夹砂黑褐陶。圆唇，侈口，束颈，溜肩，圆鼓腹，平底，口与中腹之间装一个桥形耳。通体饰绳纹。口径 7、腹径 8.8、底径 6.2、高 8.8 厘米（图一三○，1；彩版三二，1）。

　　陶壶（M58：3）　泥质黄褐陶。口部饰一周宽带形红彩，肩和中腹饰四道平行凹弦纹，其上饰两行平行窄条带红彩。方唇，敛口，斜肩，中腹圆折，下腹斜收，平底，肩下部装对称的半圆形横耳。口径 9、腹径 16、底径 7、高 16 厘米（图一三○，3；彩版四一）。

　　筒形陶器（M58：4）　泥质黄褐陶。圆唇，侈口，直腹，圈足，圈足底端外折，中腹部装对称半圆形耳。口内外各饰一周宽带红彩，大部分已经脱落。中腹部饰两周平行凹弦纹。口径 19.6、腹径 16.8、底径 18.4、高 19.2 厘米（图一三○，4；彩

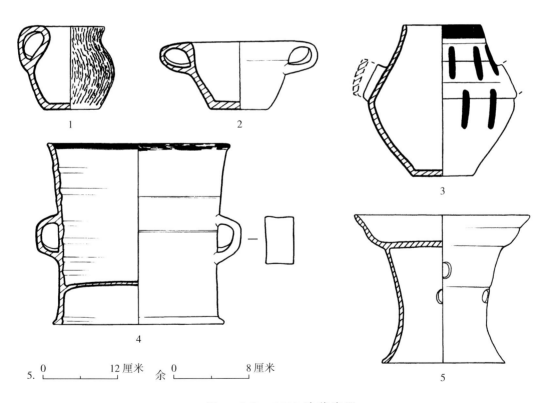

图一三○　M58 随葬陶器

1. 单耳罐（M58：2）　2. 杯（M58：1）　3. 壶（M58：3）　4. 筒形器（M58：4）　5. 豆（M58：5）

版四四，3）。

陶豆（M58：5） 泥质灰陶。浅豆盘，圆唇，敞口，内壁斜直，外壁中凹，平底。粗豆柄，中部细，两端粗，底端呈喇叭形。磨光。豆柄中部饰一周凹弦纹，豆柄上部饰两行六个圆形镂孔，每行三个，错对排列。口径28.2、底径19.6、高23.6厘米（图一三〇，5；彩版一四，3）。

2. 竖穴全洞室墓

20座，编号为M2、M4、M5、M7、M8、M14、M24、M29、M31、M34、M35、M47、M48、M50、M53、M55、M56、M57、M64、M67。先挖竖穴坑，在竖穴坑西侧壁下部向西挖洞，有的洞底与竖穴坑底部等平，有的洞底比竖穴底部略深。洞室较宽，尸体全部放置洞室内。

M2 位于发掘区西部，探方T13东北部。开口于T13①层下，打破T13②、③和生土层。长方形竖穴土洞墓。竖穴部分平面呈圆角长方形，直壁，平底，长172、宽62、深170厘米。在西壁中部向西、向下掏挖形成洞室，向西掏挖最宽48、向下掏挖深28厘米。洞室大致呈椭圆形，两侧长边较直，两端呈弧形外凸，竖穴底与洞室底以直壁相连，西壁向上外凸弧形逐渐内收形成弧形顶，平底。长150、宽48、高65厘米。单人葬，仰身直肢，头向344°，面向上。脚下洞室内放置3件陶器，1件双耳罐（M2：1）、1件单耳罐（M2：2）、1件豆（M2：3）（图一三一）。填土为褐色，松软。

双耳陶罐（M2：1） 泥质，器表大多呈磨光黑色。尖唇，侈口，斜高领，斜肩，折腹，下腹斜收，平底。口部和肩部之间附对称桥形耳。器耳饰篮纹，竖向，较宽。口径12.4、腹径13.6、底径7、高16.4厘米（图一三二，2；彩版二三，3）。

单耳陶罐（M2：2） 夹砂灰陶。厚圆唇，小口外侈，斜高领，束颈，溜肩，中腹圆鼓，下腹斜收，平底。口部和腹部之间附一个桥形耳，耳上端两侧附两个圆形小泥饼。器表饰绳纹。口径9.8、腹径13、底径7.2、高14厘米（图一三二，3；彩版二八，2）。

陶豆（M2：3） 泥质灰陶。圆唇，敞口，浅盘，折腹，豆柄镂孔，保留上部，下部残缺。口径18、残高4厘米（图一三二，1；彩版一六，3）。

M4 位于发掘区中西部，TG2中部。开口于TG2①层下，打破生土层。竖穴部分平面为长方形，直壁、平底，长227、宽72、深105~112厘米。沿着西壁向西、

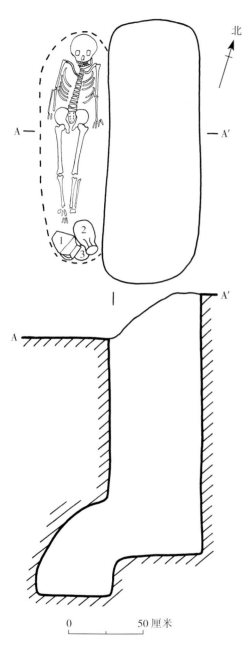

图一三一　M2平、剖面图

1. 双耳陶罐　2. 单耳陶罐　3. 陶豆

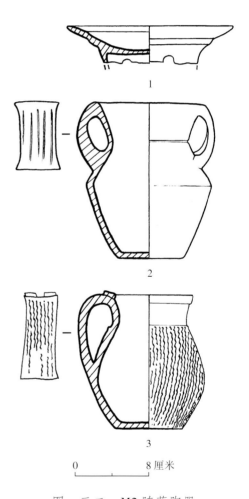

图一三二　M2随葬陶器

1. 豆（M2：3）　2. 双耳罐（M2：1）
3. 单耳罐（M2：2）

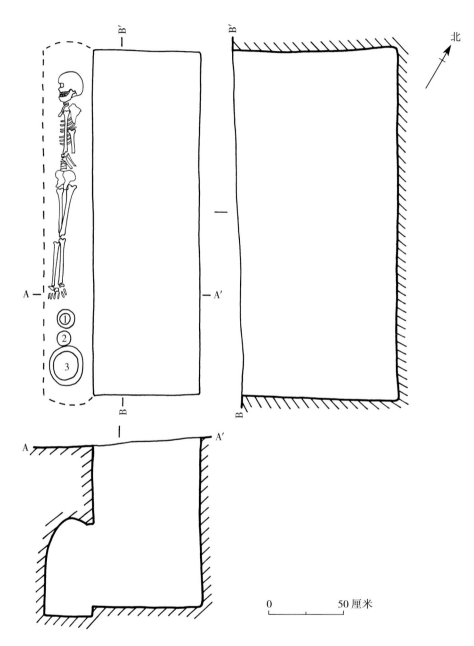

图一三三　M4 平、剖面图

1. 单耳陶罐　2. 小陶罐　3. 折肩陶罐

向下挖洞室，洞室两端略长于竖穴，呈外凸弧形，两侧壁平直，平底低于竖穴底6厘米，两者以直壁相连，洞室西壁向上竖直，拱形顶。长238、宽34、高65厘米。单人葬，侧身直肢，头向327°，面向右。在洞室南端即尸骨脚下放置3件陶器，1件单耳罐（M4：1），1件小罐（M4：2），1件折肩罐（M4：3）（图一三三）。填土为红色黏花土，较硬。

单耳陶罐（M4：1）　夹砂黑褐陶。口部和耳部残，直颈，鼓肩，圆鼓腹，平底。颈部以下饰绳纹，绳纹斜向排列。底径6.4、腹径11.2、残高11厘米（图一三四，2）。

小陶罐（M4：2）　夹砂黑褐陶。方唇，侈口，束颈，溜肩，中腹鼓，下腹斜收，平底略外凸。素面。口径8、腹径10.4、底径6.4、高13.2厘米（图一三四，3；彩版四三，1）。

折肩陶罐（M4：3）　泥质灰陶。圆唇，喇叭口，高领，斜肩，下腹斜收，平底。领下部和腹下部饰宽斜篮纹，下腹上部篮纹上饰一周凹弦纹，近底部篮纹下饰两周平行凹弦纹。口径20.5、肩径22.8、底径11、高29.4厘米（图一三四，1；彩版一〇，2）。

M5　位于发掘区中西部，TG2中部。开口于TG2①层下，打破生土层。竖穴部分平面为长方形，直壁，平底，长216、宽55、深151厘米。沿着西壁向外、向下挖洞室，洞室两端和西侧壁呈外凸弧形，两端长于竖穴部分，东侧壁平直，洞室

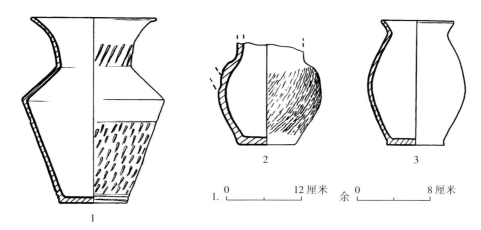

图一三四　M4随葬陶器

1.折肩罐（M4：3）　2.单耳罐（M4：1）　3.小罐（M4：2）

平底低于竖穴底9厘米，两者以直壁相连，西壁向上呈外凸弧形，逐渐收成拱形顶。长241、宽40~77、高85厘米。尸骨沿着洞室内侧壁（西壁）下放置，东半部空置。单人葬，仰身直肢，头向60°，面向右。尸骨脚下放置2件陶器，1件双耳罐（M5：1），1件单耳罐（M5：2）（图一三五）。墓内填土为灰黄色花土，松软。

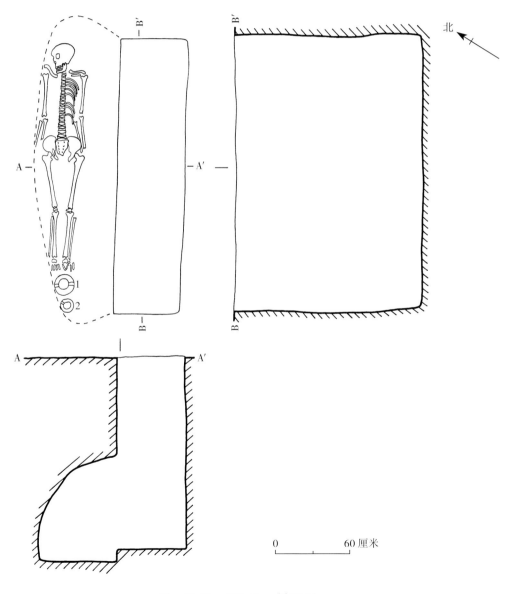

图一三五　M5平、剖面图

1. 双耳陶罐　2. 单耳陶罐

双耳陶罐（M5：1） 泥质红陶。圆唇，斜直颈，溜肩，折腹，下腹斜收，平底。颈和肩部附对称桥形耳。通体磨光，素面。口径 11、腹径 20、底径 8.6、高 21.6 厘米（图一三六，1）。

单耳陶罐（M5：2） 夹砂黑褐陶，夹粗砂粒，器表粗糙、凹凸不平。颈部素面，肩和腹部饰绳纹。口径 8、腹径 10.4、底径 8、高 10.4 厘米（图一三六，2；彩版三三，5）。

M7 位于发掘区中西部，TG3 中东部和 TG4 中西部。开口于 TG3 ①和 TG4 ①层下，打破生土层，被 M6 打破。竖穴部分平面略呈梯形，直壁，平底，长 184、宽 45~56、深 131 厘米。沿着西壁向西、向下挖洞室，洞室两端略长于竖穴部分，呈外凸弧形，西侧壁和东侧壁平直，平底低于竖穴底 10 厘米，两者以直壁相连，西壁向上较直，逐渐收成斜坡形顶。长 194、宽 44、高 62 厘米。单人葬，仰身直肢，头向 47°，面向上。无随葬品（图一三七）。填土为灰黄花土，松软。

M8 位于发掘区中西部，TG4 中部。开口于 TG4 ①层下，打破生土层。竖穴部分平面略呈梯形，长 176、宽 22~36、深 113 厘米。沿着西壁向外挖洞室，洞室两端长于竖穴部分，呈外凸弧形，西侧壁和东侧壁平直，平底与竖穴底齐平，西壁向上斜直，逐渐内收成拱形顶。长 202、宽 45、高 53 厘米。单人葬，仰身直肢，头向 45°，面向上。脚下放置 2 件陶器，1 件豆（M8：1），1 件单耳罐（M8：2）（图

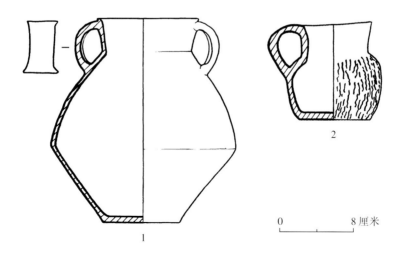

图一三六 M5 随葬陶器

1. 双耳罐（M5：1） 2. 单耳罐（M5：2）

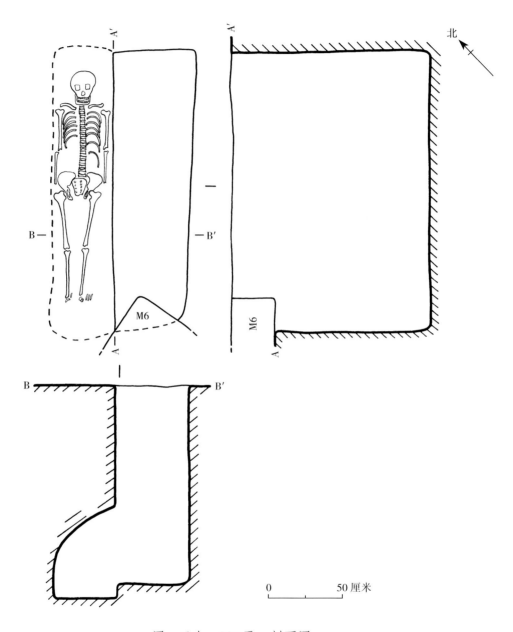

图一三七　M7 平、剖面图

一三八）。填土为灰黄花土，松软。

　　陶豆（M8：1）　泥质灰陶。圆唇，口微敞，深弧腹，圜底，粗高圈足柄，喇叭形柄座。器表内外均磨光。圈足外壁饰两道凹弦纹。口径 22.4、底径 15、高 16 厘米（图一三九，1；彩版一五，4）。

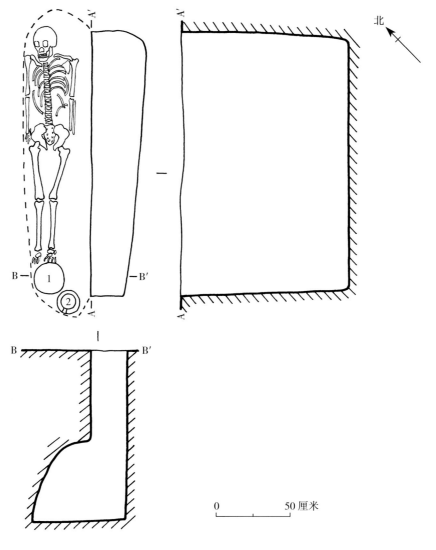

图一三八　M8 平、剖面图

1. 陶豆　2. 单耳陶罐

　　单耳陶罐（M8：2）　夹砂黑褐陶。圆唇，略敞口，颈较直，溜肩，中腹鼓，下腹斜收，平底，口与肩之间装一个桥形耳。通身饰绳纹。口径 10.6、腹径 12.8、底径 8.8、高 12.8 厘米（图一三九，2；彩版二九，3）。

　　M14　位于发掘区中西部，TG5 东北部和 TG6 西北部。开口于 TG5 ① 和 TG6 ① 层下，打破生土层。竖穴坑平面为长条形，两端呈略外凸弧形，两侧边平直，

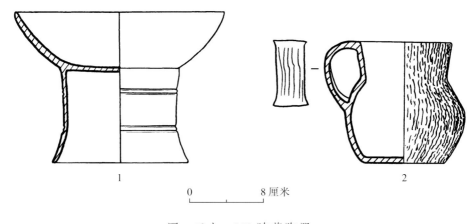

0 　　　　　8厘米

图一三九　M8随葬陶器

1. 豆（M8：1）　　2. 单耳罐（M8：2）

直壁，平底。长190~220、宽84、深12厘米。沿着西壁向西、向下挖洞室，洞室平底，低于竖穴底部13厘米，两者以直壁相连。洞室平面大致呈圆角长方形，西侧中部略内凹，西壁向上竖直，洞室上部被破坏。长210、宽55~74、残高25厘米。双人葬，均为仰身直肢，东侧尸骨面向右，西侧尸骨面向左，两者面相对，头向68°。腿下部和脚下部放置10件陶器，1件尊（M14：1）、1件双耳罐（M14：2）、1件单把鬲（M14：3）、2件豆（M14：4、M14：9）、1件花边罐（M14：5）、2件碗（M14：6、M14：8）、1件折肩罐（M14：7）、1件小罐（M14：10）（图一四○）。填土为灰色花土，较疏松。在竖穴填土距地表2厘米处有1具狗骨，侧身屈肢，头向与墓主一致，为68°，面向右（图一四一）。

　　陶尊（M14：1）　泥质灰陶。圆唇，敞口，腹微鼓，平底。腹中部装对称桥形耳。腹部饰两周平行凹弦纹。口径17.2、腹径11.2、底径7、高16.4厘米（图一四二，1）。

　　双耳陶罐（M14：2）　泥质灰陶。尖唇，敞口，斜直领，束颈，斜肩，折腹，平底。口和肩之间饰对称桥形耳。磨光，肩部饰一周凹弦纹。口径10、腹径13.5、底径5.6、高15.2厘米（图一四二，2）。

　　单把陶鬲（M14：3）　夹砂灰陶。方唇，直口，高领，乳状足，高实足根微外撇，足尖平齐。口与腹之间装一个桥形耳。耳上饰绳纹，颈部素面，器身饰方格纹。口径8.2、高11.6厘米（图一四二，3；彩版四，3）。

　　陶豆（M14：4）　泥质灰陶。圆唇，平沿，沿面微鼓，斜直壁，平底。亚腰形

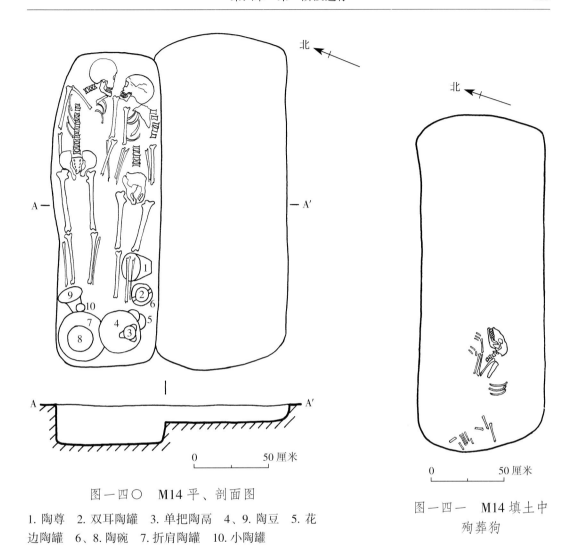

图一四〇　M14 平、剖面图

1. 陶尊　2. 双耳陶罐　3. 单把陶鬲　4、9. 陶豆　5. 花
边陶罐　6、8. 陶碗　7. 折肩陶罐　10. 小陶罐

图一四一　M14 填土中
殉葬狗

豆柄，柄下端平折。柄上有修复钻孔，两两一组，共三组六个。豆柄部饰六道平行
凹弦纹和六个椭圆形镂孔。口径 24、底径 21.5、高 24.6 厘米（图一四二，4；彩版
一九，2）。

花边陶罐（M14：5）　夹砂黑褐陶。圆唇，敞口，束颈，溜肩，中腹圆鼓，
下腹斜收，平底。口沿下饰一周齿形附加堆纹，通体饰绳纹。口径 11、腹径
13.6、底径 8、高 15.6 厘米（图一四二，5；彩版三六，2、3）。

陶碗（M14：6）　泥质灰陶。圆唇，侈口，上腹呈微内凸弧形，中腹转折，
有两道凸棱，下腹呈微内凹弧形，平底。素面。口径 11.7、底径 4.8、高 7.2 厘米（图

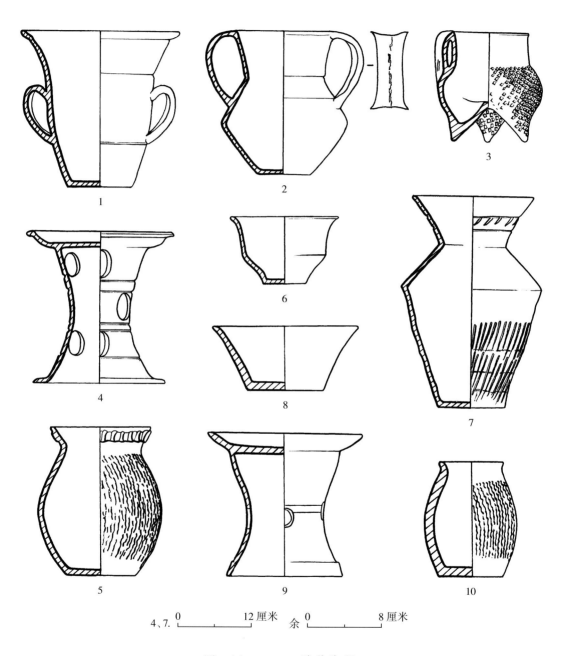

图一四二　M14随葬陶器

1.尊（M14∶1）　2.双耳罐（M14∶2）　3.单把鬲（M14∶3）　4、9.豆（M14∶4、M14∶9）　5.花边罐（M14∶5）　6、8.碗（M14∶6、M14∶8）　7.折肩罐（M14∶7）　10.小罐（M14∶10）

一四二，6；彩版三九，2）。

折肩陶罐（M14：7）　泥质灰陶。圆唇，敞口，高领，折肩，斜直腹，平底。领部饰两道凹弦纹，其间压印平行长条形坑纹，下腹饰斜向篮纹。口径 19.5、肩径 22.2、底径 11、高 33 厘米（图一四二，7；彩版一一，1）。

陶碗（M14：8）　泥质灰陶。圆唇，敞口，腹斜直略内凹，平底。素面。口径 15.8、底径 8、高 6.8 厘米（图一四二，8；彩版三八，6）。

陶豆（M14：9）　泥质褐陶。尖唇，敞口，浅盘，平底。豆柄高而粗，呈亚腰形，中部细，两端粗，柄下端外敞，呈喇叭口状。柄中部饰两道凹弦纹，有四个圆形镂孔。口径 16.4、底径 12.4、高 15.2 厘米（图一四二，9；彩版一八，4）。

小陶罐（M14：10）　夹砂黑褐陶。圆唇，小口外侈，束颈，溜肩，鼓腹，平底。器身饰竖绳纹。口径 7、腹径 9.6、底径 7.2、高 12 厘米（图一四二，10；彩版四三，3）。

M24　位于发掘区中西部，TG8 中东部和 TG9 中西部。开口于 TG8 ①和 TG9 ①层下，打破生土层。竖穴坑平面为长条形，直壁，平底，长 200、宽 73、深 100 厘米。沿着西侧壁向下和向外挖土洞，洞室头部较宽，略长于竖穴土坑，顶部较宽，呈外凸弧形，脚端较窄，平直，两侧壁较直，西壁向上呈外凸弧形壁，顶部塌陷。洞室长 210、宽 55~80 厘米，高度不明。平底低于竖穴 7 厘米，两者以斜壁相连。双人葬，头向一致，为 70°，西侧尸骨仰身直肢，面向上，东侧尸骨俯身直肢，面向下。脚下放置 7 件陶器，1 件长腹罐（M24：1）、1 件单耳罐（M24：2-1），其上扣 1 件罐底作为器盖（M24：2-2）、1 件豆（M24：3）、1 件双耳罐（M24：4）、1 件花边罐（M24：5-1），其上盖 1 件陶片（M24：5-2）（图一四三）。填土为黑色花土，土质松软。

长腹陶罐（M24：1）　砂质灰陶。圆唇，侈口，束颈，高领，斜肩，中腹圆鼓，下腹呈内凹弧形，平底略外凸。颈下饰一周凹弦纹，下腹饰竖篮纹。口径 12.6、腹径 14.6、底径 9.2、高 17.2 厘米（图一四四，7；彩版三七，4）。

单耳陶罐（M24：2-1）　泥质黑褐陶。圆唇，侈口，束颈，高领，溜肩，中腹微鼓，下腹斜收，平底。口和中腹之间装一个桥形耳。腹上部有两周凹弦纹，肩部和中腹饰竖向绳纹。手制，器表粗糙。口径 8.5、腹径 10、底径 9.6、高 14.3 厘米（图一四四，3；彩版三一，2）。

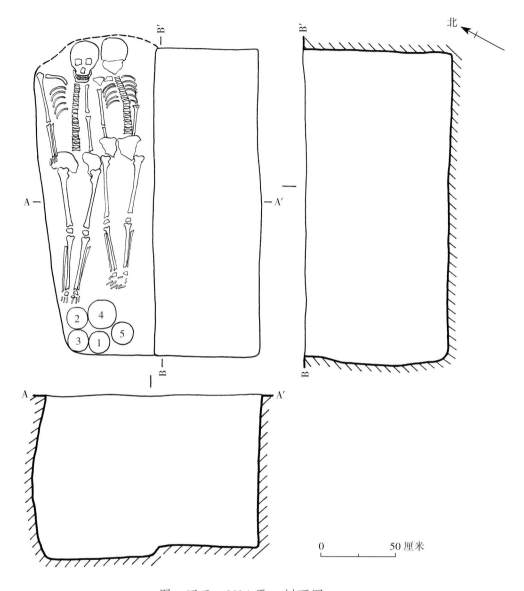

图一四三　M24 平、剖面图

1. 长腹陶罐　2. 单耳陶罐、陶器盖　3. 陶豆　4. 双耳陶罐　5. 花边陶罐、陶器盖

　　陶器盖（M24：2-2）　夹砂黑灰陶。仅存器底，扣在单耳罐上，作为器盖使用。下腹呈外凸弧形，平底。器表饰绳纹。底径 8、残高 4.8 厘米（图一四四，6）。

　　陶豆（M24：3）　泥质灰陶。圆唇，斜直壁，平底，细高豆柄，下部呈喇叭形外敞。豆柄上有八个三角形镂孔，分两行上下相错分布。口径 16.4、底径 12、高 23.6 厘米（图

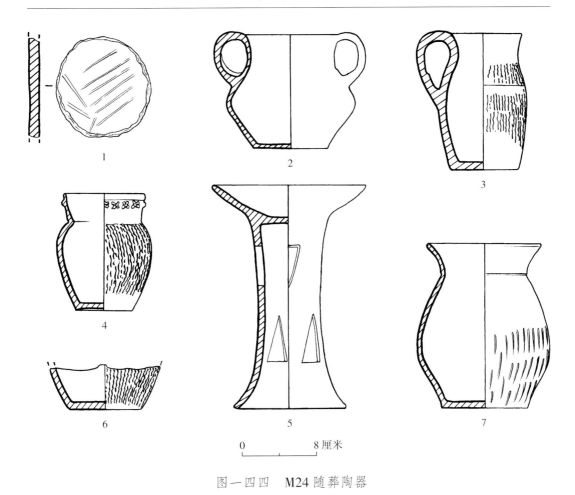

图一四四 M24 随葬陶器

1、6. 器盖（M24：5-2、M24：2-2） 2. 双耳罐（M24：4） 3. 单耳罐（M24：2-1） 4. 花边罐
（M24：5-1） 5. 豆（M24：3） 7. 长腹罐（M24：1）

一四四，5；彩版二一，3）。

双耳陶罐（M24：4） 泥质灰陶。圆唇，微敞口，高直领，斜肩，中腹圆折，下腹斜直，平底。器表磨光，素面。口径 9、腹径 13.8、底径 8、高 12 厘米（图一四四，2；彩版二五，4）。

花边陶罐（M24：5-1） 夹砂黑褐陶。厚圆唇，敞口，束颈，高领部内侧面略内凹，鼓肩，鼓腹，底略内凹。口沿下饰一周方座四尖形附加堆纹，肩和腹部饰竖绳纹。口径 9、腹径 10、底径 6.4、高 12.4 厘米（图一四四，4；彩版三六，1）。

陶器盖（M24：5-2） 夹砂黑褐陶。圆形器底，器表凹凸不平，在器底下有斜向划纹。盖在花边罐上。一面素面，一面有划痕。直径 10.2、厚 1 厘米（图一四四，1）。

M29 位于发掘区中西部，TG12 中西部。开口于 TG12 ①层下，打破生土层。竖穴坑平面为长方形，直壁，平底，墓穴上部已被破坏，长 196、宽约 75、深 52 厘米。沿着西壁向西掏洞穴，洞穴平底与竖穴底等深。洞穴两端和西侧壁较平直，与竖穴等长，西侧壁向上呈斜直壁内收，顶部残。宽约 75、残高 35 厘米。单人葬，仰身直肢，头向 62°，面向上。脚下随葬 2 件陶器，1 件双耳罐（M29：1）、1 件单耳罐（M29：2）（图一四五）。填土为红黄色花土，较黏硬。

双耳陶罐（M29：1） 泥质红陶。尖唇，微敞口，高领，溜肩，中腹圆折，下腹斜收，平底，口与肩之间装对称桥形耳。耳上有长条形镂孔，颈部有三对六

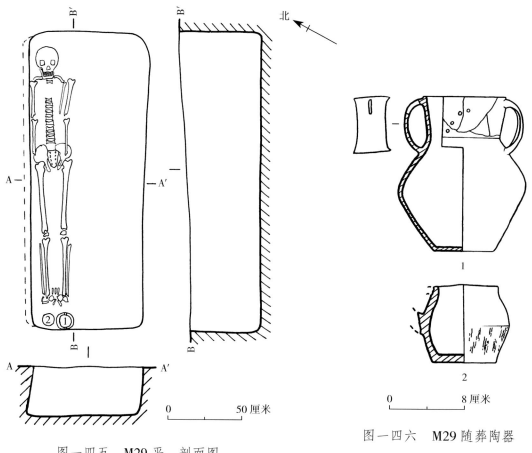

图一四五 M29 平、剖面图
1. 双耳陶罐 2. 单耳陶罐

图一四六 M29 随葬陶器
1. 双耳罐（M29：1） 2. 单耳罐（M29：2）

个修补钻孔。通体磨光，素面。口径 9、腹径 13.6、底径 6.5、高 16.4 厘米（图一四六，1；彩版二七，1~3）。

单耳陶罐（M29：2）　夹砂黑褐陶。圆唇，直口，溜肩，中腹起折棱，下腹斜收，平底，口与中腹之间装一个耳，已残。颈部和肩部素面，下腹饰竖向绳纹，排列稀疏。手制，粗糙，器表凹凸不平。口径 7、腹径 10、底径 7、高 8.4 厘米（图一四六，2；彩版三四，3）。

M31　位于发掘区中西部，TG12 中东部，TG13 中西部。开口于 TG12 ① 和 TG13 ① 层下，打破生土层。竖穴坑平面为长方形，直壁，平底，长 200、宽 53、深 108~116 厘米。沿西壁向下、向西挖洞室，洞室长于竖穴坑长，两端和西壁略呈外凸弧形，西侧向上斜直壁内收，拱形顶，平底低于竖穴底 5 厘米。长 242、宽 75、高 83 厘米。单人葬，侧身直肢，头向 60°，面向右。脚下殉葬 1 副狗下颌骨，在狗下颌骨南侧靠近洞室南壁下随葬 4 件陶器，2 件单耳罐（M31：1、M31：3）、1 件豆（M31：2）、1 件双耳罐（M31：4）（图一四七）。填土为红黄色花土，较黏硬。

单耳陶罐（M31：1）　夹砂黑灰陶。圆唇，高领，束颈，溜肩，腹部圆鼓，平底，口和肩部之间装一个桥形耳。耳上端有两个并列圆形小泥饼，现存一个，另一个脱落，留有印痕。颈上部饰斜向绳纹，经过抹平，留有浅痕。颈下部和近器底表面为素面，肩和腹部以及耳上饰竖向绳纹。口径 10.8、腹径 11.4、底径 8、高 13.2 厘米（图一四八，1；彩版二九，2）。

陶豆（M31：2）　夹砂灰陶。尖唇，敞口，浅豆盘，内壁斜直，外壁中部内凹，平底。细高豆柄，中部略细，两端较粗，下端外撇。柄中部饰十五道平行凹弦纹，柄下部有一道凹弦纹。柄上部均匀分布四个圆形镂孔。口径 17.3、底径 11.6、高 18.8 厘米（图一四八，3；彩版一六，4）。

单耳陶罐（M31：3）　夹砂黑褐陶。圆唇，侈口，矮领，束颈，溜肩，鼓腹，平底。口沿下为素面，其余器表和耳上饰绳纹，颈部绳纹磨光后饰一周凹弦纹。口径 10、腹径 11.2、底径 6.2、高 11.9 厘米（图一四八，2；彩版三二，4）。

双耳陶罐（M31：4）　泥质灰陶。尖圆唇，敞口，高领，束颈，斜肩，中腹圆折，下腹斜收，平底。颈下和肩部各饰一道凹弦纹。口径 9、腹径 12.3、底径 4.7、高 14.8 厘米（图一四八，4；彩版二六，2）。

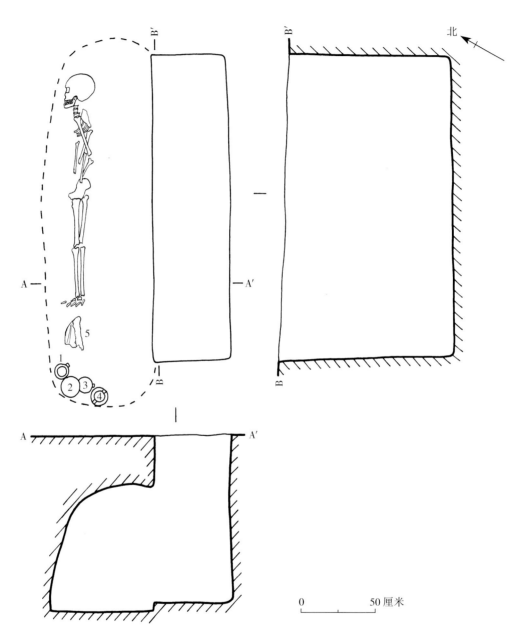

图一四七　M31 平、剖面图

1、3.单耳陶罐　2.陶豆　4.双耳陶罐　5.狗下颌骨

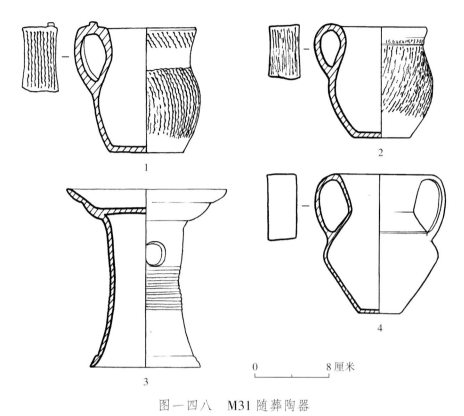

图一四八　M31 随葬陶器

1、2.单耳罐（M31：1、M31：3）　3.豆（M31：2）　4.双耳罐（M31：4）

　　M34　位于发掘区中西部，TG15 中东部，TG16 中西部。开口于 TG15 ①和
TG16 ①层下，打破生土层。墓葬上部损毁，竖穴坑平面大致为长方形，直壁，平底。
长 197、宽约 70、残深 48 厘米。沿着西壁向西挖洞室，北端向西北斜直，南端长
于竖穴南壁，呈外凸弧形，西侧壁平面平直。西壁向上竖直，顶部损毁，形制不清。
底部略向西倾斜，底较平。长 234、宽 70、残高 52 厘米。单人葬，仰身直肢，头
向 55°，面向上。脚下放置 3 件陶器，1 件折肩罐（M34：1）、1 件残陶器（M34：2）、
1 件小罐（M34：3）（图一四九）。填土为黄色花土，较硬。

　　折肩陶罐（M34：1）　泥质灰陶。上部残，仅存下腹部和底。腹斜直，平
底。在腹上部压印一周三角形坑纹，腹部饰竖篮纹。底径 11、残高 16.8 厘米（图
一五〇，2）。

　　残陶器（M34：2）　泥质黑皮陶。口部残，高领，束颈，鼓肩，鼓腹，平底。
口内饰凹弦纹一周，其余部分为素面。腹径 12、底径 6.8、残高 14.4 厘米（图一五

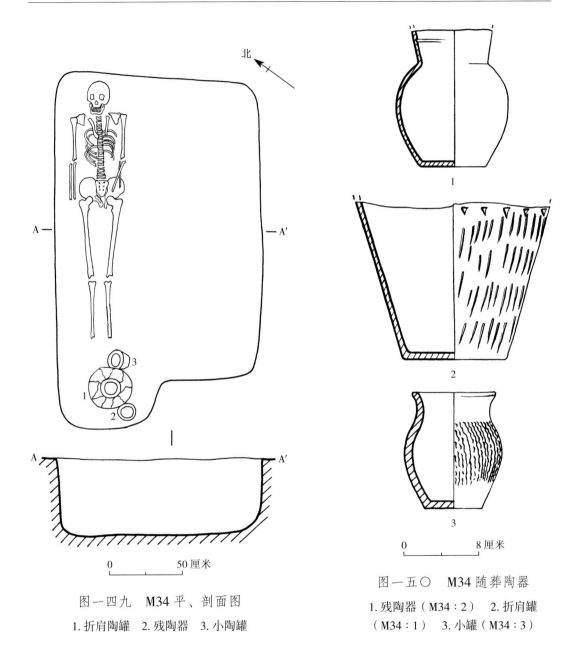

图一四九　M34 平、剖面图

1. 折肩陶罐　2. 残陶器　3. 小陶罐

图一五〇　M34 随葬陶器

1. 残陶器（M34∶2）　2. 折肩罐

（M34∶1）　3. 小罐（M34∶3）

〇，1；彩版四六，2）。

　　小陶罐（M34∶3）　泥质黑褐陶。圆唇，侈口，束颈，溜肩，鼓腹，平底。颈部和下腹为素面，肩和中腹表面饰绳纹。口径 8.8、腹径 10.4、底径 6、高 12 厘米（图一五〇，3；彩版四三，2）。

　　M35　位于发掘区中西部，TG15 中东部，TG16 中西部。开口于 TG15 ① 和 TG16 ① 层下，打破生土层。墓葬上部损毁，竖穴坑平面为长条形，两边平直，两端外凸弧形，直壁，平底。长 194、宽 82、深 40 厘米。在竖穴坑下部向西、向下挖洞室，洞室略长于竖穴，西侧边和两端呈外凸弧形，洞室底部低于竖穴底部 4 厘米，两者以斜壁相连，底较平。西侧壁向上竖直，顶部残。长 222、宽 70、残高 40 厘米。单人葬，侧身直肢，头向 65°，面向右（图一五一）。填土为黄褐色土，较硬。

　　M47　位于发掘区中西部，TG1 中部。开口于 TG1 ① 层下，打破生土层。竖穴坑平面为圆角长方形，直壁，平底。长 220、宽 52、深 170 厘米。在西侧壁西南

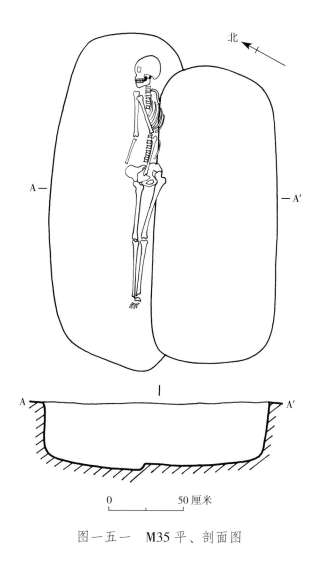

0　　　　　　50 厘米

图一五一　M35 平、剖面图

部向西、向下挖洞室，洞室底部低于竖穴底部 10 厘米，两者以斜壁相连，西侧壁向上呈外凸弧形，逐渐内收成外凸弧形顶。长 210、宽 82、高 88 厘米。单人葬，靠近西侧壁北部，仰身直肢，头向 330°，面向上。东南角随葬 2 件陶器，1 件单耳罐（M47：1）、1 件双耳罐（M47：2）（图一五二）。填土为五花土，松软。

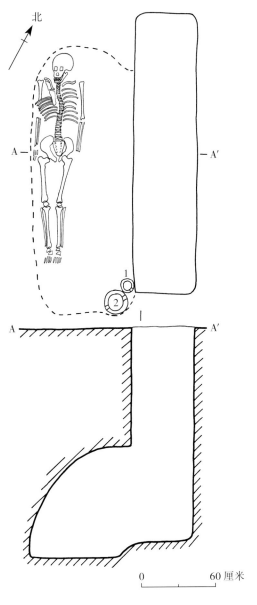

图一五二　M47 平、剖面图

1. 单耳陶罐　2. 双耳陶罐

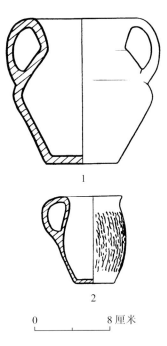

图一五三　M47 随葬陶器

1. 双耳罐（M47：2）　2. 单耳罐（M47：1）

单耳陶罐（M47∶1）　夹砂黑褐陶。圆唇，侈口，束颈，溜肩，中腹圆鼓，下腹斜收，平底。耳与口之间装一个桥形耳。颈部素面，腹部和耳部饰竖向绳纹。口径6.2、腹径7、底径4.3、高9.2厘米（图一五三，2；彩版三三，1）。

双耳陶罐（M47∶2）　泥质灰陶。圆唇，敞口，高领，束颈，斜肩，圆折腹，下腹斜收，平底，口与肩之间装对称桥形耳。素面。口径10.6、腹径15、底径8、高15.2厘米（图一五三，1；彩版二二，1）。

M48　位于发掘区中西部，TG1中东部、TG2中西部。开口于TG1①和TG2①层下，打破生土层。竖穴坑平面为长条形，东西两侧边较直，南北两端呈外凸弧形，直壁，平底。长191、宽65、深85厘米。沿着竖穴西侧壁下部向西、向下挖洞室，平底，洞室底部低于竖穴底部10厘米，两者以斜壁相连，南北两端外呈凸弧形，西侧壁中部微向内凹，西侧壁下部较直，向上呈弧形外凸，逐渐内收成顶，平底低于竖穴底10厘米，两者以斜壁相连。长190、宽48、高60厘米。尸骨放在洞室内，仰身，下肢直肢交叉，双臂屈放在胸前，头向58°，面向上。脚下放置2件陶器，1件双耳罐（M48∶1）、1件盉（M48∶2）（图一五四）。填土为五花土，松软。

双耳陶罐（M48∶1）　泥质灰陶。圆唇，敞口，高领，束颈，斜肩，中腹折，下腹斜收，平底，口肩之间装对称桥形耳。耳部饰竖篮纹，耳下饰压印圆形坑纹。口径10.6、腹径14.8、底径7.2、高13.8厘米（图一五五，1；彩版二二，2）。

陶盉（M48∶2）　夹砂黑陶。尖圆唇，敛口，袋足，矮实足根，平足尖，管状流口部高于器身口部，肩部饰对称鋬。口部素面，肩以下饰绳纹。口径7.5、通高11.7厘米（图一五五，2；彩版六，1）。

M50　位于发掘区中西部，TG2东南部、TG3西南部。开口于TG2①和TG3①层下，打破生土层。竖穴土坑平面呈梯形，头端较宽，脚端较窄，两端和西侧边较直，东边呈外凸弧形，直壁，平底。长180、宽36~46、深100厘米。在竖穴坑西壁下部向下、向西挖洞，洞室平底，底部低于竖穴底部5厘米，两者以斜壁相连，西侧壁向上较竖直，顶呈外凸弧形。洞室呈长方形，长184、宽45、高41厘米。尸体放置在洞室内，单人葬，仰身直肢，头向50°，面向上。脚下随葬3件陶器，2件单耳罐（M50∶1、M50∶3）、1件双耳罐（M50∶2）（图一五六）。填土为五花土，较为松软。

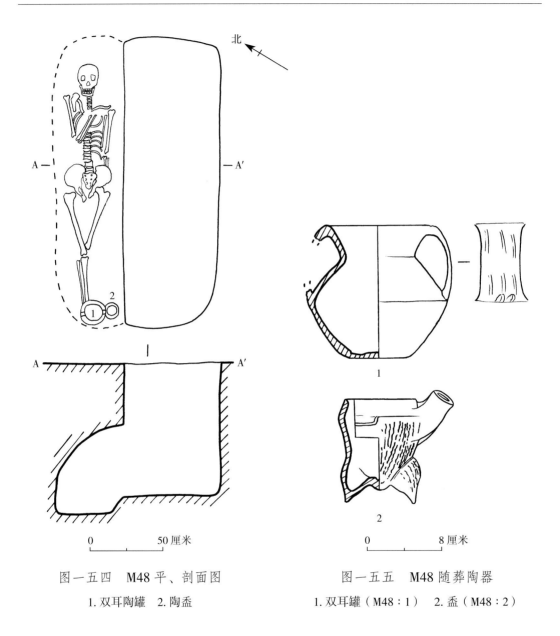

图一五四　M48 平、剖面图

1. 双耳陶罐　2. 陶盉

图一五五　M48 随葬陶器

1. 双耳罐（M48：1）　2. 盉（M48：2）

单耳陶罐（M50：1）　夹砂红褐陶。厚圆唇，敛口，鼓腹，平底。口下部与中腹之间装一个桥形耳。素面。口径 6、腹径 8、底径 4.8、高 8.8 厘米（图一五七，2；彩版三四，4）。

双耳陶罐（M50：2）　泥质黑陶。圆唇，敞口，高领，束颈，斜肩，中腹圆折，下腹斜收，平底。磨光，素面。口径 11、腹径 14.4、底径 6、高 15.2 厘米（图

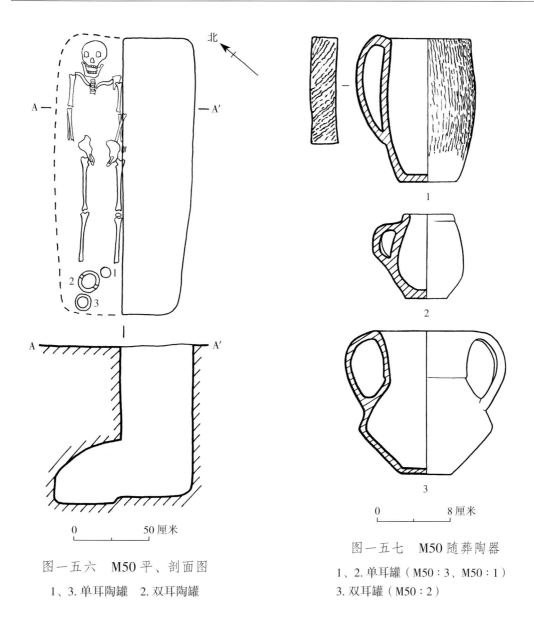

图一五六　M50 平、剖面图

1、3.单耳陶罐　2.双耳陶罐

图一五七　M50 随葬陶器

1、2.单耳罐（M50：3、M50：1）

3.双耳罐（M50：2）

一五七，3；彩版二三，2）。

单耳陶罐（M50：3）　夹砂黑褐陶。方唇，直口，腹微鼓，平底，口与下腹之间装一个桥形耳，器耳上饰斜向绳纹。除下部无绳纹外，其余器表饰竖向绳纹。口径 9.6、腹径 10.4、底径 6.2、高 15 厘米（图一五七，1；彩版三四，6）。

M53　位于发掘区中西部，TG4 东南部，TG5 西南部。开口于 TG4 ① 和

TG5 ①层下，打破生土层。竖穴坑平面呈梯形，头端较宽，脚端较窄，四边平直，直壁，平底。长 172、宽 34~42、深 60~100 厘米。沿着西侧壁下部向下、向西掏洞室，洞室两端和西侧壁呈外凸弧形，西侧壁向上为直壁，外凸弧形顶，洞室平底低于竖穴底 8 厘米，两者以直壁相连，两端窄，中部宽。长 183、宽 30~48、高 70厘米。单人葬，侧身屈肢，头向 54°，面向右。脚下放置 4 件陶器，1 件双耳罐（M53∶1）、1 件单耳罐（M53∶2）、1 件豆（M53∶3）、1 件器底（M53∶4）（图一五八）。

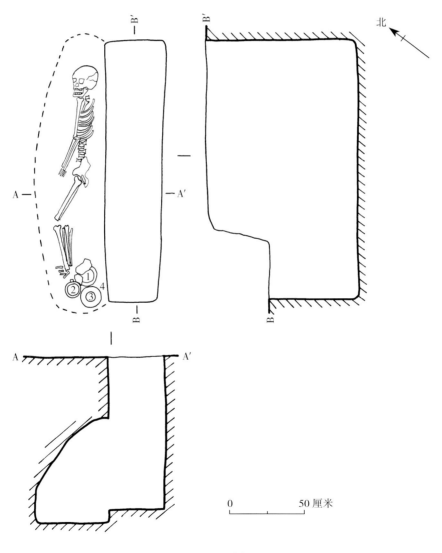

图一五八　M53 平、剖面图

1. 双耳陶罐　2. 单耳陶罐　3. 陶豆　4. 陶器底

填土为黑黄色花土，较硬。

双耳陶罐（M53：1） 泥质灰陶。圆唇，侈口，直领，斜肩，圆折腹，下腹斜收，平底，口与中腹之间有双耳。素面。口径11、腹径14、底径6.8、高13厘米（图一五九，3；彩版二五，3）。

单耳陶罐（M53：2） 夹砂黑褐陶。圆唇，直口，直领，鼓肩，鼓腹，平底，口与腹部之间装一个桥形耳，耳对面口处有一流。颈部素面，耳上端饰两个圆形泥饼，耳及腹部饰绳纹。口径8.5、腹径10.4、底径8、高9.6厘米（图一五九，1；彩版三五，3、4）。

陶豆（M53：3） 泥质黑褐陶。浅豆盘，厚圆唇，敞口，斜直壁，平底。粗豆柄，下部残。豆柄上部均匀分布三个圆形镂孔，中部有一道凹弦纹。口径17.2、残高13.2厘米（图一五九，2；彩版一七，3）。

陶器底（M53：4） 夹砂黑褐陶。仅残存器底部，下腹斜直，平底。器表饰绳纹。底径9.6、残高6厘米（图一五九，4）

M55 位于发掘区中西部，TG6中西部。开口于TG6①层下，打破生土层。竖穴坑平面大致呈梯形，头端较宽，脚端较窄，直壁，平底。长145、宽30~45、

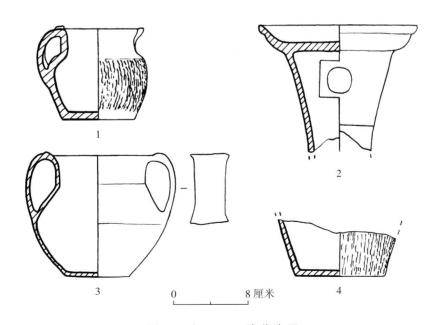

0   8厘米

图一五九 M53随葬陶器

1.单耳罐（M53：2） 2.豆（M53：3） 3.双耳罐（M53：1） 4.器底（M53：4）

深 80 厘米。在西侧壁下部向下、向西掏洞室，洞室西侧和两端平面呈外凸弧形，西侧壁向上向内斜直，顶呈外凸弧形。洞室平底低于竖穴底 5 厘米，两者以直壁相连。长 170、宽 45、高 58 厘米。单人葬，仰身直肢，头向 50°，面向右。脚下随葬 2 件陶器，1 件器底（M55∶1）、1 件折腹罐（M55∶2）（图一六〇）。填土为黄花土，较硬。

陶器底（M55∶1）　夹砂灰陶。仅存器底，平底。素面。底径 9.6、残高 3 厘米（图一六一，2）。

折腹陶罐（M55∶2）　泥质黄褐陶。圆唇，敞口，束颈，斜肩，中腹圆折，下腹斜收，平底。素面。口径 13.6、腹径 15.2、底径 8.8、高 13.2 厘米（图

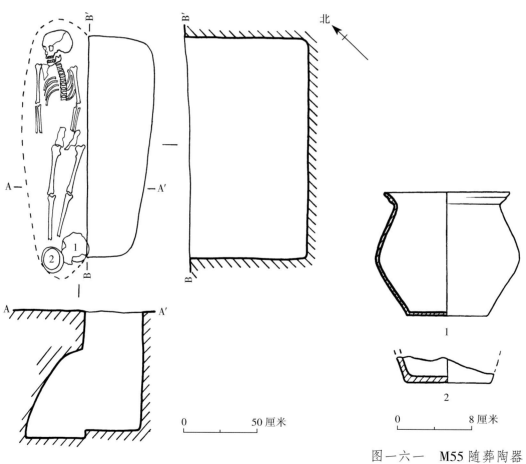

0　　　　　　　50 厘米

图一六〇　M55 平、剖面图
1. 陶器底　2. 折腹陶罐

0　　　　　8 厘米

图一六一　M55 随葬陶器
1. 折腹罐（M55∶2）　2. 器底
（M55∶1）

一六一，1；彩版三八，1）。

M56 位于发掘区中西部，TG6南部。开口于TG6①层下，打破生土层。竖穴坑平面为长方形，直壁，平底。长176、宽62、深88厘米。在西侧壁下部向下、向西掏洞室，洞室头端呈外凸弧形，其余边较平直，平底低于竖穴底部10厘米，两者以直壁相连，西壁向上呈微外凸弧形，向上形成外凸弧形顶。长180、宽53、高70厘米。单人葬，仰身直肢，头向58°，面向上。脚下随葬3件陶器，1件壶（M56：1）、2件单耳罐（M56：2、M56：3）（图一六二）。填土为五花土，松软。

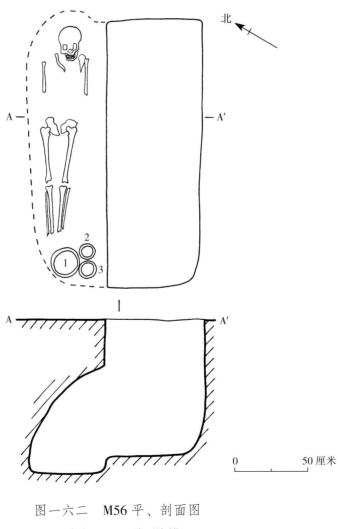

图一六二　M56平、剖面图

1.陶壶　2、3.单耳陶罐

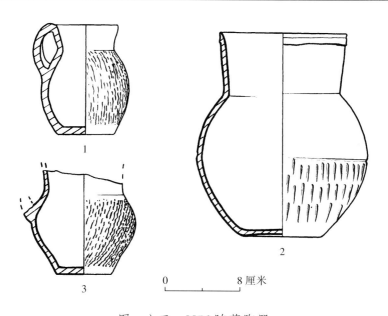

图一六三　M56 随葬陶器

1、3.单耳罐（M56：2、M56：3）　2.壶（M56：1）

陶壶（M56：1）　泥质灰陶。圆唇，微侈口，高直领，束颈，鼓肩，圆鼓腹，底略内凹。口部和中腹各饰一周凹弦纹，下腹饰竖向宽篮纹。口径 13.6、腹径 18.2、底径 8.8、高 21.6 厘米（图一六三，2；彩版四〇，2）。

单耳陶罐（M56：2）　夹砂黑灰陶。圆唇，敞口，高领，束颈，溜肩，鼓腹，平底，口与肩之间装一桥形耳。颈部素面，其余器表饰绳纹。口径 7.2、腹径 9.6、底径 6.2、高 11.6 厘米（图一六三，1；彩版三〇，2）。

单耳陶罐（M56：3）　夹砂黑褐陶。口部残，高领，束颈，溜肩，中腹圆鼓，下腹斜收，平底。颈部素面，其余器表饰绳纹。腹径 11.3、底径 6、残高 11 厘米（图一六三，3）。

M57　位于发掘区中西部，TG5 东南部，TG6 西南部。开口于 TG5 ① 和 TG6 ① 层下，打破生土层。竖穴坑平面为长方形，直壁，平底。长 176、宽 68、深 70~90 厘米，在西侧壁下部向下、向西掏洞室，底部低于竖穴底部 6 厘米，两者以直壁相连，洞室两端呈外凸弧形，西壁较直，西侧壁向上倾斜，顶部呈外凸弧形。长 206、宽 52、高 68 厘米。单人葬，仰身直肢，头向 53°，面向上。脚下随葬 3 件陶器，1 件花边罐（M57：1）、1 件钵（M57：2）、1 件单耳罐（M57：3）（图一六四）。填

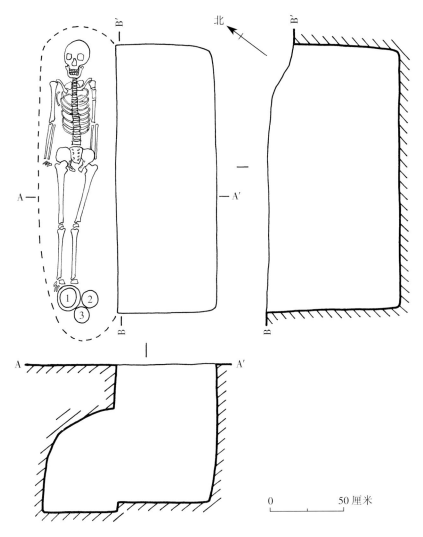

图一六四 M57 平、剖面图

1.花边陶罐 2.陶钵 3.单耳陶罐

土为黑色花土，松软。

花边陶罐（M57：1） 夹砂灰陶。尖圆唇，微敞口，高领，束颈，溜肩，鼓腹，底略内凹。口外附一周齿状附加堆纹，通身饰绳纹。口径 10.6、腹径 14、底径 10、高 18.8 厘米（图一六五，3）。

陶钵（M57：2） 泥质灰陶。方唇，敛口，斜肩，中腹圆折，下腹斜直，平底。素面。口径 6、腹径 10.7、底径 5.6、高 8.4 厘米（图一六五，1；彩版四五，1）。

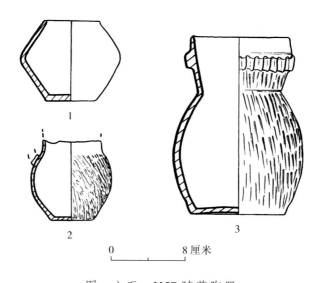

图一六五　M57 随葬陶器

1. 钵（M57：2）　　2. 单耳罐（M57：3）　　3. 花边罐（M57：1）

　　单耳陶罐（M57：3）　夹砂黑褐陶。口部残，溜肩，鼓腹，平底，单耳残缺。颈部素面，器身饰绳纹。腹径 8.8、底径 4.8、残高 8.4 厘米（图一六五，2）。

　　M64　位于发掘区中西部，TG9 南部。开口于 TG9 ①层下，打破生土层。竖穴土坑平面为长条形，两端外凸，两侧边较直，直壁，平底。长 226、宽 60、深 123 厘米。在西侧壁下部向下、向西挖洞室，洞室底部西侧边略向内凹，头端外凸，脚端较直。洞室脚端与竖穴脚端平齐，洞室头端略比竖穴头端短，洞室平底低于竖穴底 8 厘米，两者以斜壁相连，洞室西侧壁向上较直，顶部呈外凸弧形。长 214、宽 50~54、高 71 厘米。单人葬，仰身直肢，头向 60°，面向上。脚下随葬 5 件陶器，1 件鬲（M64：1）、1 件折腹罐（M64：2）、1 件碗（M64：3）、1 件小罐（M64：4）、1 件单耳罐（M64：5）。竖穴底部头端随葬 2 件陶器，1 件豆（M64：6）、1 件折肩罐（M64：7）。竖穴底部脚端随葬 6 块猪下颌骨（图一六六）。填土为五花土，较为松软。

　　陶鬲（M64：1）　夹砂黑褐陶。仅残存三个袋足，实足根，平足尖，足尖微外撇。器表饰绳纹。残高 8.5 厘米（图一六七，1）。

　　折腹陶罐（M64：2）　泥质灰陶。圆唇，敞口，斜高领，束颈，斜肩，中腹圆折，下腹斜收，底部残。素面。口径 10、腹径 12、残高 12 厘米（图一六七，7；彩版

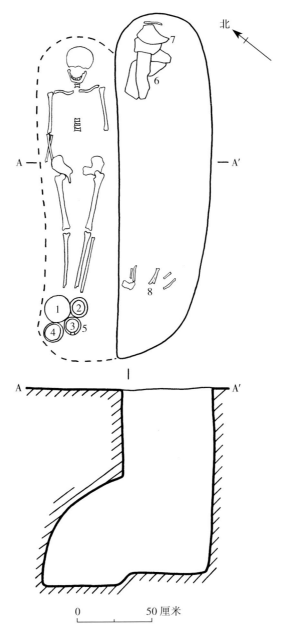

图一六六　M64 平、剖面图

1.陶鬲　2.折腹陶罐　3.陶碗　4.小陶罐　5.单耳
陶罐　6.陶豆　7.折肩陶罐　8.猪下颌骨

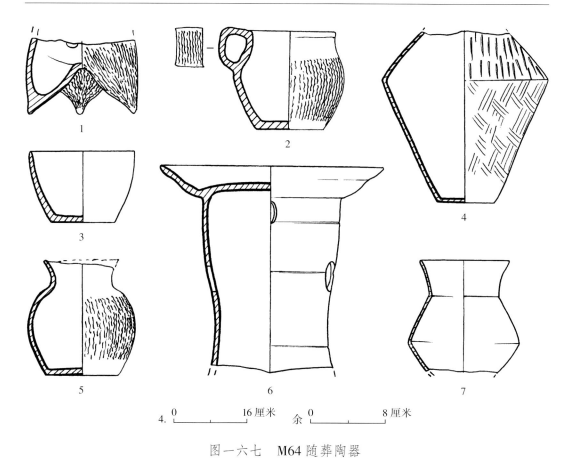

4. ⊢0─────16厘米⊣   余 ⊢0─────8厘米⊣

图一六七   M64 随葬陶器

1. 鬲（M64：1）   2. 单耳罐（M64：5）   3. 碗（M64：3）   4. 折肩罐（M64：7）   5. 小罐（M64：4）
6. 豆（M64：6）   7. 折腹罐（M64：2）

三八，3）。

陶碗（M64：3）   泥质灰陶。尖圆唇，直口，腹微鼓，平底。素面。手制。口径11.5、底径7.4、高7.6厘米（图一六七，3；彩版三九，1）。

小陶罐（M64：4）   夹砂黑褐陶。尖圆唇，侈口，束颈，鼓肩，鼓腹，平底。颈部素面，腹部饰绳纹。口径8、腹径11.8、底径8、高12厘米（图一六七，5；彩版四二，4）。

单耳陶罐（M64：5）   夹砂黑褐陶。圆唇，直口，溜肩，鼓腹，平底。颈部素面，耳上和腹部饰绳纹。口径9.6、腹径11.8、底径7.3、高10.4厘米（图一六七，2；彩版三四，1）。

陶豆（M64：6）　泥质灰陶。浅豆盘，圆唇，敞口，内壁斜直，外壁内凹，底较平。粗豆柄，上部略粗，下部略细，柄下端残。器表磨光，柄部饰三道平行凹弦纹，两行六个圆形镂孔。口径 24、残高 22 厘米（图一六七，6；彩版一四，1）。

折肩陶罐（M64：7）　泥质灰陶。颈部残，折肩，斜直腹，平底。肩部饰篮纹，腹部饰成组短平行线纹，大致呈席状排列。肩径 36、底径 12.5、残高 36 厘米（图一六七，4）。

M67　位于发掘区中西部，TG12 中南部。开口于 TG12 ①层下，打破生土层。竖穴土坑平面为长条形，头端较宽，脚端较窄，直壁，平底。长 252、宽 65~78，深 111 厘米。在竖穴西侧壁北部向西挖洞穴，洞穴头端呈外凸弧形，较宽，脚端平直，较窄，西侧壁较平直，平底与竖穴土坑的底齐平，西侧壁向上微外凸呈弧形，向上逐渐形成外凸弧形顶。长 208、宽 30~68、高 54 厘米。洞室西部葬一人，仰身直肢，头向 48°，面向右。脚下随葬 3 件陶器，1 件单耳罐（M67：1）、1 件杯（M67：2）、1 件豆（M67：3）。在竖穴顶部南端随葬 1 件鼓腹陶罐（M67：4）、1 件石球（M67：5）、1 件陶纺轮（M67：6）和 1 颗马牙，以及 9 块动物骨头（图一六八）。填土为五花土，松软。

单耳陶罐（M67：1）　夹砂黑褐陶。圆唇，侈口，短束颈，溜肩，鼓腹，平底，口与中腹之间装一个半圆形耳。颈部素面，颈下饰一周凹弦纹，肩部和中腹部饰绳纹，下腹近底处为素面。口径 9.6、腹径 12.4、底径 7.2、高 10.8 厘米（图一六九，1；彩版三一，4）。

陶杯（M67：2）　泥质灰陶。圆唇，侈口，束颈，中腹圆折，下腹呈内凹弧形，平底，口与中腹之间装双耳，已残。颈部素面，其余器表饰方格纹。口径 12.5、底径 7.2、高 8 厘米（图一六九，3；彩版三九，3）。

陶豆（M67：3）　泥质灰陶。豆盘较深，口部残，壁呈弧形，近平底。豆柄矮，下端平折，中部饰一周四个圆形镂孔，均匀分布。底径 13、残高 7.6 厘米（图一六九，2）。

鼓腹陶罐（M67：4）　夹砂黑褐陶。方唇，敞口，矮领，束颈，圆鼓腹，底略内凹。器表及底部均饰绳纹。口径 19、腹径 22.2、底径 10、高 23.4 厘米（图一六九，4；彩版三七，1）。

石球（M67：5）　琢制。圆形球，器表凹凸不光滑，不甚规整。直径 7.5 厘米

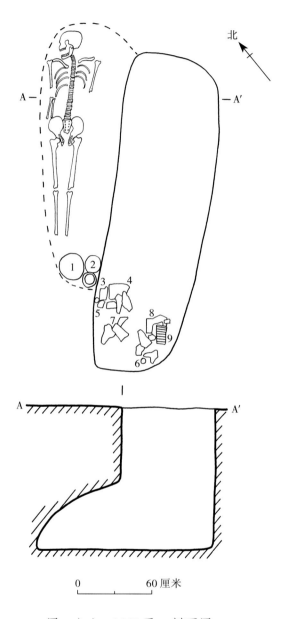

图一六八　M67 平、剖面图

1. 单耳陶罐　2. 陶杯　3. 陶豆　4. 鼓腹陶罐　5. 石球
6. 陶纺轮　7、8. 动物骨头　9. 马牙

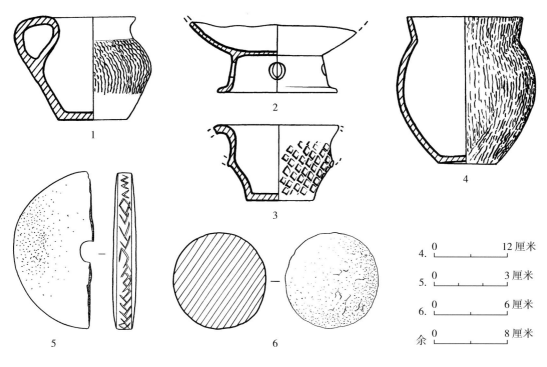

图一六九　M67 随葬器物

1. 单耳陶罐（M67：1）　2. 陶豆（M67：3）　3. 陶杯（M67：2）　4. 鼓腹陶罐（M67：4）　5. 陶纺轮（M67：6）　6. 石球（M67：5）

（图一六九，6；彩版四七，1）。

　　陶纺轮（M67：6）　泥质灰陶。圆饼形，扁平，中部有一个圆形孔。边缘饰交叉压印纹。直径 6.2、厚 1、孔径 0.87 厘米（图一六九，5；彩版四四，4）。

（三）二层台墓

　　5 座，编号为 M12、M23、M46、M61、M62，分为四种。

1. 一边有二层台墓

　　1 座，编号为 M12。

　　M12　位于发掘区中西部，TG4 中东部。开口于 TG4 ①层下，打破生土层。竖穴土坑平面呈梯形，头端较窄，脚端较宽，两侧和头端平直，脚端弧收，直壁，底部东侧有一个长条形生土二层台，其余部分平底。竖穴土坑长 208、宽 60~70、深 35~47 厘米。二层台长 200、宽 25、高 12 厘米。单人葬，仰身直肢，头向

42°，面向右。脚下放置2件陶器，1件单耳罐（M12：1）、1件杯（M12：2）（图一七〇）。填土为褐色，松软。

单耳陶罐（M12：1）　夹砂黑褐陶。圆唇，侈口，高领，束颈，溜肩，中腹圆鼓，下腹略呈内凹弧形，平底。桥形耳位于口和肩之间。颈部以下饰绳纹。口径10.4、腹径12.2、底径7、高15.2厘米（图一七一，1；彩版二九，1）。

陶杯（M12：2）　泥质灰陶。圆唇，敞口，腹呈内凸弧形，底略内凹。素面。手制，器表粗糙，凹凸不平，不规整。口径11.8、底径9.6、高6.6厘米（图一七一，2；彩版四〇，1）。

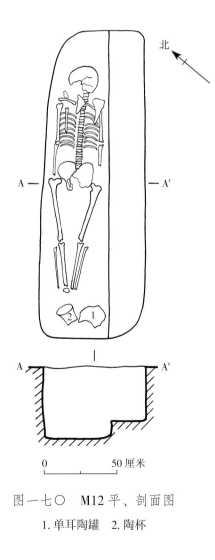

图一七〇　M12平、剖面图

1.单耳陶罐　2.陶杯

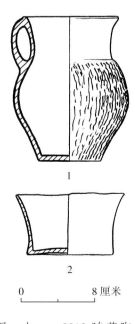

图一七一　M12随葬陶器

1.单耳罐（M12：1）　2.杯（M12：2）

2. 两边有二层台墓

1 座，编号为 M61。

M61　位于发掘区中西部，TG7 中南部。开口于 TG7 ①层下，打破生土层，被 M62 打破。竖穴坑平面呈长条形，除脚端和西侧边较为平直外，头端和东侧边呈外凸弧形，直壁，脚端和东部各有一个生土二层台，其余部分为平底。长 142、宽 45、深 25~50 厘米。二层台长 142、宽 0~23、高 12 厘米。尸骨保存不好，单人葬，只残存头骨，头向 58°，面向上。脚下随葬 3 件陶器，1 件折腹罐（M61：1）、1 件双耳罐（M61：2）、1 件豆（M61：3）（图一七二）。填土为五花土，松软。

折腹陶罐（M61：1）　泥质灰陶。圆唇，侈口，束颈，斜肩，中腹圆折，下腹内凹弧形，平底。素面。口径 12.8、腹径 12.8、底径 8、高 13 厘米（图一七三，1；彩版三八，2）。

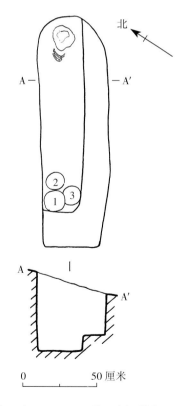

图一七二　M61 平、剖面图
1. 折腹陶罐　2. 双耳陶罐　3. 陶豆

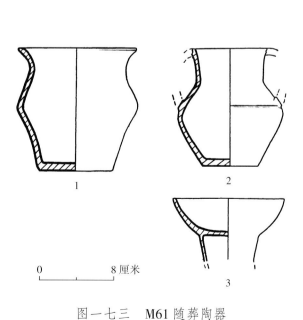

图一七三　M61 随葬陶器
1. 折腹罐（M61：1）　2. 双耳罐（M61：2）
3. 豆（M61：3）

双耳陶罐（M61:2） 泥质黄褐陶。圆唇，口较直，束颈，斜肩，中腹圆折，下腹斜收，平底。口与肩之间装对称双耳，已残。肩下部饰一周凹弦纹。口径8、腹径11.4、底径6、高12.5厘米（图一七三，2；彩版二四，1）。

陶豆（M61:3） 泥质灰陶。豆盘圆唇，敞口，弧壁，近平底，细豆柄，下部残。素面。口径12、残高7.2厘米（图一七三，3；彩版二〇，4）。

3. 一角有一个二层台墓

2座，编号为M46、M62。

M46 位于发掘区东部，T21东南部。开口于T21①层下，打破生土层。土坑平面为长条形，头端和东侧边呈外凸弧形，西侧边略内凹，脚端平直，直壁，东南角有一个生土二层台，其余部分平底。竖穴土坑长196、宽86、深28~40厘米。二层台呈三角形，长162、宽0~38、高10厘米。单人葬，仰身直肢，头向30°，面向右。脚下随葬3件陶器，1件尊（M46:1）、1件豆（M46:2）、1件单耳罐（M46:3）（图一七四）。填土为五花土，松软。

陶尊（M46:1） 泥质灰陶。圆唇，侈口，略鼓腹，平底。腹中部饰一周凹弦纹，有明显折棱，其上磨光，折棱下饰宽竖向篮纹。口径11、底径6、高9厘米（图一七五，1；彩版九，4）。

陶豆（M46:2） 泥质灰陶。浅豆盘，圆唇，敞口，斜直壁，平底，细豆柄，下部残。豆柄上部均匀分布三个圆形镂孔。口径15.2、残高8.5厘米（图一七五，2；彩版二〇，3）。

单耳陶罐（M46:3） 夹砂黑褐陶。厚圆唇，微敞口，直领，束颈，溜肩，中腹圆鼓，下腹斜收，平底，口与肩部装一桥形耳。颈部饰斜绳纹，腹部饰粗竖绳纹。口径10.5、腹径13、底径8、高13.6厘米（图一七五，3；彩版三〇，1）。

M62 位于发掘区中西部，TG6东南部，TG7西南部。开口于TG7①层下，打破M61和生土层。竖穴土坑平面呈长条形，两端较平直，东侧边内凹，西侧边外凸，直壁，西北部有一个生土二层台，其余部分为平底。竖穴土坑长230~240、宽45~65、深44~51厘米。二层台平面呈三角形，长170、宽0~26、高8厘米。单人葬，仰身直肢，头向82°，面向左。脚下随葬5件陶器，1件壶（M62:1）、1件双耳罐（M62:2）、1件器底（M62:3）、1件小罐（M62:4）、1件单耳罐（M62:5）（图一七六）。填土为五花土，松软。

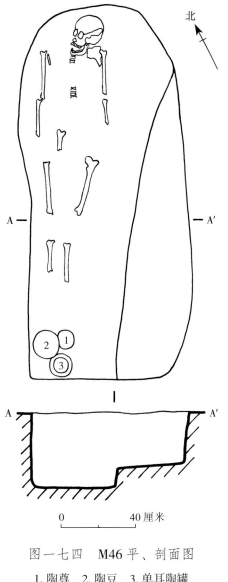

图一七四　M46 平、剖面图

1. 陶尊　2. 陶豆　3. 单耳陶罐

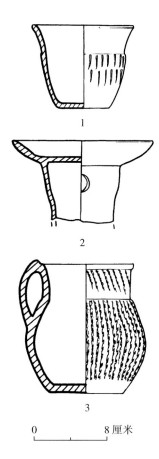

图一七五　M46 随葬陶器

1. 尊（M46：1）　2. 豆（M46：2）

3. 单耳罐（M46：3）

　　陶壶（M62：1）　泥质灰陶，器表有一层黄土碱层。厚圆唇，侈口，高领，溜肩，鼓腹，平底。口沿内侧上有一周凹弦纹，颈下和腹部各饰一周凹弦纹，下腹饰竖向篮纹。口径 13、腹径 14.3、底径 8.7、高 16.4 厘米（图一七七，1；彩版四二，2）。

　　双耳陶罐（M62：2）　泥质灰陶。尖圆唇，侈口，高领，束颈，斜肩，中腹

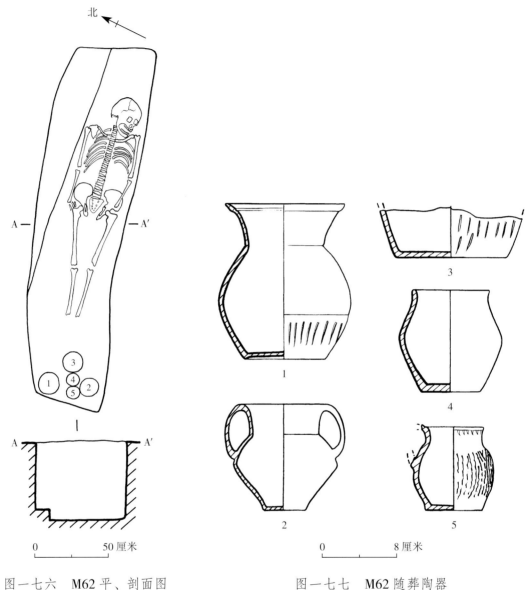

图一七六　M62 平、剖面图

1. 陶壶　2. 双耳陶罐　3. 陶器底
4. 小陶罐　5. 单耳陶罐

图一七七　M62 随葬陶器

1. 壶（M62：1）　2. 双耳罐（M62：2）　3. 器底（M62：3）
4. 小罐（M62：4）　5. 单耳罐（M62：5）

圆折，下腹呈内凹弧形，底略内凹。口与中腹之间装对称桥形耳。素面。口径 8、腹径 11.2、底径 4.8、高 11.2 厘米（图一七七，2；彩版二六，5）。

陶器底（M62：3）　泥质灰陶。仅存器底。平底。器表饰竖向宽篮纹。底径

12、残高 5.6 厘米（图一七七，3）。

小陶罐（M62∶4）　夹砂黑陶。圆唇，直口，斜肩，中腹圆鼓，下腹斜收，平底。素面。口径 8、腹径 11.2、底径 6.3、高 10.7 厘米（图一七七，4；彩版四三，4）。

单耳陶罐（M62∶5）　夹砂黄褐陶。圆唇，侈口，肩和腹部圆鼓，平底。口与肩部装一个器耳，已残。口沿下饰一周压印三角形坑纹，颈部素面，其余器表饰绳纹，器耳下饰两个圆形泥饼。口径 6.8、腹径 8.7、底径 6.4、高 9 厘米（图一七七，5；彩版三二，3）。

4. 四角有二层台墓

1 座，编号为 M23。

M23　位于发掘区中西部，TG9 北部，TG8 东北部，TG10 西北部。开口于 TG8①、TG9① 和 TG10① 层下，打破生土层。竖穴土坑平面为圆角长方形，口大底小，底边西侧略内凹，其余三边平直，斜直壁，平底，四角各有一个生土二层台，其余部分为平底。口长 350、口宽 250、底长 330、底宽 200、深 322 厘米。四角生土台平面呈不规则长条形，大小不等，高均为 52 厘米。西北角台阶长 48、宽 10~15 厘米。西南角台阶长 62、宽 10~18 厘米。东南角台阶长 71、宽 8~18 厘米。东北角台阶长 66、宽 8~20 厘米。墓底中部放置 1 具木框，四周为木板，长方形，长 220、宽 85、高 18、木板厚 2 厘米。木框内双人合葬（东侧尸骨编号③、西侧尸骨编号②），木框东西两侧（西侧尸骨编号①、东侧尸骨编号④）和脚端（编号⑤）各葬一人。五具尸骨均为仰身直肢，木框内和东西两侧的尸骨头向一致，方向为 67°，木框西侧尸骨面向左，木框内两具尸骨面向相对，西侧尸骨面向左，东侧尸骨面向右，木框东侧尸骨面向上。木框下端尸骨头向 340°，面向左，朝向木框。在木框西侧尸骨下有木垫板，已腐朽。在木框内左脚外侧和左脚脚下随葬 5 件陶器，1 件尊（M23∶1）、1 件斝（M23∶2）、1 件双耳罐（M23∶3）、1 件折肩罐（M23∶4）、1 件豆（M23∶5），木框右侧人骨颈下有 1 件绿松石珠（M23∶6）、左手指处有 5 件骨环（M23∶7）。在木框下端人骨和南壁之间殉葬 2 只狗（西侧狗编号（1），东侧狗编号（2）），西侧狗骨大部分已腐烂，东侧狗骨保存较好（图一七八）。填土为五花土，土质黏硬。

陶尊（M23∶1）　泥质黑陶。圆唇，喇叭状口，略内凹弧腹，平底。内外磨光。腹中部饰两周凹弦纹。口径 12.2、底径 5.5、高 9.5 厘米（图一七九，4；彩版

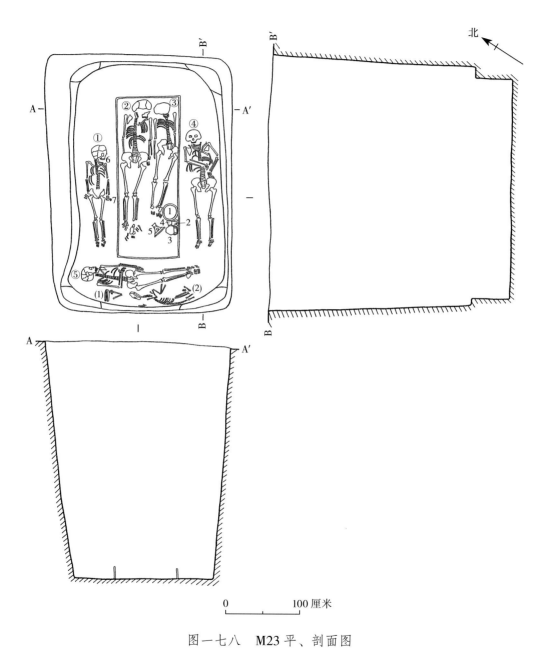

0　　　　　　100 厘米

图一七八　M23 平、剖面图

1. 陶尊　2. 陶罍　3. 双耳陶罐　4. 折肩陶罐　5. 陶豆　6. 绿松石珠　7. 骨环

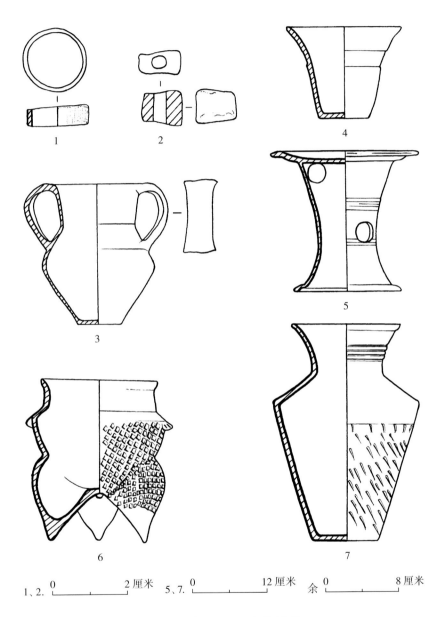

图一七九　M23 随葬器物

1. 骨环（M23：7-1）　2. 绿松石珠（M23：6）　3. 双耳陶罐（M23：3）　4. 陶尊（M23：1）
5. 陶豆（M23：5）　6. 陶斝（M23：2）　7. 折肩陶罐（M23：4）

九，1）。

陶鬲（M23：2）　夹砂黑褐陶。尖圆唇，侈口，直颈，折肩，分裆，乳状足，高实足根。颈部和足下部素面，其余部分饰方格纹，肩部装对称鸡冠状錾。口径12.4、高17厘米（图一七九，6；彩版七，1）。

双耳陶罐（M23：3）　泥质黑褐陶。尖圆唇，微敞口，高直领，斜肩，中腹圆折，下腹斜收，小平底，口和肩之间装对称桥形耳。薄胎。通体磨光，在颈下和肩部各饰一周凹弦纹。口径9.6、腹径12、底径4.8、高14.8厘米（图一七九，3；彩版二六，3）。

折肩陶罐（M23：4）　泥质黄褐陶。厚圆唇，侈口，斜高领，折肩，斜直腹，平底。领部饰四道平行凹弦纹，上腹部饰一周凹弦纹，其下饰一周压印三角形窝纹，下腹饰斜向篮纹。口径17.7、肩径23.4、底径10.7、高34.2厘米（图一七九，7；彩版一〇，3、4）。

陶豆（M23：5）　泥质灰陶。圆唇，平沿微鼓，斜腹，平底。豆柄较粗，中部略细，两端较粗，柄下端外凸沿。柄上部饰四道平行凹弦纹，柄中部饰三道平行凹弦纹。在豆柄上部和中部分两行饰镂孔，每行三个，两行错对排列。口径24、底径17.5、高22.5厘米（图一七九，5；彩版一九，1）。

绿松石珠（M23：6）　四棱柱形，上下面不平齐，一侧较高，另一侧较低，中部穿孔。长0.75~0.98、宽1~1.1、厚0.4~0.6、孔径0.2~0.4厘米（图一七九，2；彩版四七，4、5）。

骨环（M23：7）　5件，形制相同。圆环形。磨制光滑。其中一件（M23：7-1）直径1.6、高0.4~0.5、厚0.1厘米（图一七九，1；彩版四八，4）。

（四）壁龛墓

1座，编号M60。在西侧壁南端下部挖一个壁龛，放置随葬陶器。

M60　位于发掘区中西部，TG6东南部，TG7西南部。开口于TG6①和TG7①层下，打破生土层。竖穴土坑平面近圆角长方形，口大底小，斜直壁，平底。口长240、口宽90、底长200、底宽50、深115厘米。在西南角有一个半圆形龛，西壁和顶略呈外凸弧形。壁龛长40、宽20、高45厘米。单人葬，仰身，除右臂屈肢外，其余肢体为直肢，头向61°，面向上。壁龛北侧殉葬一只狗，在壁龛与竖穴底部之

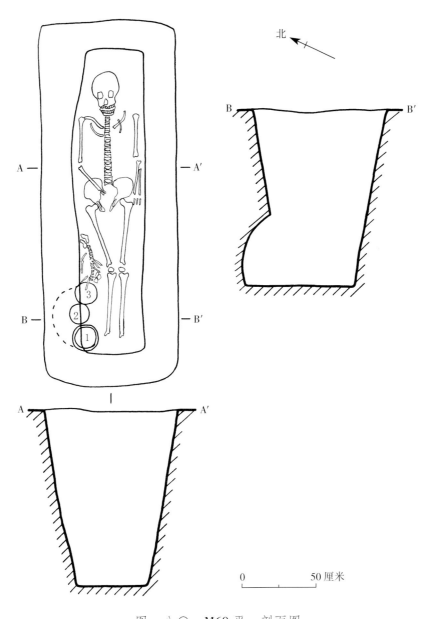

图一八〇　M60 平、剖面图

1. 鼓腹陶罐　2. 单耳陶罐　3. 陶豆

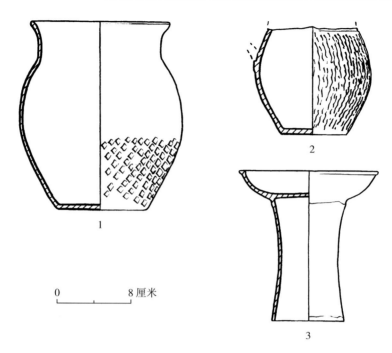

图一八一　M60 随葬陶器

1. 鼓腹罐（M60∶1）　　2. 单耳罐（M60∶2）　　3. 豆（M60∶3）

间随葬 3 件陶器，1 件鼓腹罐（M60∶1）、1 件单耳罐（M60∶2）、1 件豆（M60∶3）
（图一八〇）。填土为五花土，松软。

　　鼓腹陶罐（M60∶1）　　夹砂灰陶。尖圆唇，侈口，直领，溜肩，中腹圆鼓，
下腹斜收，平底。下腹部饰方格纹，其余部分素面。口径 15、腹径 17.2、底径
10、高 20 厘米（图一八一，1；彩版三七，2）。

　　单耳陶罐（M60∶2）　　夹砂黑褐陶。口部残，溜肩，中腹圆鼓，下腹斜收。
耳下有附加堆纹，其上有压印窝纹，通身饰绳纹。腹径 12.5、底径 7.2、残高 11.5
厘米（图一八一，2）。

　　陶豆（M60∶3）　　泥质灰陶。浅豆盘，圆唇，平沿，外凸弧壁，平底。细高豆柄，
中部稍细，两端略粗。素面。口径 14.8、底径 8、高 16 厘米（图一八一，3；彩版
二〇，1）。

白敖包遗址发掘报告

（下）

内蒙古自治区文物考古研究院
内 蒙 古 博 物 院 编著

文物出版社

An Excavation Report of Baiaobao Site

(Ⅱ)

Compiled by

Inner Mongolia Institute of Cultural Relics and Archaeology

Inner Mongolia Museum

Cultural Relics Press

第二节　第一阶段遗物

第一阶段遗物有陶器、石器、骨器，共计258件，以陶器数量最多，骨器数量较少，石器数量最少。

一　陶器

共计有 228 件陶器，占遗物总数的 88.37%。

（一）陶质

陶质有泥质、夹砂和砂质三种，泥质陶数量最多，夹砂陶数量居次，砂质陶数量最少（表一）。

泥质陶共计132 件，占 57.89%。泥质陶淘洗精细，陶质细腻。夹砂陶共计94 件，占 41.23%。夹砂陶中多数夹粗砂，少量夹细砂。砂质陶仅 2 件，占 0.88%。砂质陶中沙粒细小，均匀。

（二）陶色

陶色有灰色、褐色、黑色、红色四类，灰色数量最多，其次是褐色，再次是黑色，最少是红色。灰色中浅色称为灰陶，深色称为黑灰陶。褐色中细分为黑褐色、黄褐色、灰褐色和红褐色四种。黑色中包括黑皮黑胎和黑皮褐胎两种，称黑陶和黑皮陶。

灰色共有131 件，占 57.46%，浅灰色125 件，占 54.82%；黑灰色 6 件，占 2.63%。褐色共计 77 件，占 33.77%，黑褐色 60 件，占 26.31%；黄褐色 14 件，占 6.14%；灰褐色 2 件，占 0.88%；红褐色 1 件，占 0.44%。黑色陶共 17 件，占 7.46%，黑陶 11 件，占 4.82%；黑皮陶 6 件，占 2.63%。红色 3 件，占 1.32%。

（三）陶系

陶系有泥质灰陶、夹砂灰陶、砂质灰陶、夹砂黑灰陶、泥质黑褐陶、夹砂黑褐陶、砂质黑褐陶、泥质黄褐陶、夹砂黄褐陶、泥质灰褐陶、夹砂灰褐陶、夹砂红褐陶、泥质黑陶、夹砂黑陶、泥质红陶、夹砂红陶，以泥质灰陶数量最多，其次是夹砂黑

表一　陶器标本陶质、陶色、纹饰组合统计表

陶质	泥质							夹砂								砂质		纹饰组合合计	纹饰组合百分比（%）
大陶色	灰		褐		黑		红	灰			褐			黑	红	灰	褐		
小陶色＼纹饰组合	灰	黑褐	黄褐	灰褐	黑	黑皮	红	灰	黑灰	黑褐	黄褐	灰褐	红褐	黑	红	灰	黑褐		
素面	31	2	5	1	4	2	1	6					1	1			1	55	24.12
绳纹								6	4	38				1				49	21.49
凹弦纹	12	2	1		2	1		1										19	8.33
镂孔＋凹弦纹	12		2	1		1												16	7.02
镂孔	8				1	1	1											11	4.82
篮纹	7		1		1			1										10	4.39
绳纹＋凹弦纹		1						1		6				1				9	3.95
篮纹＋凹弦纹	5							1								1		7	3.07
方格纹	2							2	1	2								7	3.07
绳纹＋附加堆纹								1		4	1							6	2.63
绳纹＋小泥饼									1	3	1							5	2.19
篮纹＋凹弦纹＋三角形坑纹	2		1															3	1.32
朱彩绘＋凹弦纹			2															2	0.88

续表一

陶质	泥质							夹砂								砂质		纹饰组合合计	纹饰组合百分比（%）
大陶色	灰	褐			黑		红	灰			褐			黑	红	灰	褐		
小陶色	灰	黑褐	黄褐	灰褐	黑	黑皮	红	灰	黑灰	黑褐	黄褐	灰褐	红褐	黑	红	灰	黑褐		
方格纹+凹弦纹	1							1										2	0.88
篮纹+凹弦纹+折线纹	2																	2	0.88
凸棱纹	2																	2	0.88
平行竖线纹+平行横线纹	1														1			2	0.88
斜向线纹										1								1	0.44
篮纹+凹弦纹+菱形纹								1										1	0.44
凹弦纹+平行斜线纹	1																	1	0.44
篮纹+成组短平行线纹	1																	1	0.44
篮纹+凹弦纹+平行横线纹	1																	1	0.44
篮纹+凹弦纹+平行斜线纹+三角形坑纹	1																	1	0.44

续表一

陶质	泥质							夹砂								砂质		纹饰组合合计	纹饰组合百分比（%）
大陶色	灰	褐			黑		红	灰		褐				黑	红	灰	褐		
小陶色	灰	黑褐	黄褐	灰褐	黑	黑皮	红	灰	黑灰	黑褐	黄褐	灰褐	红褐	黑	红	灰	黑褐		
篮纹+凹弦纹+三角形坑纹+波折纹						1												1	0.44
篮纹+三角形坑纹	1																	1	0.44
篮纹+三角形坑纹+凹弦纹+圆形坑纹	1																	1	0.44
篮纹+凹弦纹+长条形坑纹	1																	1	0.44
篮纹+凹弦纹+平行竖线纹								1										1	0.44
篮纹+横向不规则排列划纹												1						1	0.44
篮纹+圆形坑纹	1																	1	0.44
篮纹+平行斜线纹	1																	1	0.44
凹弦纹+圆形坑纹	1																	1	0.44

续表一

陶质	泥质							夹砂								砂质		纹饰组合合计	纹饰组合百分比（%）
大陶色	灰	褐			黑		红	灰		褐				黑	红	灰	褐		
小陶色	灰	黑褐	黄褐	灰褐	黑	黑皮	红	灰	黑灰	黑褐	黄褐	灰褐	红褐	黑	红	灰	黑褐		
方格纹+绳纹	1																	1	0.44
交叉划纹	1																	1	0.44
不规则划纹	1																	1	0.44
横向不规则排列划纹								1										1	0.44
平行斜线纹	1																	1	0.44
篮纹+凹弦纹+附加堆纹								1										1	0.44
小陶色合计	98	5	12	1	8	6	2	26	6	54	2	1	1	3	1	1	1	228	
小陶色百分比（%）	42.98	2.19	5.26	0.44	3.51	2.63	0.88	11.40	2.63	23.68	0.88	0.44	0.44	1.32	0.44	0.44	0.44		
大陶色合计	98	18			14		2	32		58				3	1	1	1	228	
大陶色百分比（%）	42.98	7.89			6.14		0.88	14.04		25.44				1.32	0.44	0.44	0.44		
陶质合计	132							94								2		228	
陶质百分比（%）	57.89							41.23								0.88			

褐陶，再次是夹砂灰陶，其余陶系占比重较小。

泥质灰陶98件，占42.98%。夹砂灰陶26件，占11.40%。砂质灰陶1件，占0.44%。夹砂黑灰陶6件，占2.63%。泥质黑褐陶5件，占2.19%。夹砂黑褐陶54件，占23.68%。砂质黑褐陶1件，占0.44%。泥质黄褐陶12件，占5.26%。夹砂黄褐陶2件，占0.88%。泥质灰褐陶1件，占0.44%。夹砂灰褐陶1件，占0.44%。夹砂红褐陶1件，占0.44%。泥质黑陶8件，占3.51%。泥质黑皮陶6件，占2.63%。夹砂黑陶3件，占1.32%。泥质红陶2件，占0.88%。夹砂红陶1件，占0.44%。

（四）纹饰

器表有素面和纹饰两大类，其中素面占少数，部分为磨光陶，55件，占24.12%，纹饰占多数，173件，占75.88%。

施纹方法有拍印、滚压、压印、戳印、刻划、钻孔、附加、绘彩等。纹饰种类有凹弦纹、绳纹、篮纹、镂孔、方格纹、附加堆纹、三角形坑纹、小泥饼、平行斜线纹、平行竖线纹、平行横线纹、圆形坑纹、朱色彩绘、折线纹、凸棱纹、横向不规则排列划纹、斜向划纹、菱形纹、成组短平行线纹、波折纹、长条形坑纹、交叉划纹、不规则划纹等（图一八二至图二一五）。

凹弦纹和绳纹数量最多，分别是70件和69件，占22.36%和22.04%。其次是篮纹和镂孔，分别是35件和27件，占11.18%和8.63%。方格纹有10件，占3.19%。附加堆纹和三角形坑纹都是7件，各占2.24%。小泥饼有5件，占1.60%。平行斜线纹有4件，占1.28%。平行竖线纹、平行横线纹和圆形坑纹都是3件，各占0.96%。朱色彩绘、折线纹、凸棱纹和横向不规则排列划纹均为2件，各占0.64%。斜向划纹、菱形纹、成组短平行线纹、波折纹、长条形坑纹、交叉划纹和不规则划纹数量最少，各有1件，各占0.32%。另素面55件，占24.12%（表二）。

纹饰中有一种单一纹饰、两种复合纹饰、三种复合纹饰、四种复合纹饰四种组合形式，其中以一种单一纹饰数量最多，两种复合纹饰数量其次，三种复合纹饰数量较少，四种复合纹饰数量最少。

一种单一纹饰有103件，占45.18%。纹饰种类有绳纹、凹弦纹、镂孔、篮纹、方格纹、凸棱纹、斜向线纹、交叉划纹、不规则划纹、横向不规则排列划纹、平行斜线纹，其中绳纹49件，占21.49%；凹弦纹19件，占8.33%；镂孔11件，占4.82%；

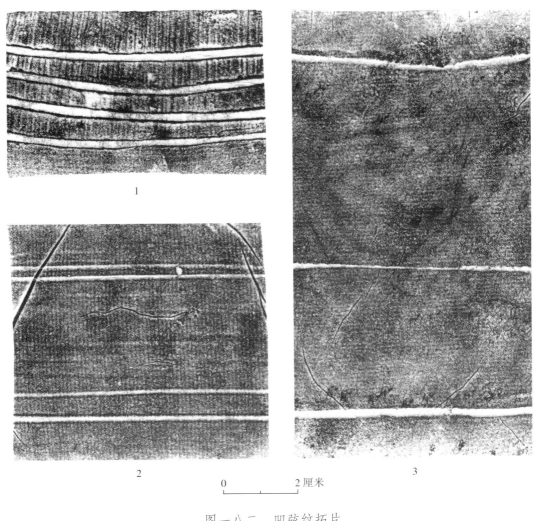

1

2　　　　　　　　　　　　　　　　3

0 ├──┼──┤ 2厘米

图一八二　凹弦纹拓片

1. M23：4　2. M8：1　3. M37：6

篮纹 10 件，占 4.39%；方格纹 7 件，占 3.07%；凸棱纹 2 件，占 0.88%；斜向线纹、交叉划纹、不规则划纹、横向不规则排列划纹、平行斜线纹各 1 件，各占 0.44%。

两种复合纹饰有 57 件，占 25%。纹饰种类有镂孔＋凹弦纹、绳纹＋凹弦纹、篮纹＋凹弦纹、绳纹＋附加堆纹、绳纹＋小泥饼、朱彩绘＋凹弦纹、方格纹＋凹弦纹、平行竖线纹＋平行横线纹、凹弦纹＋平行斜线纹、篮纹＋成组短平行线纹、篮纹＋三角形坑纹、篮纹＋横向不规则排列划纹、篮纹＋圆形坑纹、篮纹＋平行斜线纹、

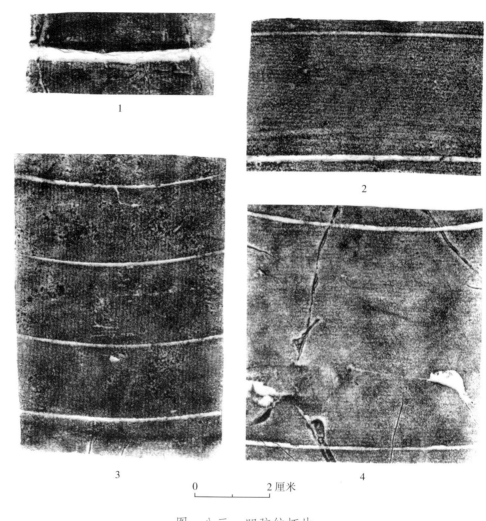

0 _____ 2厘米

图一八三　凹弦纹拓片

1. M67∶1　2. M58∶4　3. M58∶3　4. M33∶1

凹弦纹＋圆形坑纹、方格纹＋绳纹，其中镂孔＋凹弦纹16件，占7.02%；绳纹＋凹弦纹9件，占3.95%；篮纹＋凹弦纹7件，占3.07%；绳纹＋附加堆纹6件，占2.63%；绳纹＋小泥饼5件，占2.19%；朱彩绘＋凹弦纹、方格纹＋凹弦纹、平行竖线纹＋平行横线纹各2件，各占0.88%；凹弦纹＋平行斜线纹、篮纹＋成组短平行线纹、篮纹＋三角形坑纹、篮纹＋横向不规则排列划纹、篮纹＋圆形坑纹、篮纹＋平行斜线纹、凹弦纹＋圆形坑纹、方格纹＋绳纹各1件，各占0.44%。

三种复合纹饰有10件，占4.39%。纹饰种类有篮纹＋凹弦纹＋三角形坑纹、

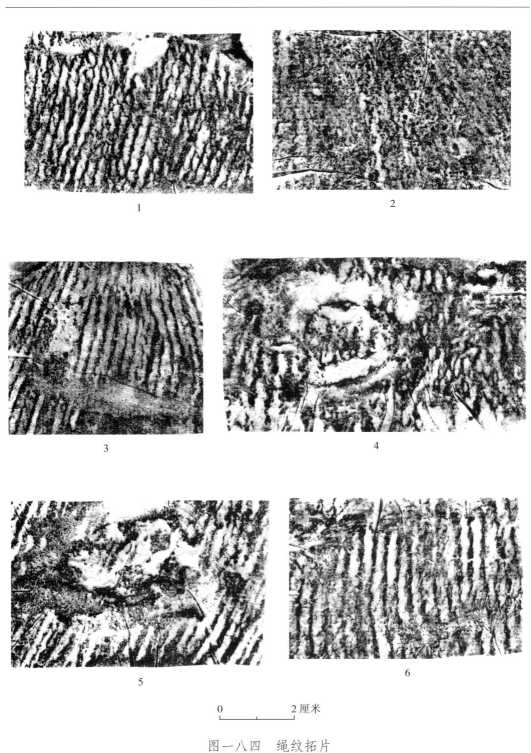

图一八四　绳纹拓片

1. M1：1　　2. M59：1　　3. M63：2　　4. M38：1　　5. M4：1　　6. M58：2

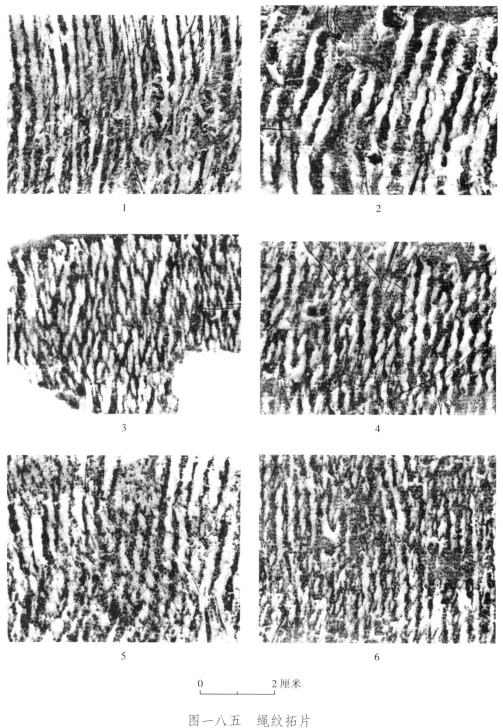

图一八五　绳纹拓片

1. M2：2　2. M16：3　3. M48：2　4. M47：1　5. M12：1　6. M50：3

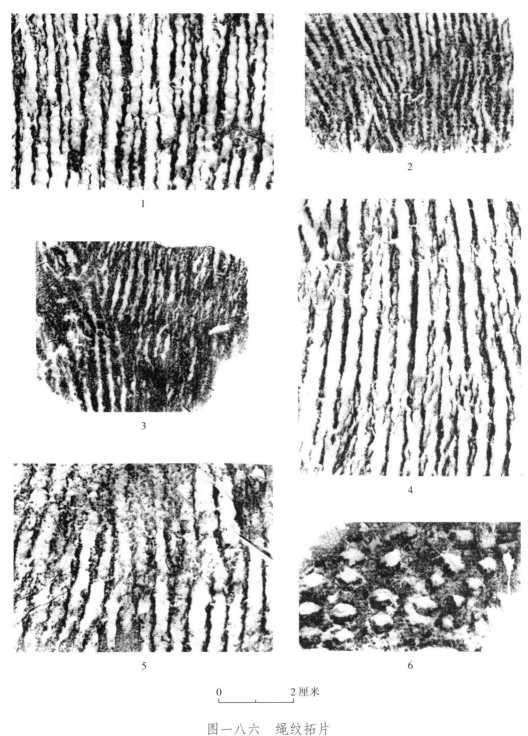

图一八六　绳纹拓片

1. M16：8　2. M57：3　3. M67：1　4. H37：2　5. F2 ②：1　6. H25：1

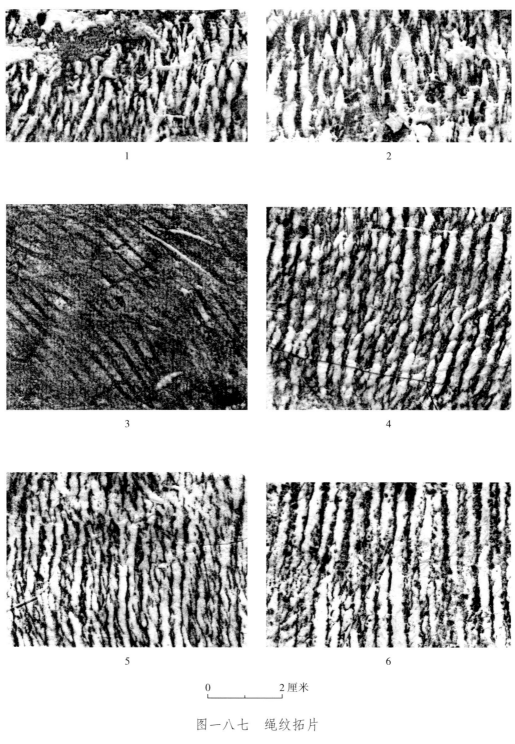

0   2厘米

图一八七　绳纹拓片

1. M20：1　2. M5：2　3. M39：3　4. M60：2　5. M52：4　6. M20：3

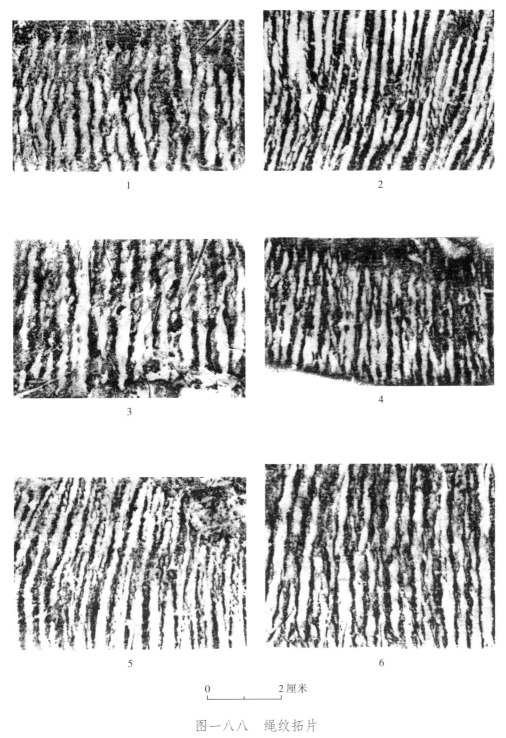

图一八八　绳纹拓片

1. M25：3　2. M26：1　3. M39：3　4. M41：7　5. M66：2　6. M24：5-1

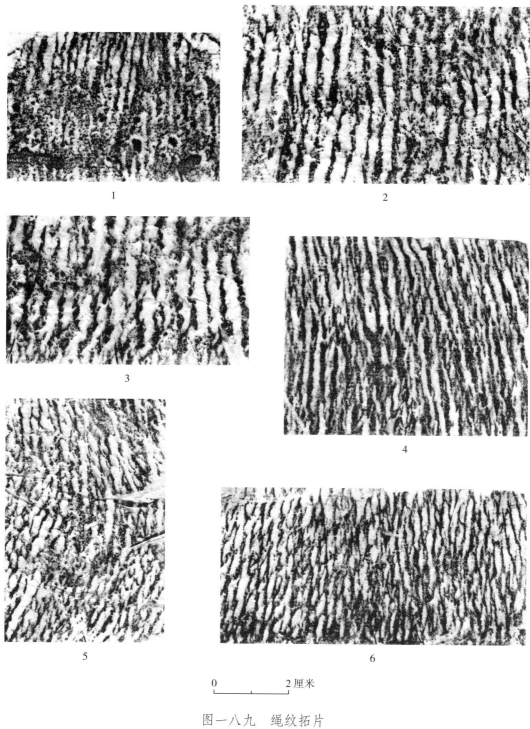

图一八九　绳纹拓片

1. M28：1　2. M12：1　3. M15：3　4. M67：4　5. M51：4　6. M34：3

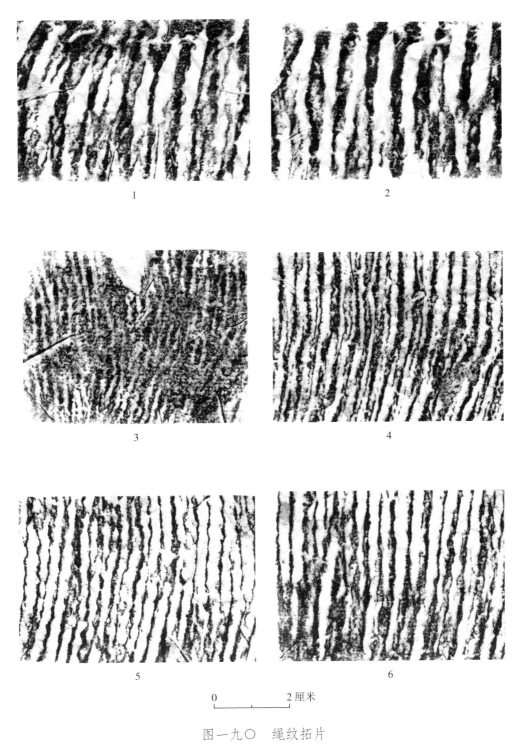

0 ⊢———⊣ 2厘米

图一九〇　绳纹拓片

1. M36：3　2. M36：6　3. M36：7　4. M66：1　5. M57：3　6. M24：5-1

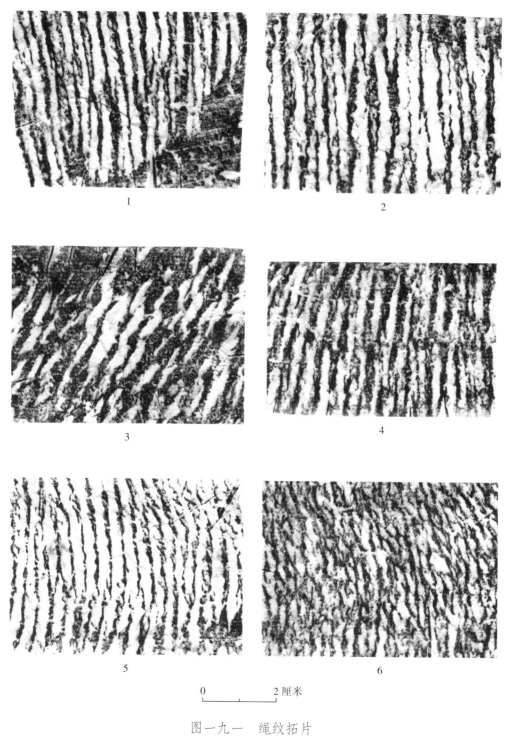

1

2

3

4

5

6

0　　　　　2厘米

图一九一　绳纹拓片

1. M53：2　　2. M16：3　　3. M25：1　　4. M64：5　　5. M64：4　　6. M8：2

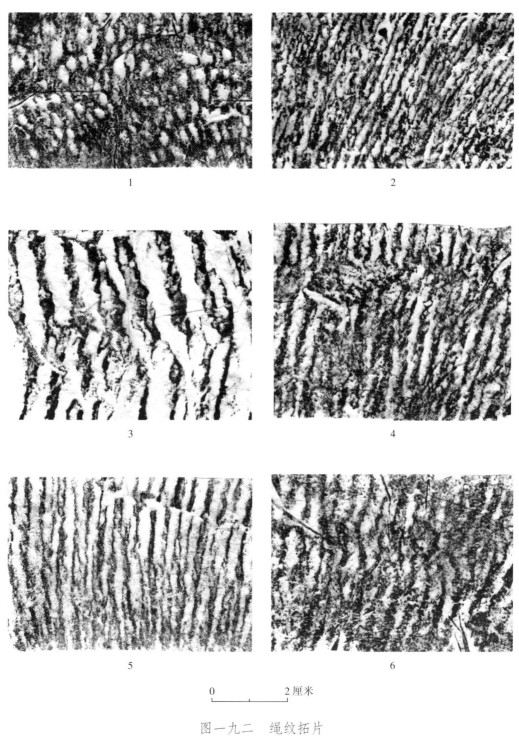

图一九二 绳纹拓片

1. M56：2　2. M31：3　3. M39：3　4. M28：2　5. M14：5　6. M56：3

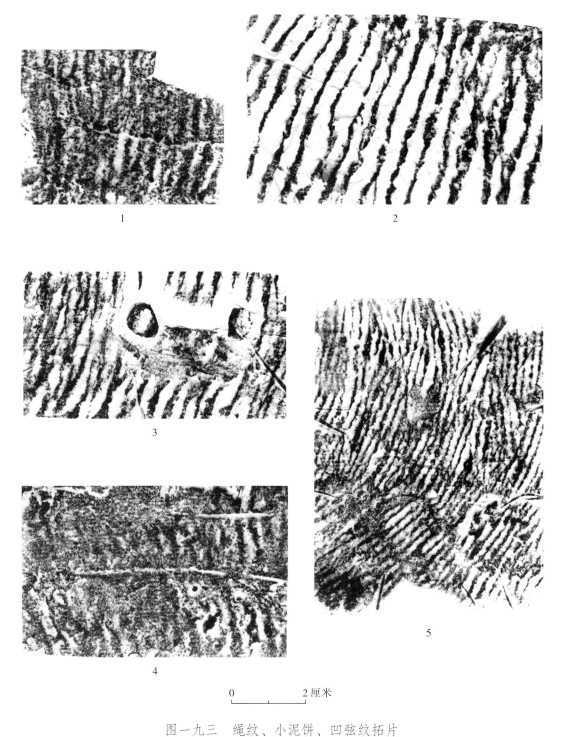

图一九三　绳纹、小泥饼、凹弦纹拓片

1、2、5. 绳纹（采：3、采：4、M19：1）　3. 绳纹＋小泥饼（M62：5）　4. 绳纹＋凹弦纹（M24：2-1）

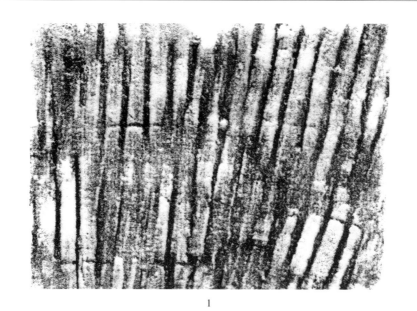

1

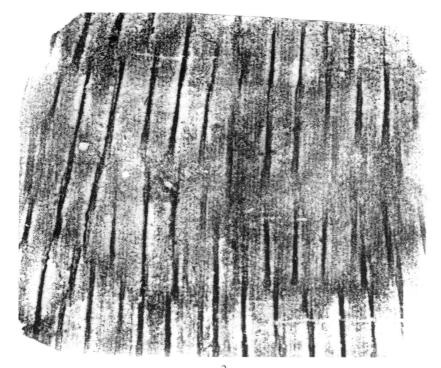

2

0 ⊢———⊣ 2厘米

图一九四　篮纹拓片

1. M14：7　2. M52：3

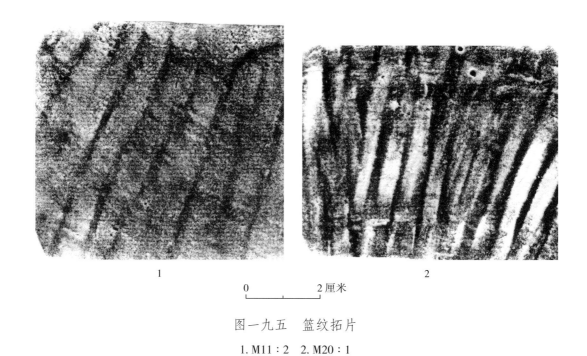

1　　　　　　　　　　　　　　　　　2

0 —————— 2厘米

图一九五　篮纹拓片

1. M11：2　2. M20：1

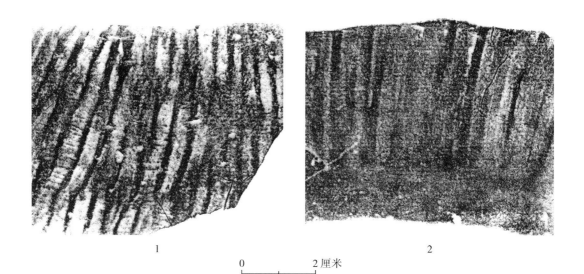

1　　　　　　　　　　　　　　　　　2

0 —————— 2厘米

图一九六　篮纹拓片

1. M24：1　2. M62：3

1

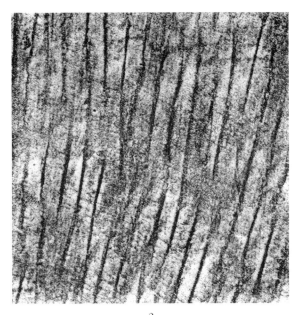

2

0 —————— 2厘米

图一九七　篮纹拓片

1. M25：5　2. M21：3

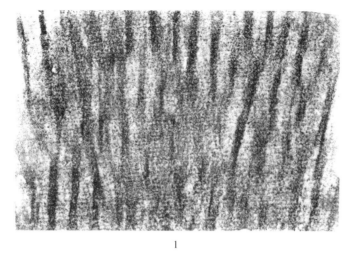

1

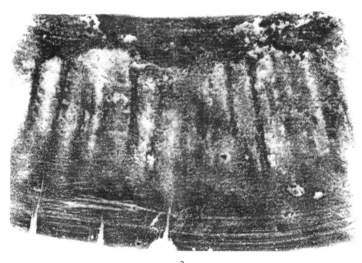

2

0 _____ 2 厘米

图一九八　篮纹拓片

1. M34：1　2. M59：3

篮纹 + 凹弦纹 + 折线纹、篮纹 + 凹弦纹 + 菱形纹、篮纹 + 凹弦纹 + 平行横线纹、
篮纹 + 凹弦纹 + 长条形坑纹、篮纹 + 凹弦纹 + 平行竖线纹、篮纹 + 凹弦纹 + 附加
堆纹，篮纹 + 凹弦纹 + 三角形坑纹 3 件，占 1.32%；篮纹 + 凹弦纹 + 折线纹 2 件，
占 0.88%；篮纹 + 凹弦纹 + 菱形纹、篮纹 + 凹弦纹 + 平行横线纹、篮纹 + 凹弦纹 +
长条形坑纹、篮纹 + 凹弦纹 + 平行竖线纹、篮纹 + 凹弦纹 + 附加堆纹各 1 件，各

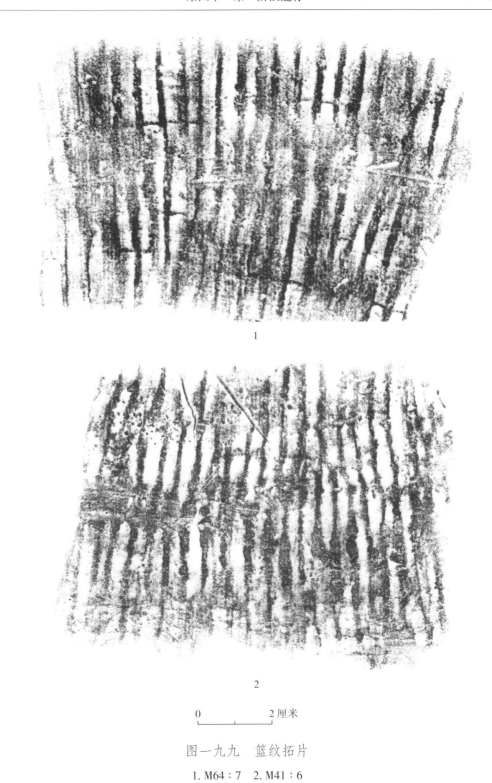

1

2

0 ⊢—⊢—⊣ 2厘米

图一九九 篮纹拓片

1. M64∶7 2. M41∶6

1

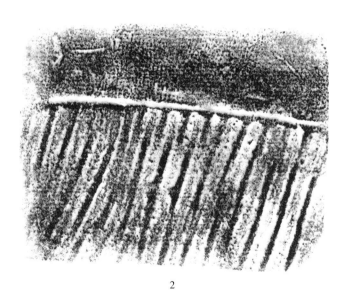

2

0 ____ 2厘米

图二○○　篮纹、凹弦纹拓片

1. M46：1　2. M18：3

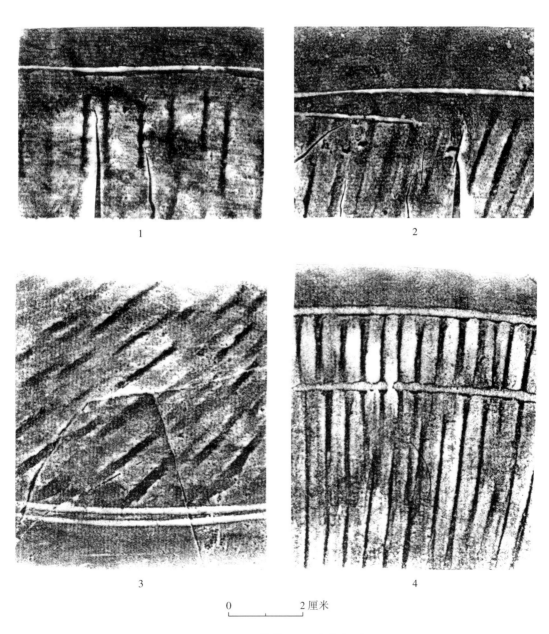

1

2

3

4

0 ————— 2厘米

图二〇一　篮纹、凹弦纹拓片

1. M56：1　2. M62：1　3. M4：3　4. M16：7

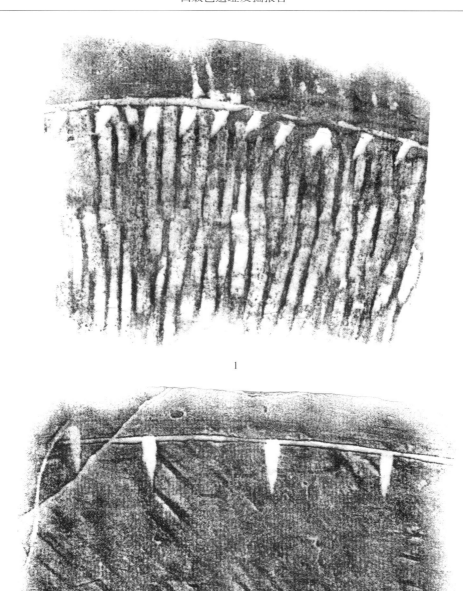

1

2

0 ____ 2厘米

图二〇二　篮纹、凹弦纹、三角形坑纹拓片

1. M37：1　2. M23：4

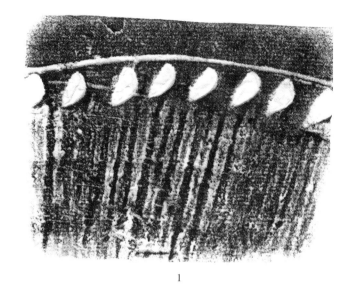

1

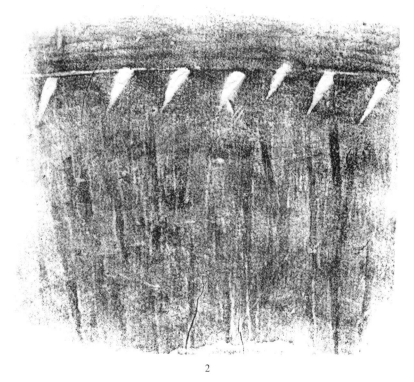

2

0 ⊢——⊣——⊣ 2厘米

图二〇三　篮纹、凹弦纹、三角形坑纹拓片

1. M42∶4　2. M41∶1

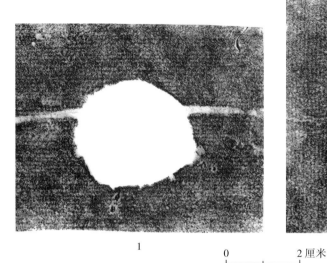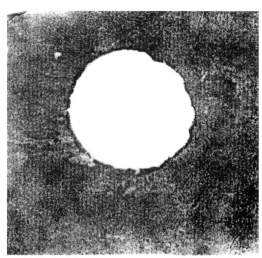

1　　　　　　　　　　0 ————— 2厘米　　　　2

图二〇四　镂孔、凹弦纹拓片

1. 镂孔 + 凹弦纹（M64：6）　2. 镂孔（M53：3）

占 0.44%。

四种复合纹饰有 3 件，占 1.32%。纹饰种类有篮纹 + 凹弦纹 + 平行斜线纹 + 三角形坑纹、篮纹 + 凹弦纹 + 三角形坑纹 + 波折纹、篮纹 + 三角形坑纹 + 凹弦纹 + 圆形坑纹，各 1 件，各占 0.44%。

泥质陶上多饰篮纹、镂孔等，素面陶较多。夹砂陶上多饰绳纹、附加堆纹等，凹弦纹和方格纹饰在夹砂陶上，也饰在泥质陶上。

凹弦纹在夹砂陶上较粗而深，在泥质陶上较细而浅。

绳纹绝大部分饰在夹砂罐、鬲、盉、斝、甗的腹部。有粗绳纹，有细绳纹，印痕有深，有浅，部分绳纹经抹光处理，印痕特别浅。其中竖向绳纹较多，斜向绳纹较少。

篮纹绝大部分饰在泥质折肩罐、盆的腹部，一般印痕浅，多为竖向，少为斜向，大多数为宽篮纹，少数为窄篮纹。

镂孔有圆形、三角形、椭圆形，专门饰在豆的柄部。

方格纹有大有小，印痕有深有浅。

附加堆纹为花边形，多装饰在陶鬲和罐的口沿部位。

图二〇五　镂孔、凹弦纹拓片

1. M23∶5　2. M37∶2　3. M23∶5　4. M14∶74

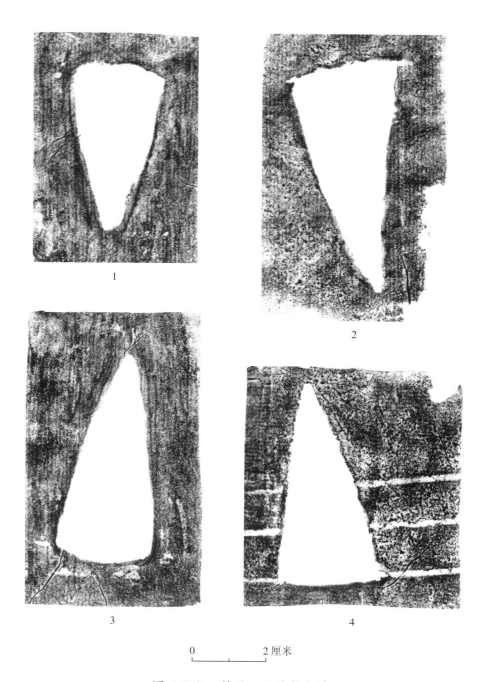

0   2厘米

图二○六　镂孔、凹弦纹拓片

1~3.镂孔（M24∶3、M49∶1、M24∶3）　4.镂孔＋凹弦纹（M49∶1）

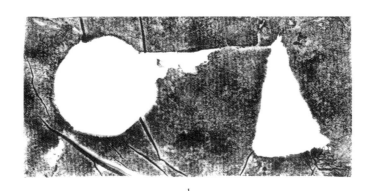

1

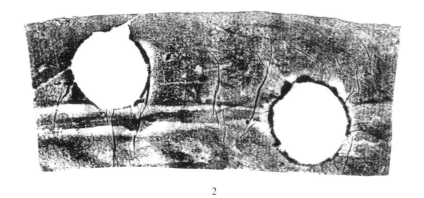

2

3

0 —————— 2厘米

图二〇七　镂孔、凹弦纹拓片

1、3. 镂孔（M28∶4、M37∶4）　　2. 镂孔＋凹弦纹（M14∶9）

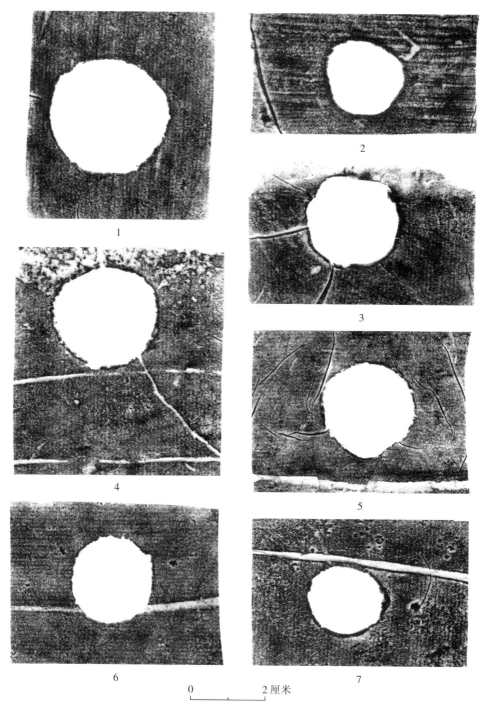

0 ├───┤ 2 厘米

图二〇八　镂孔、凹弦纹拓片

1~3. 镂孔（M36：5、M51：2、M66：3）　4~7. 镂孔＋凹弦纹（M21：1、M21：1、M36：5、M66：3）

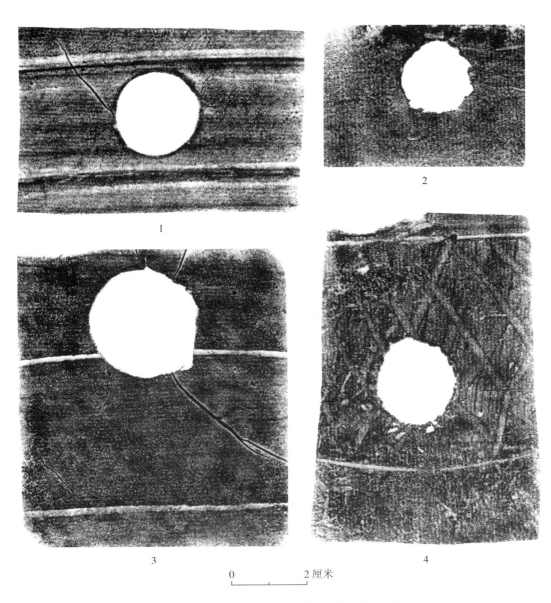

图二〇九　镂孔、凹弦纹、菱形纹拓片

1、3.镂孔＋凹弦纹（M20：2、M25：2）　2.镂孔（M46：2）　4.镂孔＋凹弦纹＋菱形纹（M32：3）

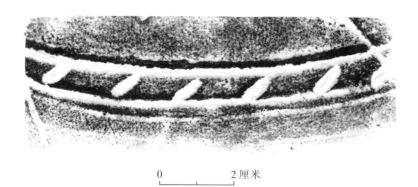

0 ├─────┼─────┤ 2厘米

图二一〇　凹弦纹、长条形坑纹拓片（M14：7）

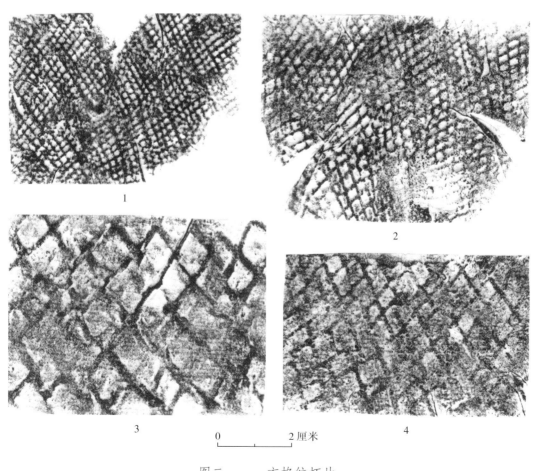

1

2

3

0 ├─────┼─────┤ 2厘米

4

图二一一　方格纹拓片

1. M11：3　2. M14：3　3. M60：1　4. M39：1

1

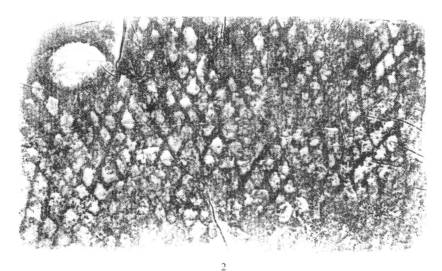

2

0 ———————— 2厘米

图二一二　方格纹拓片

1. M51：1　2. M39：2

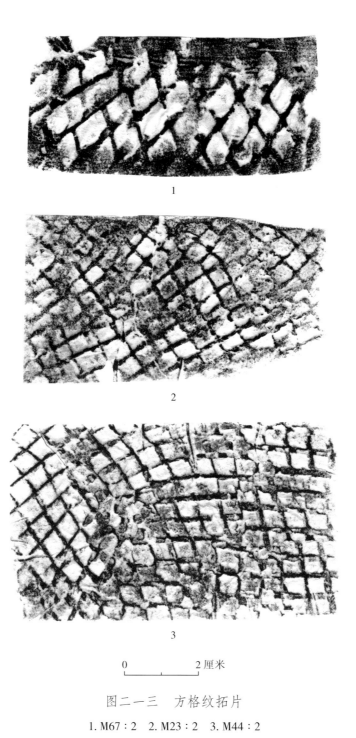

1

2

3

0 　　　　　2厘米

图二一三　方格纹拓片

1. M67：2　2. M23：2　3. M44：2

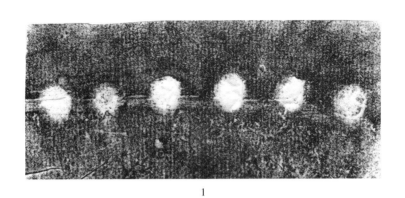

1

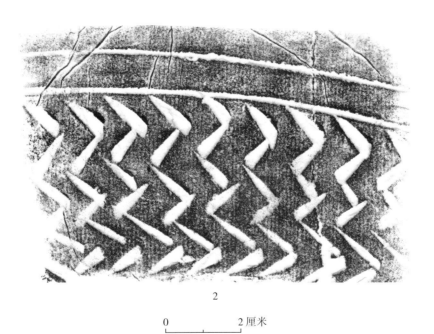

2

0 ⊢————⊣ 2厘米

图二一四　圆形坑纹、凹弦纹、竖向波折纹拓片

1.圆形坑纹（M41：1）　　2.凹弦纹＋竖向波折纹（M42：1）

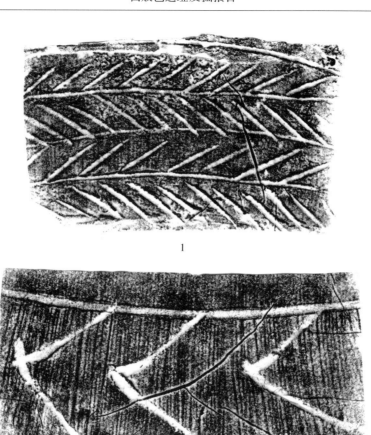

1

2

0 _____ 2厘米

图二一五　纹饰拓片

1.凹弦纹＋斜向平行划纹（M37：1）　2.凹弦纹＋竖向平行划纹＋折线纹（M25：5）

（五）制法

　　陶器有手制、轮制和模制三种制作方法，以轮制为主，手制数量较多，模制数量最少，其中手制中有泥条盘筑和套接两种。手制陶器器壁较厚，器形不规整，器表粗糙，多为夹砂陶，少数为泥质陶。轮制陶器器壁较薄，器形规整，器表光滑，多为泥质陶，少为夹砂陶。模制三足器的三个足形制相同，均为夹砂陶。三足器的下部三足部分为模制，上部为泥条盘筑，上下两部分采用套接方法连接而成。

表二　陶器标本纹饰种类统计表

陶质	泥质							夹砂								砂质		纹饰种类合计	纹饰种类百分比（%）
大陶色	灰	褐			黑		红	灰		褐				黑	红	灰	褐		
小陶色	灰	黑褐	黄褐	灰褐	黑	黑皮	红	灰	黑灰	黑褐	黄褐	灰褐	红褐	黑	红	灰	黑褐		
素面	31	2	5	1	4	2	1	6					1	1			1	55	17.57
凹弦纹	40	3	6		2	3		8		6				1		1		70	22.36
绳纹		1						9	5	51	2			1				69	22.04
篮纹	24		2		1	1		5				1				1		35	11.18
镂孔	20		2		1	2	1	1										27	8.63
方格纹	3							4	1	2								10	3.19
附加堆纹								2		4	1							7	2.24
三角形坑纹	5		1			1												7	2.24
小泥饼									1	3	1							5	1.60
平行斜线纹	4																	4	1.28
平行竖线纹	1							1							1			3	0.96
平行横线纹	2														1			3	0.96
圆形坑纹	3																	3	0.96
朱色彩绘			2															2	0.64
折线纹	2																	2	0.64
凸棱纹	2																	2	0.64
横向不规则排列划纹								1				1						2	0.64
斜向划纹										1								1	0.32
菱形纹								1										1	0.32
成组短平行线纹	1																	1	0.32
波折纹						1												1	0.32
长条形坑纹	1																	1	0.32
交叉划纹	1																	1	0.32
不规则划纹	1																	1	0.32
合计	141	6	18	1	8	10	2	38	7	67	4	2	1	3	2	2	1	313	100

（六）器形

器类有豆、单耳罐、双耳罐、折肩罐、鬲、尊、小罐、杯、盂、壶、碗、器盖、花边罐、折腹罐、鼓腹罐、长腹罐、斝、陶丸、鼎、甗、三足瓮、簋、筒形器、盆、钵、纺轮等。

陶器总共228件，其中豆和单耳罐数量最多，双耳罐数量居次，折肩罐、鬲和尊数量再次，小罐、盂、花边罐、折腹罐、鼓腹罐、长腹罐、斝和陶丸数量较少，鼎、甗、三足瓮、簋、筒形器、盆、钵和纺轮数量最少。豆43件，占18.86%。单耳罐40件，占17.54%。双耳罐26件，占11.40%。折肩罐18件，占7.89%。鬲16件，占7.02%。尊12件，占5.26%。小罐和盂均为7件，各占3.07%。壶、碗、器盖均为6件，各占2.63%。杯5件，占2.19%。花边罐4件，占1.75%。折腹罐3件，占1.32%。鼓腹罐、长腹罐、斝和陶丸均为2件，各占0.88%。鼎、甗、三足瓮、簋、筒形器、盆、钵和纺轮均为1件，各占0.44%。残陶器13件，占5.70%（表三）。

1. 鬲

16件。均为夹砂陶，纹饰以绳纹为主，少量饰方格纹，个别饰篮纹。多为黑褐和灰陶，个别为黑陶。其中10件能够修复，进行型式划分，6件残破过甚，不能分型式。

（1）单把鬲

8件。以灰陶为主，少量为黑褐陶，个别为黑陶。一般领部抹光，腹部和袋足部分多数饰绳纹，少量饰方格纹。除1件无法分型外，余7件根据领部和腹部特征分为三型。

A型 4件。高直领，腹和领部折角相连。分为四式。演变趋势为肩部逐渐鼓起，袋足容积变小，实足根从无到有，逐渐增高。单把圆鼓逐渐变为扁平，向领部贴近。分为四式。

Ⅰ式 1件。M33：2，斜肩，袋足容积大，无实足根，单把圆鼓，单把距离颈部远（图二一六，1；彩版四，1）。

Ⅱ式 1件。M11：3，溜肩，袋足容积较大，实足根低，单把圆扁，单把距离颈部较远（图二一六，2；彩版四，2）。

Ⅲ式 1件。M36：3，微鼓肩，袋足容积较小，实足根较高，单把较为扁平，

表三　陶器标本陶质、陶色、器类统计表

陶质	泥质							夹砂								砂质		合计	百分比（%）
大陶色	灰	褐			黑		红	灰		褐				黑	红	灰	褐		
小陶色	灰	黑褐	黄褐	灰褐	黑	黑皮	红	灰	黑灰	黑褐	黄褐	灰褐	红褐	黑	红	灰	黑褐		
豆	32		2		1	4		4										43	18.86
单耳罐		1						3	5	27	1	1	1				1	40	17.54
双耳罐	17	2	1		4		2											26	11.40
折肩罐	15		1			1		1										18	7.89
高领	7									8				1				16	7.02
尊	9		1		2													12	5.26
小罐										6				1				7	3.07
盉								4		2				1				7	3.07
壶	4		2															6	2.63
碗	5			1														6	2.63
器盖	3								1	1					1			6	2.63
杯	3		2															5	2.19
花边罐								1		2	1							4	1.75
折腹罐	2		1															3	1.32
鼓腹罐								1		1								2	0.88
长腹罐		1														1		2	0.88
斝										2								2	0.88
陶丸	2																	2	0.88
鼎	1																	1	0.44

续表三

陶质	泥质						夹砂								砂质		合计	百分比（%）
大陶色	灰	褐	褐	黑	黑	红	灰	灰	褐	褐	褐	褐	黑	红	灰	褐		
小陶色	灰	黑褐	黄褐	黑	黑皮	红	灰	黑灰	黑褐	黄褐	灰褐	红褐	黑	红	灰	黑褐		
瓿									1								1	0.44
三足瓮							1										1	0.44
簋							1										1	0.44
筒形器			1														1	0.44
盆	1																1	0.44
钵	1																1	0.44
纺轮	1																1	0.44
残陶器	2	1	1	1	1		3		4								13	5.70
小陶色合计	98	5	12	8	6	2	26	6	54	2	1	1	3	1	1	1	228	
小陶色百分比（%）	42.98	2.19	5.26	3.51	2.63	0.88	11.40	2.63	23.68	0.88	0.44	0.44	1.32	0.44	0.44	0.44		
大陶色合计	98	18		14		2	32		58				3	1	1	1	228	
大陶色百分比（%）	42.98	7.89		6.14		0.88	14.04		25.44				1.32	0.44	0.44	0.44		
陶质合计	132						94								2		228	
陶质百分比（%）	57.89						41.23								0.88			

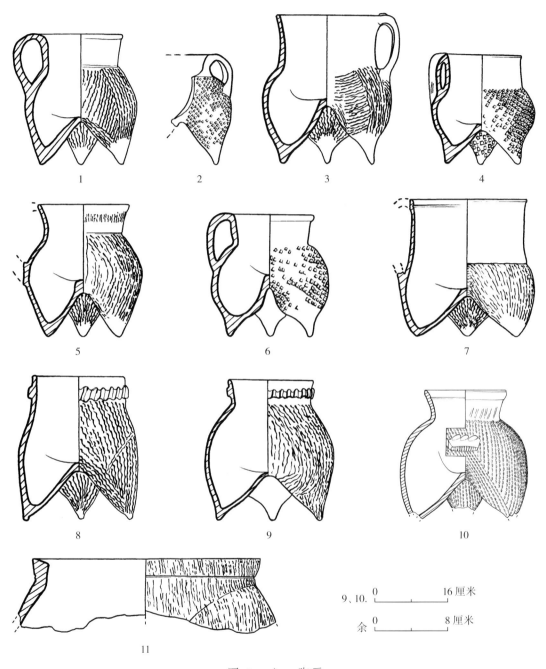

9、10.　0 ⎯⎯⎯⎯ 16厘米

余　0 ⎯⎯⎯⎯ 8厘米

图二一六　陶鬲

1. A型Ⅰ式单把鬲（M33：2）　2. A型Ⅱ式单把鬲（M11：3）　3. A型Ⅲ式单把鬲（M36：3）　4. A型Ⅳ式单把鬲（M14：3）　5. B型Ⅰ式单把鬲（M51：4）　6. B型Ⅱ式单把鬲（M42：5）　7. C型单把鬲（M63：2）　8. Ⅰ式花边鬲（M63：1）　9. Ⅱ式花边鬲（H37：2）　10. 鋬耳鬲（F2②：1）　11. 肥足鬲（H25：1）

单把距离颈部较近（图二一六，3）。

Ⅳ式　1件。M14：3，鼓肩，袋足容积小，实足根高而外撇，单把扁平，单把距离颈部近（图二一六，4；彩版四，3）。

B型　2件。斜高领，腹和领部折角相连。分为两式。演变趋势为肩部逐渐鼓起，袋足容积变小，实足根从无到有。单把圆鼓逐渐变为扁平，向领部贴近。

Ⅰ式　1件。M51：4，斜肩，袋足容积大，无实足根，单把圆鼓，单把距离颈部远（图二一六，5；彩版四，4）。

Ⅱ式　1件。M42：5，微鼓肩，袋足容积较小，实足根较高，单把较为扁平，单把距离颈部较近（图二一六，6）。

C型　1件。M63：2，高直领，斜肩，粗颈，腹和领部直线相连，袋足容积大，无实足根（图二一六，7；彩版五，1）。

（2）花边鬲

2件。黑褐陶。领部饰花边形附加堆纹一周，袋足部分饰绳纹。分为两式。演变趋势为肩部逐渐鼓起，实足根逐渐增高。

Ⅰ式　1件。M63：1，斜肩，无实足根（图二一六，8；彩版五，2）。

Ⅱ式　1件。H37：2，鼓肩，高实足根（图二一六，9；彩版五，3）。

（3）錾耳鬲

1件。F2②：1，黑褐陶，袋足饰绳纹，腹部饰两个对称鸡冠耳。斜直颈，溜肩，大袋足，足尖残（图二一六，10；彩版五，5）。

（4）肥足鬲

1件。H25：1，口沿内斜，呈斜方唇，直口，束颈，斜肩，下部残（图二一六，11）。

2. 盉

7件。均为夹砂陶，多数为灰陶，少量为黑褐陶，个别为黑陶。肩以上和流部为素面，腹以下多饰绳纹，个别饰篮纹和素面。折肩，斜直腹或斜弧腹，束腰，圜底，袋足，腹部一袋足的上方有一斜向管状流，肩部多数有鸡冠形对称双錾。根据口部分为两型。

A型　5件。敛口。分为两亚型。演变趋势为束腰逐渐明显。安流的部位逐渐上移，流口逐渐上扬，流与器口夹角逐渐变小。袋足容积渐小，实足根从无到有，逐渐增高。

Aa 型　3 件。分裆，三袋足根部紧聚。分为三式。

Ⅰ式　1 件。M66：1，微束腰，安流的部位靠下，流口方向朝向斜上方，流与器口夹角大，袋足容积大，无实足根（图二一七，1）。

Ⅱ式　1 件。M11：4，束腰较明显，安流的部位靠中，流口方向朝向偏上方，流与器口夹角中等，袋足容积中，实足根矮（图二一七，2）。

Ⅲ式　1 件。M41：7，束腰较大，安流的部位靠上，流口方向朝向上方，流与器口夹角小，袋足容积小，实足根较高（图二一七，3；彩版五，4）。

Ab 型　2 件。联裆，三袋足根部相距较远。分为两式。

Ⅰ式　1 件。M48：2，束腰较明显，实足根矮（图二一七，4；彩版六，1）。

Ⅱ式　1 件。M28：1，束腰大，实足根高（图二一七，5；彩版六，2）。

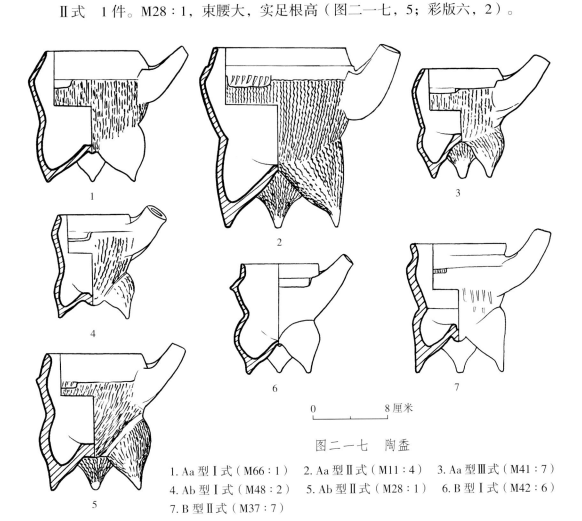

0　　　　　　　8 厘米

图二一七　陶盉

1. Aa 型Ⅰ式（M66：1）　2. Aa 型Ⅱ式（M11：4）　3. Aa 型Ⅲ式（M41：7）
4. Ab 型Ⅰ式（M48：2）　5. Ab 型Ⅱ式（M28：1）　6. B 型Ⅰ式（M42：6）
7. B 型Ⅱ式（M37：7）

B型　2件。侈口。演变趋势为侈口变大，折肩变缓。袋足容积渐小，实足根逐渐增高。分为两式。

Ⅰ式　1件。M42：6，小侈口，硬折肩，袋足容积较大，实足根高（图二一七，6）。

Ⅱ式　1件。M37：7，大侈口，缓折肩，袋足容积较小，实足根高外撇（图二一七，7；彩版六，3）。

3. 斝

2件。夹砂黑褐陶，饰绳纹和方格纹，上腹部饰对称鸡冠鋬，圜底。根据口部特征分为A、B两型。

A型　1件。直口。M22：2，口沿内斜，上腹壁较直，微束腰，分档，矮实足根（图二一八，1；彩版六，4）。

B型　1件。侈口。M23：2，直颈，较高，折肩，上腹斜收，束腰明显，近联档，高实足根（图二一八，2；彩版七，1）。

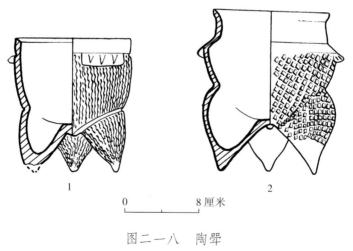

0　　　　　8厘米

图二一八　陶斝

1. A型（M22：2）　2. B型（M23：2）

4. 尊

12件。均为泥质陶。多数为灰陶，少量为黑陶，个别为黄褐陶。器表多饰凹弦纹，有的下腹饰篮纹，有的中腹饰压印圆涡纹。大口，腹微鼓，小平底。演变趋势为平卷沿向斜敞口发展。根据腹部特征分为三型。

A型　6件。深腹，器形大，高13.2~17.6厘米，绝大部分有双耳，个别无耳。根据口部特征分为四式。

Ⅰ式　1件。M33：1，平卷沿（图二一九，1；彩版七，2）。

Ⅱ式　1件。M59：6，喇叭口（图二一九，2；彩版七，3）。

Ⅲ式　1件。M41：1，大敞口（图二一九，3；彩版七，4）。

Ⅳ式　3件。M14：1（图二一九，4），M37：6（图二一九，5；彩版八，1），采集：5，敞口。泥质灰陶。外腹部饰两道凹弦纹，内口沿饰一周凹弦纹。厚圆唇，腹中部饰对称双耳，已残。口径16.4、底径7、高13.2厘米（图二一九，6；彩版八，2）。

B型　4件。浅腹，器形较小，高8.8~12.8厘米，斜直腹。根据口部特征分为四式。

Ⅰ式　1件。M42：2，为平沿（图二二〇，1；彩版八，3）。

Ⅱ式　1件。M36：4，喇叭口（图二二〇，2；彩版八，4）。

Ⅲ式　1件。M23：1，大敞口（图二二〇，3；彩版九，1）。

Ⅳ式　1件。M28：5，敞口（图二二〇，4；彩版九，2）。

C型　2件。器形小，10厘米以下，高腹部有明显折棱。根据口部特征分为两式。

Ⅰ式　1件。采集：2，大敞口。泥质灰陶，腹部饰平行划纹。圆唇，平底。口径13.6、底径6.6、高10厘米（图二二〇，5；彩版九，3）。

Ⅱ式　1件。M46：1，敞口（图二二〇，6；彩版九，4）。

5. 折肩罐

18件。绝大部分为泥质陶，个别为夹砂陶。以灰陶为主，还有个别黑皮陶和黄褐陶。敞口，高颈，折肩，斜腹，平底，多数无耳，少数有对称双耳。颈部多饰凹弦纹，其间饰折线纹、平行斜线纹、三角形坑纹、圆形坑纹等，个别在颈部也饰篮纹。多数肩部磨光，少数肩部饰划纹，下腹多数饰竖篮纹，少数饰方格纹。除6件无法分型外，余根据折腹位置、领部高矮和整体特征分为五型。

A型　4件。高领，体态较胖，无耳。根据口部和肩部特征分为四式。演变趋势为由大喇叭口到小喇叭口，再发展为斜口；折肩位置逐渐下移。

Ⅰ式　1件。M51：1，大喇叭口，高肩（图二二一，1；彩版一〇，1）。

Ⅱ式　1件。M4：3，中喇叭口，肩部较高（图二二一，2；彩版一〇，2）。

Ⅲ式　1件。M23：4，小喇叭口，肩部较低（图二二一，3；彩版一〇，3、4）。

Ⅳ式　1件。M14：7，斜口，低肩（图二二一，4；彩版一一，1）。

0　　　　8 厘米

图二一九　A 型陶尊

1. Ⅰ式（M33∶1）　2. Ⅱ式（M59∶6）　3. Ⅲ式（M41∶1）　4~6.Ⅳ式
（M14∶1、M37∶6、采集∶5）

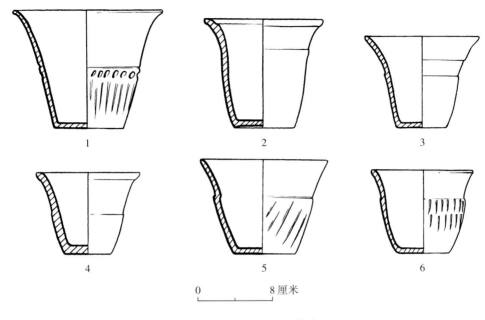

图二二〇　B、C 型陶尊

1. B 型 I 式（M42∶2）　2. B 型 II 式（M36∶4）　3. B 型 III 式（M23∶1）　4. B 型 IV 式
（M28∶5）　5. C 型 I 式（采集∶2）　6. C 型 II 式（M46∶1）

B 型　3 件。高领，体态较瘦，无耳。根据口部、肩部特征分为三式。演变趋势为由大喇叭口发展到小喇叭口，折肩位置逐渐下移。

I 式　1 件。M66∶4，大喇叭口，高肩（图二二一，5；彩版一一，2、3）。

II 式　1 件。M21∶3，中喇叭口，肩部较低（图二二一，6；彩版一一，4）。

III 式　1 件。M37∶1，小喇叭口，低肩（图二二二，1；彩版一二，1、2）。

C 型　3 件。高领，双耳。根据口部、肩部特征分为三式。演变趋势为由大喇叭口发展到斜口；折肩位置靠中部逐渐下移。

I 式　1 件。M16∶7，中喇叭口，肩部较高（图二二二，2；彩版一二，3）。

II 式　1 件。M36∶1，中喇叭口，肩部较低（图二二二，3；彩版一三，1、2）。

III 式　1 件。M25∶5，小喇叭口，低肩（图二二二，4；彩版一二，4）。

D 型　1 件。M42∶1，细高颈，侈口，折肩位置较低，体态较胖（图二二二，5；彩版一三，3、4）。

E 型　1 件。M41∶6，颈部较高，领沿微内凹，折肩位置较低，体态较胖（图

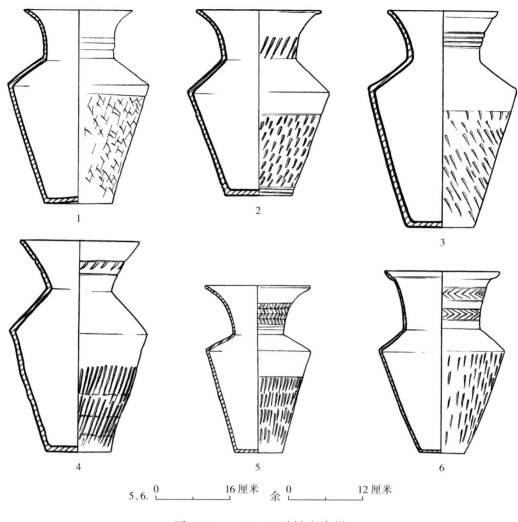

图二二一　A、B 型折肩陶罐

1. A 型 I 式（M51：1）　2. A 型 II 式（M4：3）　3. A 型 III 式（M23：4）　4. A 型 IV 式（M14：7）
5. B 型 I 式（M66：4）　6. B 型 II 式（M21：3）

二二二，6；彩版一三，5）。

6. 豆

43 件。以泥质陶为主，有少量夹砂陶。绝大部分是灰色，黄褐陶数量少，个别为黑皮陶和黑陶。有的豆柄上为素面，有的豆柄上饰凹弦纹和镂孔，还有个别饰凸棱纹，镂孔多见圆形，也有椭圆形，少见三角形。除 6 件无法分型外，余根据柄部特征分为四型。

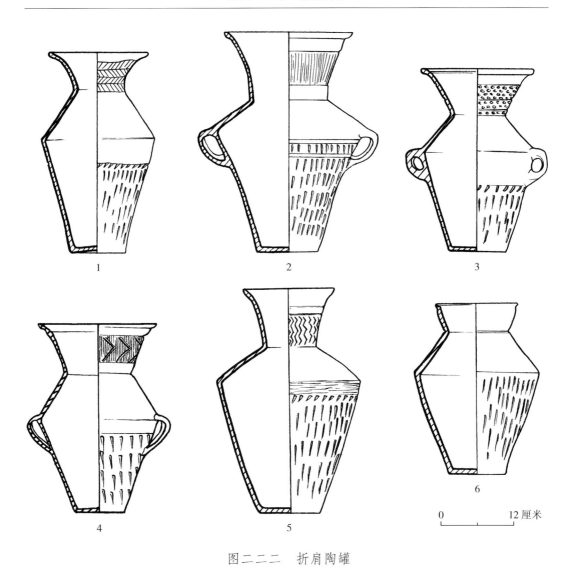

图二二二　折肩陶罐

1. B 型Ⅲ式（M37：1）　2. C 型Ⅰ式（M16：7）　3. C 型Ⅱ式（M36：1）　4. C 型Ⅲ式（M25：5）
5. D 型（M42：1）　6. E 型（M41：6）

　　A 型　8件。粗高豆柄。根据盘部特征分为两亚型。

　　Aa 型　5件。盆型盘，曲腹。根据盘深和柄高分为四式。演变趋势为由浅盘到深盘，柄部渐矮；豆柄座底部逐渐出棱外凸。

　　Ⅰ式　2件。M64：6（图二二三，1；彩版一四，1）、M37：2（图二二三，2；彩版一四，2），浅盘，高柄，豆座残。

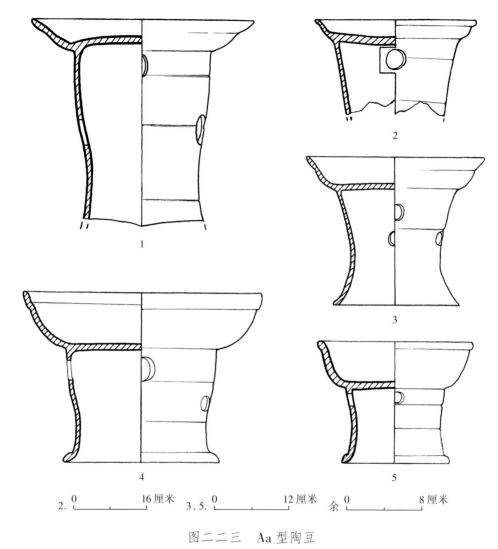

2. ┗━━━━━━━━━━┛0　　　16厘米　　3、5. ┗━━━━━━━┛0　　12厘米　　余 ┗━━━━━━┛0　　8厘米

图二二三　Aa 型陶豆

1、2. Ⅰ式（M64：6、M37：2）　3. Ⅱ式（M58：5）　4. Ⅲ式（M41：8）　5. Ⅳ式（M25：2）

　　Ⅱ式　1件。M58：5，盘较浅，柄较高，豆座不出凸棱（图二二三，3；彩版一四，3）。

　　Ⅲ式　1件。M41：8，盘较深，柄较矮，豆座出凸棱（图二二三，4；彩版一四，4）。

　　Ⅳ式　1件。M25：2，深盘，矮柄，豆座凸棱明显（图二二三，5；彩版一五，1）。

Ab 型　3 件。盆型盘，外凸弧腹。根据盘深分为三式。演变趋势为由浅盘到深盘。

Ⅰ式　1 件。M16：1，浅盘（图二二四，1；彩版一五，2）。

Ⅱ式　1 件。M20：2，盘较深（图二二四，2；彩版一五，3）。

Ⅲ式　1 件。M8：1，深盘（图二二四，3；彩版一五，4）。

B 型　15 件。中粗高豆柄。根据盘部和柄部特征分为六亚型。

Ba 型　2 件。浅豆盘，外壁斜直，内壁微弧，圜底。豆柄上端较细，向下逐渐变粗。根据盘深分为两式。演变趋势为由浅盘到深盘、由厚壁豆盘到薄壁豆盘。

Ⅰ式　1 件。M52：5，豆盘较浅、壁厚（图二二五，1；彩版一六，1）。

Ⅱ式　1 件。M22：3，豆盘较深、壁薄（图二二五，2；彩版一六，2）。

Bb 型　3 件。豆盘敞口，内壁斜直，外壁中部内凹，平底。根据豆盘分为三式。演变趋势为由大敞口变为小敞口，圈足底座外凸越来越明显。

Ⅰ式　1 件。M2：3，大敞口（图二二五，3；彩版一六，3）。

Ⅱ式　1 件。M31：2，敞口，喇叭口器座，底部不出凸棱（图二二五，4；彩版一六，4）。

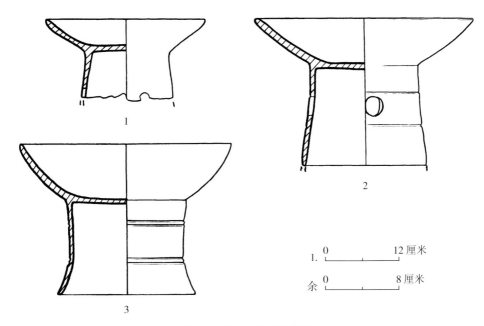

1. 　0　　　　　12 厘米

余　0　　　　　8 厘米

图二二四　Ab 型陶豆

1. Ⅰ式（M16：1）　2. Ⅱ式（M20：2）　3. Ⅲ式（M8：1）

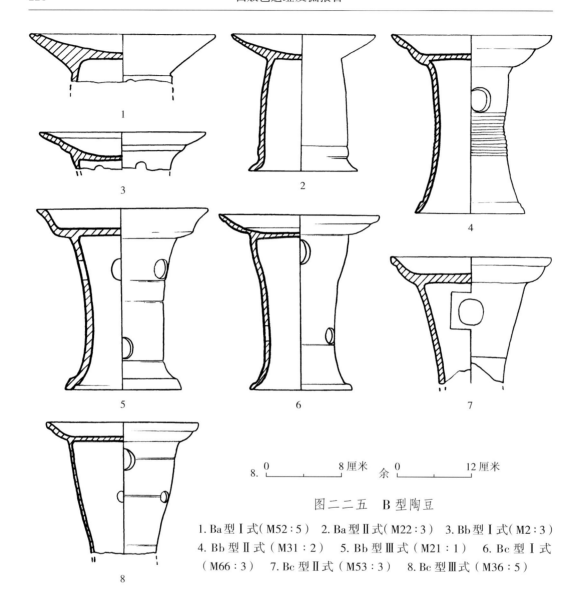

图二二五　B型陶豆

1. Ba 型 Ⅰ 式（M52:5）　2. Ba 型 Ⅱ 式（M22:3）　3. Bb 型 Ⅰ 式（M2:3）
4. Bb 型 Ⅱ 式（M31:2）　5. Bb 型 Ⅲ 式（M21:1）　6. Bc 型 Ⅰ 式
（M66:3）　7. Bc 型 Ⅱ 式（M53:3）　8. Bc 型 Ⅲ 式（M36:5）

Ⅲ式　1件。M21:1，小敞口，底部出凸棱（图二二五，5；彩版一七，1）。

Bc 型　3件。浅盘，内壁斜直，外壁口沿微弧外凸。演变趋势为豆盘由深变浅。

Ⅰ式　1件。M66:3，深豆盘（图二二五，6；彩版一七，2）。

Ⅱ式　1件。M53:3，较深豆盘（图二二五，7；彩版一七，3）。

Ⅲ式　1件。M36:5，较浅豆盘（图二二五，8；彩版一七，4）。

Bd 型　4件。豆盘浅直壁，平底，亚腰形豆柄。演变趋势为豆柄由上部较直，下部呈喇叭口，逐渐发展成中间细的亚腰形，豆座下缘由无凸棱到有凸棱。

Ⅰ式　2件。M49：1（图二二六，1；彩版一八，1）、M59：5（图二二六，2；彩版一八，2），豆柄上部较直，下部呈喇叭形状，豆座下缘无凸棱。

Ⅱ式　1件。M28：4，豆柄中部变细，呈微亚腰形，豆座下缘凸棱较小（图二二六，3；彩版一八，3）。

Ⅲ式　1件。M14：9，豆柄中部细，两端粗，呈亚腰形，豆座下缘凸棱较大（图二二六，4；彩版一八，4）。

Be型　2件。浅盘，出沿。根据豆盘分为两式。演变趋势为由浅盘到深盘，豆柄下座逐渐凸出加大。

Ⅰ式　1件。M23：5，浅豆盘，底部出凸棱较小（图二二六，6；彩版一九，1）。

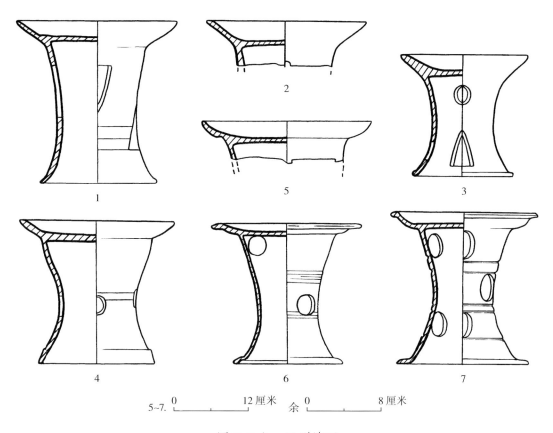

图二二六　B型陶豆

1、2. Bd型Ⅰ式（M49：1、M59：5）　3. Bd型Ⅱ式（M28：4）　4. Bd型Ⅲ式（M14：9）　5. Bf型（M42：3）　6. Be型Ⅰ式（M23：5）　7. Be型Ⅱ式（M14：4）

Ⅱ式　1件。M14：4，深豆盘，底部出凸棱较小（图二二六，7；彩版一九，2）。

Bf型　1件。M42：3，弧腹浅豆盘（图二二六，5；彩版一九，3）。

C型　13件。细高豆柄，根据豆盘特征分为八亚型。

Ca型　2件。豆盘口沿外凸，豆盘为碗形，平沿。根据盘和柄特征分为两式。演变趋势为由敞口到直口，柄部变矮。

Ⅰ式　1件。M51：2，敞口，豆盘底部较平，高柄（图二二七，1；彩版一九，4）。

Ⅱ式　1件。M60：3，近直口，豆盘底部上凸，矮柄（图二二七，2；彩版二〇，1）。

Cb型　2件。盘形豆盘，斜壁，平底。根据豆盘特征分为两式。演变趋势是豆盘加大。

Ⅰ式　1件。M33：4，豆盘较小（图二二七，3；彩版二〇，2）。

Ⅱ式　1件。M46：2，豆盘较大（图二二七，4；彩版二〇，3）。

Cc型　2件。碗形豆盘，弧形壁。根据豆盘特征分为两式。演变趋势是豆盘变浅，

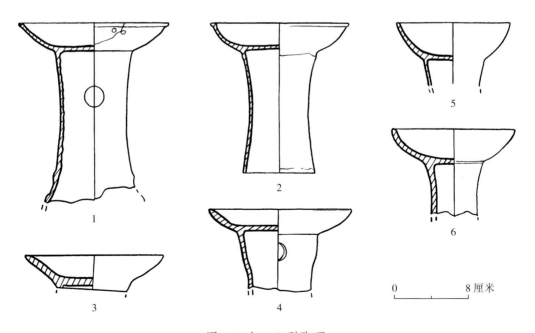

图二二七　C型陶豆

1. Ca型Ⅰ式（M51：2）　　2. Ca型Ⅱ式（M60：3）　　3. Cb型Ⅰ式（M33：4）　　4. Cb型Ⅱ式（M46：2）
5. Cc型Ⅰ式（M61：3）　　6. Cc型Ⅱ式（M37：5）

由敞口变为直口。

　　Ⅰ式　1件。M61:3，深盘，敞口（图二二七，5；彩版二〇，4）。

　　Ⅱ式　1件。M37:5，浅盘，直口（图二二七，6；彩版二〇，5）。

　　Cd型　2件。敞口，盘形豆盘，外壁曲形，内壁斜直，平底。根据豆盘特征分为两式。演变趋势是豆盘加大。

　　Ⅰ式　1件。M32:2，小盘（图二二八，1）。

　　Ⅱ式　1件。M37:4，大盘（图二二八，2；彩版二一，1）。

　　Ce型　2件。细高柄，浅豆盘，腹壁斜直。根据豆盘特征分为两式。演变趋势为由浅盘到深盘，由圜底到平底。

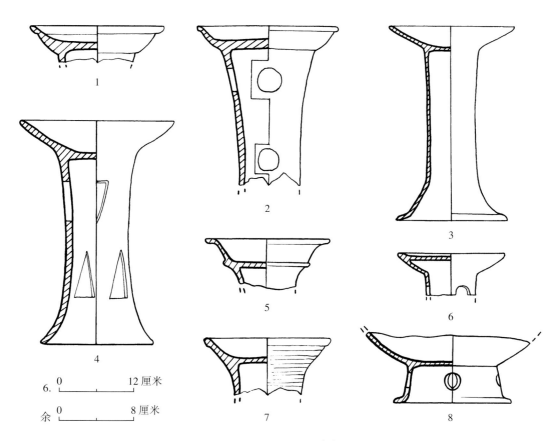

图二二八　C、D型陶豆

1. Cd型Ⅰ式（M32:2）　2. Cd型Ⅱ式（M37:4）　3. Ce型Ⅰ式（M41:9）　4. Ce型Ⅱ式（M24:3）
5. Cf型（M41:5）　6. Cg型（M16:6）　7. Ch型（M32:1）　8. D型（M67:3）

Ⅰ式　1件。M41：9，浅盘，豆盘底部略下凹（图二二八，3；彩版二一，2）。

Ⅱ式　1件。M24：3，豆盘略深，小平底（图二二八，4；彩版二一，3）。

Cf型　1件。M41：5，平沿，碗形盘，平直壁，平底向外有凸棱（图二二八，5；彩版二一，4）。

Cg型　1件。M16：6，极浅豆盘（图二二八，6；彩版二一，5）。

Ch型　1件。M32：1，豆盘圆唇外凸，斜壁，平底（图二二八，7；彩版二一，6）

D型　1件。M67：3，矮粗豆柄（图二二八，8）。

7. 双耳罐

26件。均为泥质陶，绝大部分为灰陶，少量为黑陶，个别为黑褐陶、红陶和黄褐陶。轮制，器表素面，部分磨光，少量饰凹弦纹和篮纹。双耳，平底。除1件无法分型外，余分为六型。

A型　8件。高领，侈口，大口，大底，体态较胖。根据体态分为两亚型。

Aa型　6件。矮胖。根据双耳和腹部特征分为四式。演变趋势为双耳逐渐加大，折腹位置逐渐下移。

Ⅰ式　1件。M47：2，小双耳，折腹位置靠上，下腹斜收（图二二九，1；彩版二二，1）。

Ⅱ式　1件。M48：1，双耳较大，折腹位置居中，下腹斜收（图二二九，2；彩版二二，2）。

Ⅲ式　2件。M21：2（图二二九，3；彩版二二，3、4）、M42：4（图二二九，4；彩版二三，1），双耳更大，折腹位置居中下部，下腹微外凸弧。

Ⅳ式　2件。M14：2（图二二九，5）、M50：2（图二二九，6；彩版二三，2），大双耳，折腹位置居下，下腹微外凸弧形。

Ab型　2件。瘦高。根据双耳和腹部特征分为两式。演变趋势为双耳逐渐加大，折腹位置逐渐下移。

Ⅰ式　1件。M2：1，小双耳，折腹位置靠上，下腹微外凸弧形（图二二九，7；彩版二三，3）。

Ⅱ式　1件。M36：2，双耳更大，折腹位置居中下部，下腹微内弧形腹（图二二九，8；彩版二三，4）。

B型　9件。高领，领部较直，圆鼓腹。根据整体形态分为三亚型。

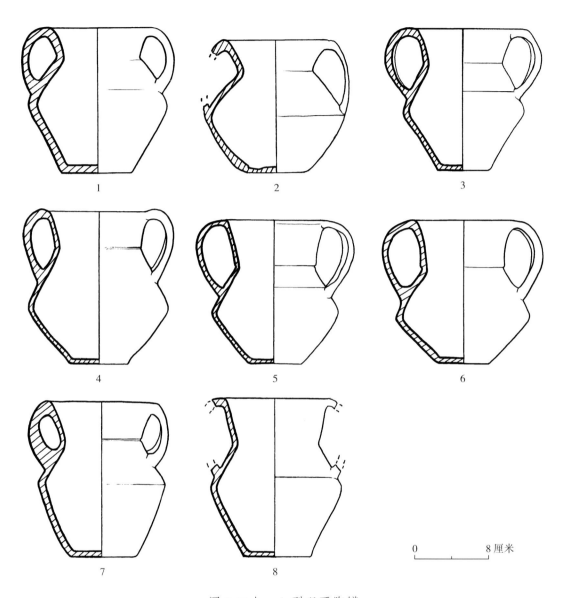

图二二九 A 型双耳陶罐

1. Aa 型 I 式（M47：2） 2. Aa 型 II 式（M48：1） 3、4. Aa 型 III 式（M21：2、M42：4） 5、6. Aa
型 IV 式（M14：2、M50：2） 7. Ab 型 I 式（M2：1） 8. Ab 型 II 式（M36：2）

　　Ba 型 3 件。形体瘦高，长鼓腹，颈部较细，口径和底径大致相当。根据下
腹特征分为三式。演变趋势为由弧腹外凸到弧腹内凹。

　　I 式 1 件。M61：2，下腹弧腹外凸（图二三〇，1；彩版二四，1）。

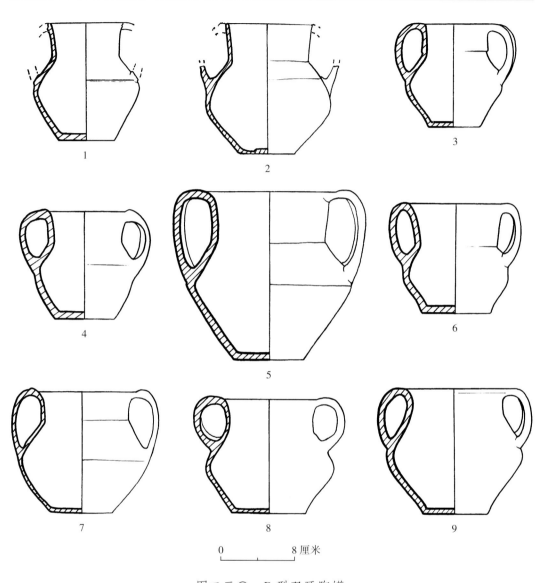

图二三○　B型双耳陶罐

1. Ba 型Ⅰ式（M61：2）　2. Ba 型Ⅱ式（M26：2）　3. Ba 型Ⅲ式（M37：3）　4. Bb 型Ⅰ式（M63：3）
5. Bb 型Ⅱ式（M15：2）　6. Bb 型Ⅲ式（M28：3）　7. Bc 型Ⅰ式（M53：1）　8. Bc 型Ⅱ式（M24：4）
9. Bc 型Ⅲ式（采集：1）

　　Ⅱ式　1件。M26：2，下腹微内凹（图二三○，2；彩版二四，2）。

　　Ⅲ式　1件。M37：3，下腹内凹（图二三○，3；彩版二四，3）。

　　Bb 型　3件。形体较胖，圆鼓腹，颈部较粗，口径大于底径。根据下腹特征分为三式。演变趋势为由弧腹外凸到弧腹内凹。

　　Ⅰ式　1件。M63：3，下腹弧腹外凸（图二三〇，4；彩版二四，4）。

　　Ⅱ式　1件。M15：2，下腹微斜直（图二三〇，5；彩版二五，1）。

　　Ⅲ式　1件。M28：3，下腹内凹（图二三〇，6；彩版二五，2）。

　　Bc型　3件。形体矮胖，扁鼓腹，颈部较粗，口径大于底径。根据下腹特征分为三式。演变趋势为由弧腹外凸到弧腹内凹，颈部逐渐变短。

　　Ⅰ式　1件。M53：1，高直颈，下腹弧腹外凸（图二三〇，7；彩版二五，3）。

　　Ⅱ式　1件。M24：4，中直颈，下腹微内凹（图二三〇，8；彩版二五，4）。

　　Ⅲ式　1件。采集：1，矮直颈，下腹内凹。圆唇，侈口，溜肩，圆鼓腹，平底，口和肩之间装对称桥形耳。口径11、腹径14.4、底径7.2、高13.2厘米（图二三〇，9；彩版二六，1）。

　　C型　4件。高领，小侈口或直口，上腹圆鼓，下腹急收，大口，小底。根据腹部特征分为四式。演变趋势为由弧腹外凸到弧腹内凹。

　　Ⅰ式　1件。M31：4，下腹斜直（图二三一，1；彩版二六，2）。

　　Ⅱ式　1件。M23：3，下腹微内凹（图二三一，2；彩版二六，3）。

　　Ⅲ式　1件。M25：4，下腹内凹（图二三一，3；彩版二六，4）。

　　Ⅳ式　1件。M62：2，下腹内凹明显，底外凸（图二三一，4；彩版二六，5）。

　　D型　2件。泥质红陶，薄胎。直领，小耳，长鼓腹。根据腹部特征分两式。

　　Ⅰ式　1件。M5：1，下腹斜直（图二三一，5）。

　　Ⅱ式　1件。M29：1，下腹微内凹（图二三一，6；彩版二七，1~3）。

　　E型　1件。M52：1，双大耳，喇叭形口，高领，鼓肩，腹斜直（图二三一，7；彩版二七，4）。

　　F型　1件。M20：1，双大耳，直高领，斜肩，腹斜直（图二三一，8；彩版二八，1）。

8. 单耳罐

　　40件。绝大部分为夹砂陶，个别为泥质陶和砂质陶。多数为黑褐色，也有少量灰色和黑灰色，个别为黄褐色、灰褐色和红褐色。器表多饰绳纹，个别为篮纹和素面。手制，不甚规整，形式多样，形体较小。除4件无法分型外，余分为八型，其中A、B、C、D、E、F、G七型单耳位于口部和中腹之间，而H型的单耳位于

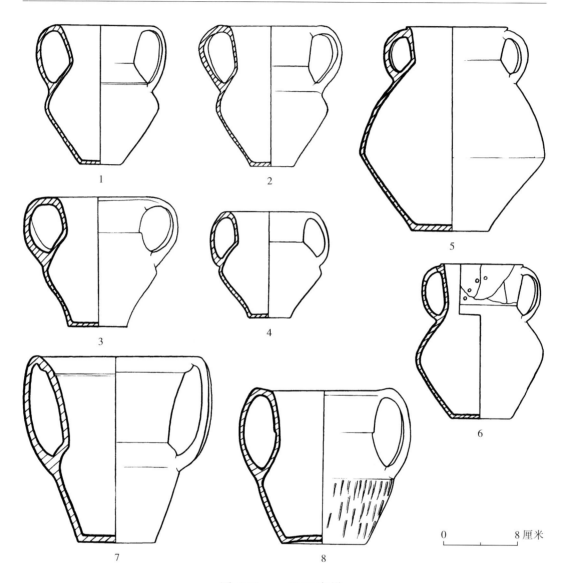

图二三一   双耳陶罐

1. C 型 I 式（M31：4）   2. C 型 II 式（M23：3）   3. C 型 III 式（M25：4）   4. C 型 IV 式（M62：2）
5. D 型 I 式（M5：1）   6. D 型 II 式（M29：1）   7. E 型（M52：1）   8. F 型（M20：1）

中腹部。

A 型   8件。高领，形体较高、较胖，高 12.5～19 厘米。根据领部特征分为三亚型。

Aa 型   4件。侈口，束颈，体瘦高。根据腹部特征分为四式。演变趋势为由弧腹外凸到弧腹内凹，耳逐渐缩小。

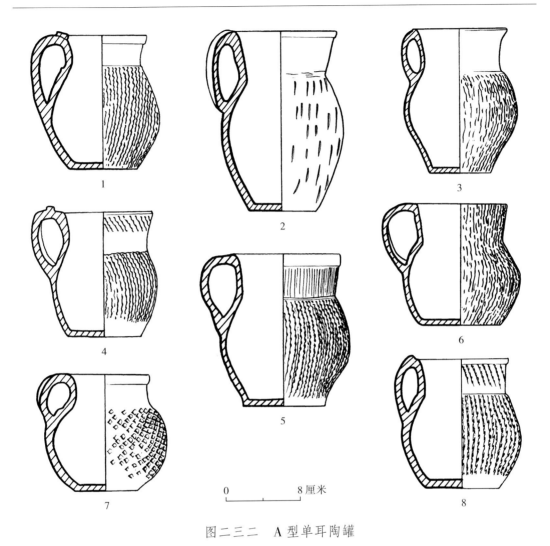

图二三二　A型单耳陶罐

1. Aa 型 I 式（M2：2）　2. Aa 型 II 式（M19：2）　3. Aa 型 IV 式（M12：1）　4. Ab 型 I 式（M31：1）
5. Aa 型 III 式（M36：7）　6. Ab 型 II 式（M8：2）　7. Ac 型 I 式（M39：1）　8. Ac 型 II 式（M46：3）

　　I 式　1件。M2：2，下腹微凸弧，大耳（图二三二，1；彩版二八，2）。

　　II 式　1件。M19：2，下腹斜收，中型耳（图二三二，2；彩版二八，3）。

　　III 式　1件。M36：7，下腹微内弧，中型耳（图二三二，5；彩版二八，4）。

　　IV 式　1件。M12：1，下腹内弧，小耳（图二三二，3；彩版二九，1）。

　　Ab 型　2件。侈口，束颈，体矮胖。根据腹部特征分为两式。演变趋势为腹最大径下移。

Ⅰ式　1件。M31:1，腹最大径居中（图二三二，4；彩版二九，2）。

Ⅱ式　1件。M8:2，腹最大径位于下腹（图二三二，6；彩版二九，3）。

Ac型　2件。直口，束颈，体矮胖。根据腹部特征分为两式。演变趋势为腹最大径下移。

Ⅰ式　1件。M39:1，腹最大径居中（图二三二，7；彩版二九，4）。

Ⅱ式　1件。M46:3，腹最大径位于下腹（图二三二，8；彩版三〇，1）。

B型　6件。侈口，中高领，形体较小，高10.2~14.3厘米。分为两亚型。

Ba型　4件。形体矮胖。根据肩部特征分为三式。演变趋势为肩部逐渐鼓起，腹部由瘦到鼓。

Ⅰ式　1件。M56:2，溜肩，腹部瘦高（图二三三，1；彩版三〇，2）。

Ⅱ式　2件。M15:3（图二三三，2；彩版三〇，3）、M16:3（图二三三，3；彩版三〇，4），肩部略鼓，腹部略鼓。

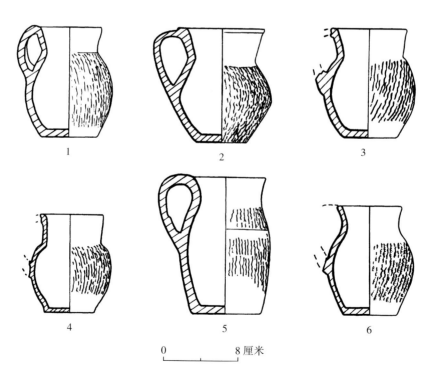

图二三三　B型单耳陶罐

1.Ba型Ⅰ式（M56:2）　2、3.Ba型Ⅱ式（M15:3、M16:3）　4.Ba型Ⅲ式（M36:6）　5.Bb型Ⅰ式（M24:2-1）　6.Bb型Ⅱ式（M25:1）

Ⅲ式　1件。M36：6，鼓肩，腹部圆鼓（图二三三，4；彩版三一，1）。

Bb型　2件。形体瘦高。根据肩部、腹部特征分为两式。演变趋势为肩部逐渐鼓起，腹部由瘦到鼓。

Ⅰ式　1件。M24：2-1，溜肩，腹部瘦高（图二三三，5；彩版三一，2）。

Ⅱ式　1件。M25：1，肩部略鼓，腹部略鼓（图二三三，6；彩版三一，3）。

C型　14件。矮领，形体较小，高8~12厘米。根据领部特征分为四亚型。

Ca型　4件。侈口，束颈较甚，细颈。根据最大腹径位置分为四式。演变趋势为最大腹径逐渐下移。耳变小。

Ⅰ式　1件。M67：1，最大径靠上，大耳（图二三四，1；彩版三一，4）。

Ⅱ式　1件。M58：2，最大腹径居中偏上，耳较大（图二三四，2；彩版三二，1）。

Ⅲ式　1件。M59：2，最大腹径居中偏上，耳较大（图二三四，3；彩版三二，2）。

Ⅳ式　1件。M62：5，最大腹径靠下（图二三四，4；彩版三二，3）。

Cb型　2件。侈口，束颈较小，粗颈。根据腹部和耳特征分为两式。演变趋势为最大径逐渐下移，耳变小。

Ⅰ式　1件。M31：3，最大径居中，大耳（图二三四，5；彩版三二，4）。

Ⅱ式　1件。M26：1，最大径靠下（图二三四，6；彩版三二，5）。

Cc型　6件。直口。根据肩部特征分为五式。演变趋势为肩部逐渐鼓起。

Ⅰ式　1件。M47：1，溜肩（图二三四，7；彩版三三，1）。

Ⅱ式　2件。M51：6（图二三四，8；彩版三三，2）、M52：4（图二三四，9；彩版三三，3），肩部略鼓。

Ⅲ式　1件。M49：2，肩部略鼓较小（图二三四，10；彩版三三，4）。

Ⅳ式　1件。M5：2，肩部略鼓较大（图二三四，11；彩版三三，5）。

Ⅴ式　1件。M28：2，鼓肩（图二三四，12；彩版三三，6）。

Cd型　2件。敛口。根据腹部特征分为两式。演变趋势为最大径逐渐下移。

Ⅰ式　1件。M64：5，最大腹径偏上（图二三四，13；彩版三四，1）。

Ⅱ式　1件。M20：3，最大腹径居中（图二三四，14；彩版三四，2）。

D型　4件。无颈，敛口。根据形体特征分两亚型。

图二三四 C型单耳陶罐

1. Ca 型Ⅰ式（M67：1） 2. Ca 型Ⅱ式（M58：2） 3. Ca 型Ⅲ式（M59：2） 4. Ca 型Ⅳ式（M62：5）
5. Cb 型Ⅰ式（M31：3） 6. Cb 型Ⅱ式（M26：1） 7. Cc 型Ⅰ式（M47：1） 8、9. Cc 型Ⅱ式（M51：6、M52：4） 10. Cc 型Ⅲ式（M49：2） 11. Cc 型Ⅳ式（M5：2） 12. Cc 型Ⅴ式（M28：2） 13. Cd 型Ⅰ式（M64：5） 14. Cd 型Ⅱ式（M20：3）

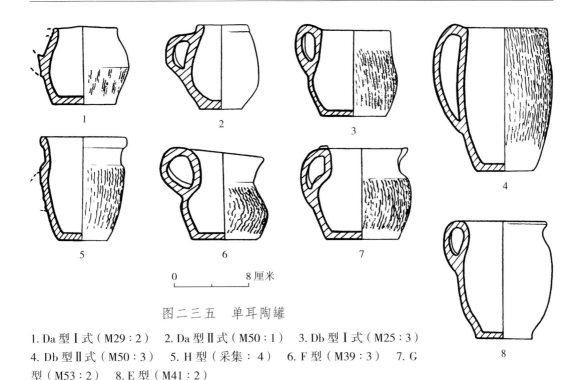

图二三五　单耳陶罐

1. Da 型 Ⅰ 式（M29∶2）　2. Da 型 Ⅱ 式（M50∶1）　3. Db 型 Ⅰ 式（M25∶3）
4. Db 型 Ⅱ 式（M50∶3）　5. H 型（采集∶4）　6. F 型（M39∶3）　7. G
型（M53∶2）　8. E 型（M41∶2）

Da 型　2 件。形体小。根据腹部特征，分为两式。演变趋势为最大径逐渐下移。

Ⅰ式　1 件。M29∶2，最大腹径偏上（图二三五，1；彩版三四，3）。

Ⅱ式　1 件。M50∶1，最大腹径居中（图二三五，2；彩版三四，4）。

Db 型　2 件。形体较大。根据腹部特征，分为两式。演变趋势为腹径渐小。

Ⅰ式　1 件。M25∶3，腹部略鼓（图二三五，3；彩版三四，5）。

Ⅱ式　1 件。M50∶3，腹部较直（图二三五，4；彩版三四，6）。

E 型　1 件。M41∶2，凸底（图二三五，8；彩版三五，1）。

F 型　1 件。M39∶3，斜口（图二三五，6；彩版三五，2）。

G 型　1 件。M53∶2，带流（图二三五，7；彩版三五，3、4）。

H 型　1 件。采集∶4，单耳位于中腹部。厚圆唇，微侈口，束颈，起小肩，小弧腹，平底。口径 9.2、底径 5.6、高 11.2 厘米（图二三五，5；彩版三五，5）。

9. 花边罐

4 件。均为夹砂陶，陶色有黑褐色、黄褐色和灰色。颈部饰花边形附加堆纹，其下饰绳纹。分为三型。

A 型　2件。高领，侈口较小。根据颈部和肩部特征分为两式。演变趋势为领部逐渐变矮，肩部逐渐鼓起。

Ⅰ式　1件。M57：1，领部较长，溜肩（图二三六，1）。

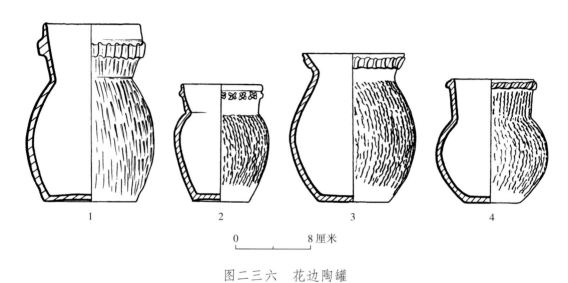

图二三六　花边陶罐

1. A 型 Ⅰ 式（M57：1）　2. A 型 Ⅱ 式（M24：5-1）　3. B 型（M14：5）　4. C 型（采集：3）

Ⅱ式　1件。M24：5-1，领部较短，鼓肩（图二三六，2；彩版三六，1）。

B 型　1件。M14：5，矮领，侈口，束颈（图二三六，3；彩版三六，2、3）。

C 型　1件。采集：3，高直领。圆唇，口微敛，溜肩，圆鼓腹，平底。口径8.4、腹径12、底径6.2、高13.2厘米（图二三六，4；彩版三六，4）。

10. 鼓腹罐

2件。夹砂陶，为黑褐色和灰色。大口，腹部圆鼓。器表饰绳纹和方格纹。根据口部特征分为两式。演变趋势为口部由敞口变为侈口，由无颈到短颈。

Ⅰ式　1件。M67：4，敞口，斜直领，束颈（图二三七，1；彩版三七，1）。

Ⅱ式　1件。M60：1，侈口，短直颈（图二三七，2；彩版三七，2）。

11. 长腹罐

2件。泥质陶和砂质陶，黑褐色和灰色。大口，侈沿，长腹。根据下腹特征分为两式。下腹部演变趋势为由斜收到内凸弧形。

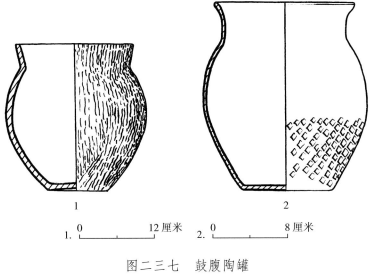

1.　0　　　　　12厘米　　2.　0　　　　　8厘米

图二三七　鼓腹陶罐

1. Ⅰ式（M67：4）　2. Ⅱ式（M60：1）

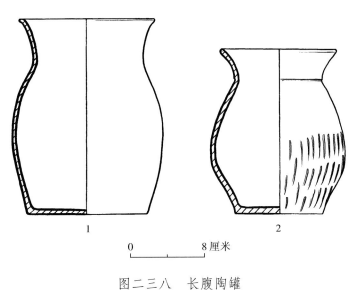

0　　　　　8厘米

图二三八　长腹陶罐

1. Ⅰ式（M45：2）　2. Ⅱ式（M24：1）

Ⅰ式　1件。M45：2，下腹斜收（图二三八，1；彩版三七，3）。

Ⅱ式　1件。M24：1，下腹内凸弧形（图二三八，2；彩版三七，4）。

12. 折腹罐

3件。泥质陶。大口，侈沿，束颈，折腹。素面。分为两型。

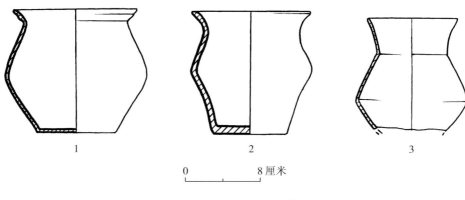

1　　　　　　　　　2　　　　　　　　3

0　　　　　8厘米

图二三九　折腹陶罐

1.A型Ⅰ式（M55：2）　2.A型Ⅱ式（M61：1）　3.B型（M64：2）

A型　2件。矮领。根据下腹特征分为两式。下腹演变趋势为由斜收到内凹弧形。

Ⅰ式　1件。M55：2，下腹斜收（图二三九，1；彩版三八，1）。

Ⅱ式　1件。M61：1，下腹内凹（图二三九，2；彩版三八，2）。

B型　1件。M64：2，高领（图二三九，3；彩版三八，3）。

13. 碗

6件。均为泥质陶。多数为灰色，少数为灰褐色。绝大部分为素面，个别器表有不规则划纹。器形多样，分为四型。

A型　3件。喇叭口形敞口，腹壁内弧，平底。根据器高分为三式。演变趋势为由瘦高向矮胖方向发展。

Ⅰ式　1件。M33：3，瘦高（图二四〇，1；彩版三八，4）。

Ⅱ式　1件。M15：1，较为矮胖（图二四〇，2；彩版三八，5）。

Ⅲ式　1件。M14：8，矮胖（图二四〇，3；彩版三八，6）。

B型　1件。M64：3，直口，微弧腹（图二四〇，4；彩版三九，1）。

C型　1件。M14：6，侈口，上腹斜收，中腹圆折，下腹内凸弧形（图二四〇，5；彩版三九，2）。

D型　1件。M18：1，斜口外敞，斜直壁（图二四〇，6）。

14. 杯

5件。均为泥质陶。为灰色和黄褐色。多数为素面，纹饰有方格纹和篮纹。根据耳的数量分为三型。

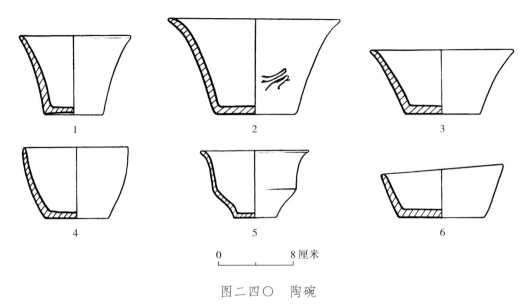

图二四〇 陶碗

1. A 型 I 式（M33：3） 2. A 型 II 式（M15：1） 3. A 型 III 式（M14：8） 4. B 型（M64：3）
5. C 型（M14：6） 6. D 型（M18：1）

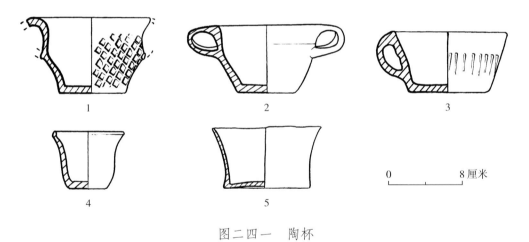

图二四一 陶杯

1. Aa 型（M67：2） 2. Ab 型（M58：1） 3. B 型（M59：4） 4. C 型 I 式（M51：5）
5. C 型 II 式（M12：2）

A 型 2 件。双耳。根据腹部特征分为两亚型。

Aa 型 1 件。M67：2，曲腹（图二四一，1；彩版三九，3）。

Ab 型 1 件。M58：1，外凸弧腹（图二四一，2；彩版三九，4）。

B 型 1 件。M59：4，单耳（图二四一，3；彩版三九，5）。

C 型　2件。无耳，束腰，敞口。根据胖瘦分为两式。演变趋势为由瘦高向矮胖方向发展。

Ⅰ式　1件。M51：5，形体较瘦（图二四一，4；彩版三九，6）。

Ⅱ式　1件。M12：2，形体较胖（图二四一，5；彩版四〇，1）。

15.壶

6件。均为泥质陶。多数为灰色，少数为黄褐色。器表有篮纹、方格纹、凹弦纹、彩绘等，也有素面。器形多样，分为六型。

A 型　1件。M56：1，直口，高直领，鼓肩，圆鼓腹（图二四二，1；彩版四〇，2）。

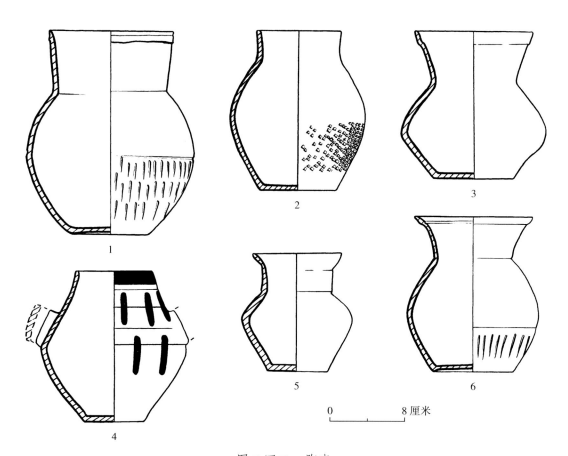

图二四二　陶壶

1.A 型（M56：1）　2.B 型（M39：2）　3.C 型（M52：2）　4.D 型（M58：3）　5.E 型（M43：1）
6.F 型（M62：1）

B 型　1件。M39：2，直口，高直领，溜肩，圆鼓腹（图二四二，2；彩版四〇，3）。

C 型　1件。M52：2，敞口，斜直领，束颈，斜肩，中腹圆折，下腹斜收（图二四二，3；彩版四〇，4）。

D 型　1件。M58：3，直口，斜肩，中腹圆折，下腹斜收（图二四二，4；彩版四一）。

E 型　1件。M43：1，侈口，高直颈，斜肩，中腹圆折，下腹斜收（图二四二，5；彩版四二，1）。

F 型　1件。M62：1，侈口，斜直领，束颈，溜肩，圆鼓腹（图二四二，6；彩版四二，2）。

16. 小罐

7件。均为夹砂陶。绝大多数是黑褐陶，个别为黑陶。多数器表饰有绳纹，少数为素面。器形较小，高在 13.2 厘米以下。均为手制。分为七型。

A 型　1件。M66：2，直口，矮直颈，溜肩，微鼓腹（图二四三，1；彩版四

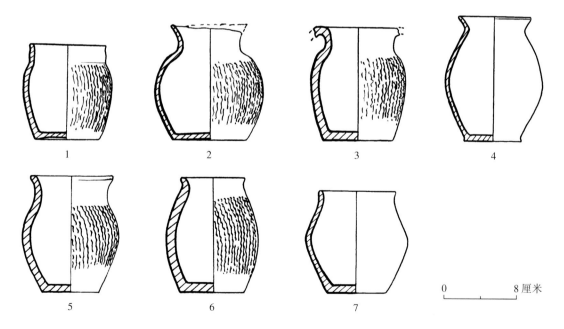

图二四三　小陶罐

1. A 型（M66：2）　2. B 型（M64：4）　3. C 型（M16：8）　4. D 型（M4：2）　5. E 型（M34：3）
6. F 型（M14：10）　7. G 型（M62：4）

二，3）。

B 型　1件。M64：4，侈口，束颈，鼓肩，圆鼓腹（图二四三，2；彩版四二，4）。

C 型　1件。M16：8，侈口，口部饰对称长形纽，矮直颈，微鼓肩，下腹斜收（图二四三，3；彩版四二，5）。

D 型　1件。M4：2，敞口，斜直口沿，溜肩，鼓腹，底外凸（图二四三，4；彩版四三，1）。

E 型　1件。M34：3，侈口，矮直领，溜肩，鼓腹（图二四三，5；彩版四三，2）。

F 型　1件。M14：10，侈口，束颈，溜肩，鼓腹（图二四三，6；彩版四三，3）。

G 型　1件。M62：4，直口，溜肩，中腹圆折，下腹斜收（图二四三，7；彩版四三，4）。

17. 器盖

6件。均利用陶片二次制作而成。分为三型。

A 型　2件。M22：1（图二四四，1；彩版四四，1）、M24：5-2（图二四四，2），圆形陶片。

B 型　2件。M51：3（图二四四，3）、M52：3（图二四四，4），不规则形陶片。

C 型　2件。M16：5（图二四四，5）、M24：2-2（图二四四，6），圆形器底。

18. 簋

1件。M32：3，喇叭口，微鼓腹，高圈足，双耳（图二四五，6；彩版四四，2）。

19. 筒形器

1件。M58：4，侈口，直腹，高圈足，双耳（图二四五，4；彩版四四，3）。

20. 盆

1件。H23：1，厚唇，敞口，斜直壁（图二四五，2）。

21. 瓢

1件。H24：1，敛口，折肩，斜直腹，有腰隔，对称鸡冠錾（图二四五，5）。

22. 三足瓮

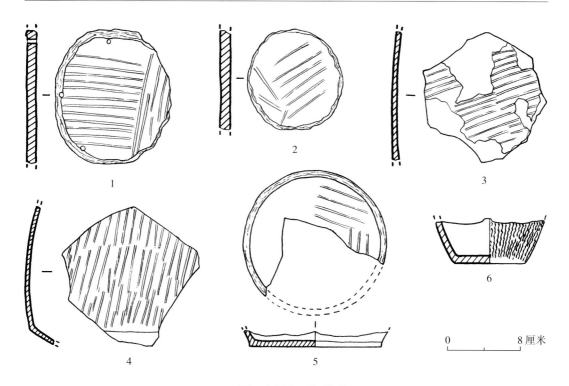

图二四四　陶器盖

1、2. A 型（M22：1、M24：5-2）　3、4. B 型（M51：3、M52：3）　5、6. C 型（M16：5、M24：2-2）

1 件。H39：1，只残存一足（图二四五，3）。

23. 纺轮

1 件。M67：6，圆饼形，中部有一个圆孔（图二四五，1；彩版四四，4）。

24. 钵

1 件。M57：2，方唇，敛口，斜肩，中腹圆折，下腹斜直，平底（图二四六，3；彩版四五，1）。

25. 鼎

1 件。H23：2，敞口，斜直壁，圜底，圆锥状足，双大耳（图二四六，4；彩版四五，2）

26. 陶丸

2 件。T5 ③：1（图二四六，2；彩版四五，3）、H10：3（图二四六，1；彩版四五，4），圆球形，形体小。

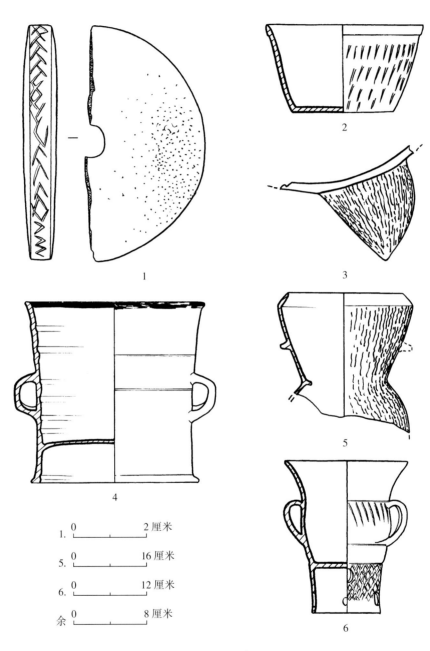

图二四五　陶器

1. 纺轮（M67：6）　　2. 盆（H23：1）　　3. 三足瓮（H39：1）　　4. 筒形器（M58：4）
5. 甑（H24：1）　　6. 簋（M32：3）

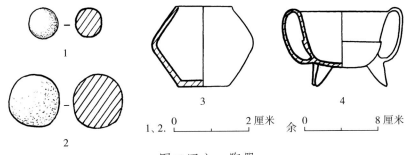

图二四六　陶器

1、2.陶丸（H10：3、T5③：1）　3.钵（M57：2）　4.鼎（H23：2）

27. 残陶器

13件。因残破，不知器形。如M1：1（彩版四五，5）、M18：2（彩版四六，1）、M34：2（彩版四六，2）、M38：1（彩版四六，3）、G1：1（彩版四六，4）。

二　石器

共计有11件，占遗物总数的4.26%。均为磨制而成，器类有钺、刀、球、镞、珠。

1. 石钺

1件。H37：1，平面呈梯形，顶部窄，刃部宽，上部有一个穿孔，扁平（图二四七，1）。

2. 石刀

1件。H12：2，梯形，顶部宽而厚，刃部窄而薄，中部有一个穿孔（图二四七，2）。

3. 石球

1件。M67：5，圆球形，器表凹凸不平，不甚规整（图二四七，6；彩版四七，1）。

4. 石镞

1件。M13：1，凹底三角形（图二四七，3）。

5. 绿松石珠

7件。绿松石质，中部钻孔。M41：4，6件。形制相同，扁圆体，中部粗，两端细（图二四七，4；彩版四七，2、3）。M23：6，1件，梯形柱体（图二四七，5；彩版四七，4、5）。

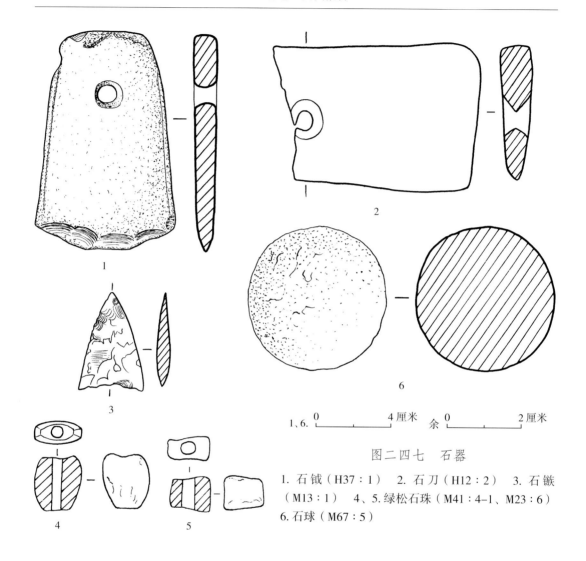

1、6. 0 —— 4 厘米　余 0 —— 2 厘米

图二四七　石器

1. 石钺（H37∶1）　2. 石刀（H12∶2）　3. 石镞（M13∶1）　4、5.绿松石珠（M41∶4-1、M23∶6）　6.石球（M67∶5）

三　骨器

共计有 19 件，占遗物总数的 7.36%。器类有凿、刀、锥、针、管、环、饰品、骨片和卜骨，锥的数量最多，其次为环，其余数量较少。

1. 骨凿

1件。F2①∶1，一端保留骨关节，一端磨出刃（图二四八，13；彩版四七，6）。

2. 骨刀

1件。H12∶5，器体扁平，两侧磨出刃（图二四八，7）。

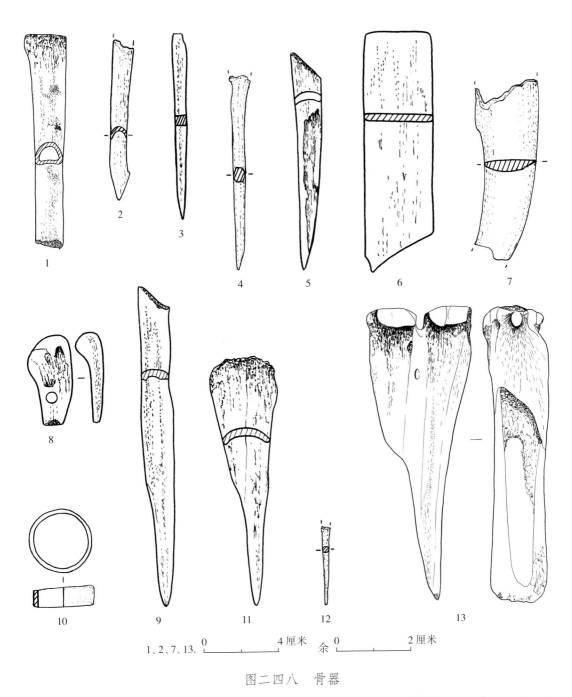

1、2、7、13. |0_____4厘米 余 0_____2厘米

图二四八 骨器

1. 管（F2②：3） 2. C 型锥（H12：3） 3. B 型锥（H12：1） 4. D 型锥（H12：6） 5、9、11.
A 型锥（H10：2、H10：4、H10：1） 6. 骨片（H12：4） 7. 刀（H12：5） 8. 饰品（H12：7）
10. 环（M23：7-1） 12. 针（F2②：4） 13. 凿（F2①：1）

3. 骨锥

6 件。利用骨头形状磨制而成，形式多样，分为四型

A 型　3 件。H10：1（图二四八，11；彩版四七，7）、H10：2（图二四八，5；彩版四八，1）、H10：4（图二四八，9；彩版四八，2），上部一面内凹，一面凸起。下部为扁圆形。

B 型　1 件。H12：1，上部为方形，下部为圆形（图二四八，3）。

C 型　1 件。H12：3，一面凸起，一面内凹（图二四八，2）。

D 型　1 件。H12：6，圆锥形（图二四八，4）。

4. 骨针

1 件。F2②：4，扁圆锥形（图二四八，12）。

5. 骨管

1 件。F2②：3，圆柱形（图二四八，1；彩版四八，3）。

6. 骨环

5 件。M23：7-1，圆环形（图二四八，10；彩版四八，4）。

7. 骨饰品

1 件。H12：7，水滴形，中部钻孔（图二四八，8）。

8. 骨片

1 件。H12：4，长方形，扁平（图二四八，6）。

9. 卜骨

2 件。用猪肩胛骨制成，H10：5，中部有一个钻孔，先钻后灼（图二四九，1）。H10：6，中部有一个椭圆形灼痕（图二四九，2）。

第三节　第一阶段遗存分期

一　第一阶段遗存分期

根据第一阶段陶器演变轨迹，将第一阶段遗存划分为二期 4 段，第 1 段和第 2 段为第一期，第 3 段和第 4 段为第二期。

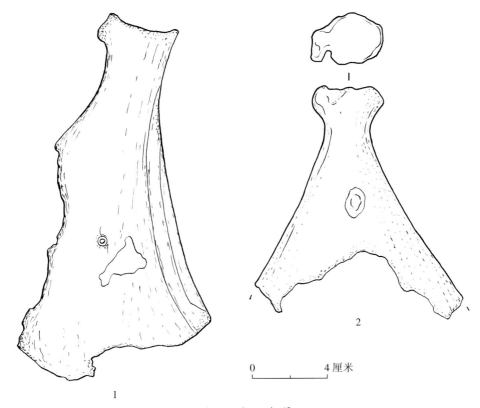

图二四九　卜骨

1. H10：5　2. H10：6

（一）遗迹单位分期、分段

根据 F2 居住面上出土陶器，将其归入第一期第 1 段。灰坑和灰沟出土陶片较少，能分期、分段陶器较少，H23、H24 归入第一期第 1 段，H37 归入第二期第 4 段。墓葬出土陶器较多，陶器演变比较清楚。第一期第 1 段有 15 座，分别是 M2、M31、M33、M39、M45、M47、M51、M52、M53、M55、M56、M63、M64、M66、M67。第一期第 2 段有 9 座，分别是 M4、M11、M15、M16、M19、M22、M48、M49、M58。第二期第 3 段有 13 座，分别是 M5、M20、M21、M23、M24、M26、M32、M36、M41、M42、M59、M60、M61。第二期第 4 段有 10 座，分别是 M8、M12、M14、M25、M28、M29、M37、M46、M50、M62。期段不明墓葬有 19 座，分别是 M1、M3、M6、M7、M9、M10、M13、M17、M18、M27、M30、M34、M35、M38、M43、M44、M54、M57、M65（表四）。

表四 第一阶段遗迹分期表

期	段	遗迹单位
一期	第1段	F2、H23、H24、M2、M31、M33、M39、M45、M47、M51、M52、M53、M55、M56、M63、M64、M66、M67
	第2段	M4、M11、M15、M16、M19、M22、M48、M49、M58
二期	第3段	M5、M20、M21、M23、M24、M26、M32、M36、M41、M42、M59、M60、M61
	第4段	H37、M8、M12、M14、M25、M28、M29、M37、M46、M50、M62
不明	不明	H10、H12、H14、H17、H18、H19、H20、H21、H22、H25、H26、H27、H28、H29、H30、H31、H32、H33、H34、H35、H36、H38、H39、H40、G1、G2、G3、G4、G5、G6、M1、M3、M6、M7、M9、M10、M13、M17、M18、M27、M30、M34、M35、M38、M43、M44、M54、M57、M65

（二）陶器分期、分段

根据鬲、盉、斝、尊、折肩罐、豆、双耳罐、单耳罐、花边罐、圆腹罐、长腹罐、折腹罐、碗、杯、小罐、壶、器盖、鼎、甗、三足瓮、簋、筒形器、盆、钵、纺轮、陶丸等陶器演变的型式划分，将第一阶段陶器分为二期4段。

第1段陶器有AⅠ式、BⅠ式、C型单把鬲，Ⅰ式花边鬲，錾耳鬲，AaⅠ式盉，AⅠ式、BⅠ式尊，AⅠ式、BⅠ式折肩罐，AaⅠ式、AbⅠ式、BaⅠ式、BbⅠ式、BbⅡ式、BcⅠ式、BcⅡ式、CaⅠ式、CbⅠ式、Cg型豆，AaⅠ式、BbⅠ式、BcⅠ式、CⅠ式双耳罐，AaⅠ式、AbⅠ式、AcⅠ式、BaⅠ式、CaⅠ式、CbⅠ式、CcⅠ式、CcⅡ式、CdⅠ式、F型、G型单耳罐，AⅠ式、C型花边罐，Ⅰ式鼓腹罐，Ⅰ式长腹罐，AⅠ式、B型折腹罐，AⅠ式、B型碗，Aa型、CⅠ式杯，A型、B型、C型壶，A型、B型小罐，盆，钵，甗，鼎，纺轮。

第2段陶器有AⅡ式鬲，AaⅡ式、AbⅠ式盉，A型斝，AⅡ式、BⅡ式尊，AⅡ式、CⅠ式折肩罐，AaⅡ式、BaⅡ式、BdⅠ式豆，AaⅡ式、BbⅡ式、CⅡ式双耳罐，AaⅡ式、BaⅡ式、CaⅡ式、CcⅢ式单耳罐，AⅡ式碗，Ab型杯，D型壶，C型、D型小罐，筒形器。

第3段陶器有AⅢ式、BⅡ式单把鬲，AⅢ式、BⅠ式盉，B型斝，AⅢ式、BⅢ式、CⅠ式尊，AⅢ式、BⅡ式、CⅡ式、D型、E型折肩罐，AaⅢ式、AbⅡ式、

Bb Ⅲ式、Bc Ⅲ式、Bd Ⅱ式、Be Ⅰ式、Bf 型、Ca Ⅱ式、Cc Ⅰ式、Cd Ⅰ式、Ce Ⅰ式、Ce Ⅱ式、Cf 型、Ch 型豆，Aa Ⅲ式、Bc Ⅱ式、C Ⅲ式双耳罐，Aa Ⅲ式、Ba Ⅲ式、Ca Ⅲ式、Cb Ⅱ式、Cc Ⅳ式、Cd Ⅱ式、E 型单耳罐，A Ⅱ式花边罐，Ⅱ式鼓腹罐，Ⅱ式长腹罐，A Ⅱ式折腹罐，D 型碗，B 型杯，E 型壶，E 型小罐，簋。

第 4 段陶器有 A Ⅳ式单把鬲，Ab Ⅱ式、B Ⅱ式盉，Ⅱ式花边鬲，A Ⅳ式、B Ⅳ式、C Ⅱ式尊，A Ⅳ式、B Ⅲ式、C Ⅲ式折肩罐，Aa Ⅳ式、Ab Ⅲ式、Bd Ⅲ式、Be Ⅱ式、Cb Ⅱ式、Cc Ⅱ式、Cd Ⅱ式豆，Aa Ⅳ式、Bb Ⅲ式、Bc Ⅲ式、C Ⅳ式双耳罐，Aa Ⅳ式、Ab Ⅱ式、Ac Ⅱ式、Ca Ⅳ式、Cc Ⅴ式、Da Ⅰ式、Da Ⅱ式、Db Ⅰ式、Db Ⅱ式单耳罐，B 型花边罐，A Ⅲ式、C 型碗，C Ⅱ式杯，F 型壶，F 型、G 型小罐。

陶器中鬲、盉、斝等三足器变化敏感，演变序列清晰。尊、折肩罐、豆、双耳罐、单耳罐变化较为敏感，演变序列较为清晰。花边罐、鼓腹罐、长腹罐、折腹罐、碗、杯数量少，演变序列不连贯。小罐、壶、器盖数量不多，类型各异，演变序列不清。盆、钵、簋、鼎、三足瓮、筒形器、纺轮、陶丸数量极少，不能看出演变轨迹。

综合陶器演变规律，将典型陶器演变过程归纳成陶器分期图（图二五〇）。

二 第一期陶器特征

鬲、盉、斝无实足根和矮实足根。尊为卷口和喇叭口。折肩罐高肩。豆柄下缘无凸棱。双耳罐、单耳罐、长腹罐、折腹罐下腹微外凸或斜直。花边罐领部较长，溜肩。鼓腹罐敞口，斜直领，束颈。碗、杯瘦高。

（一）第 1 段陶器特征

鬲、盉无实足根。平卷沿尊。折肩罐喇叭口，高肩。豆柄下缘无凸棱。双耳罐和单耳罐下腹微外凸弧。长腹罐、折腹罐下腹斜直。花边罐领部较长，溜肩。鼓腹罐敞口，斜直领，束颈。碗、杯瘦高。

（二）第 2 段陶器特征

鬲、盉、斝矮实足根。喇叭口尊。折肩罐中喇叭口，肩部较高。豆柄下缘无凸棱。双耳罐和单耳罐下腹斜直。碗、杯较为瘦高。

器形	单把鬲		花边鬲	盉	
期段	A 型	B 型		Aa 型	Ab 型
一期 1 段	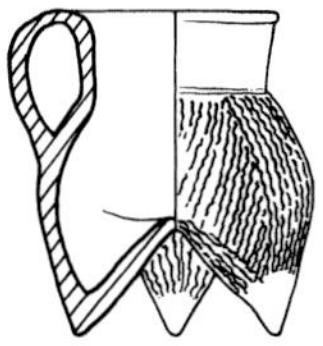 I 式（M33：2）	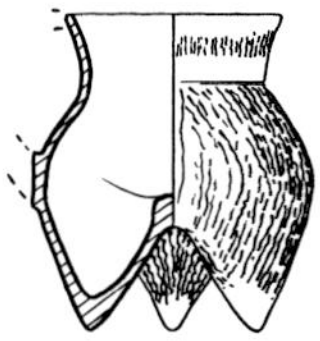 I 式（M51：4）	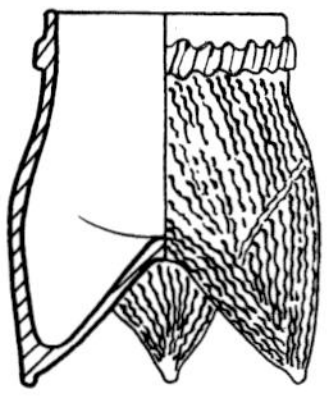 I 式（M63：1）	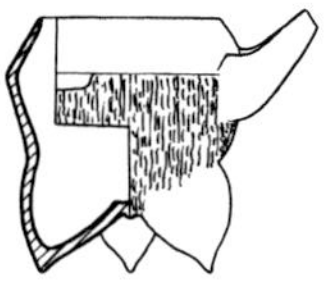 I 式（M66：1）	
一期 2 段	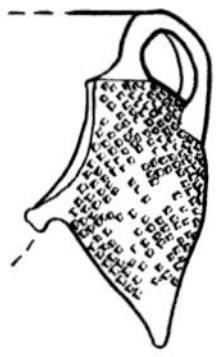 II 式（M11：3）			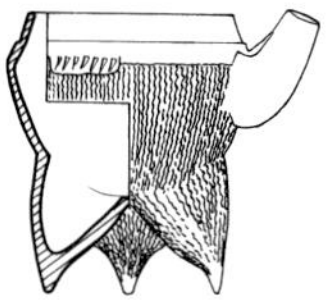 II 式（M11：4）	 I 式（M48：2）
二期 3 段	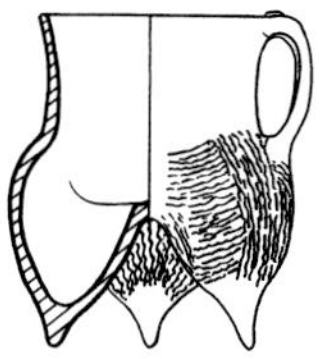 III 式（M36：3）	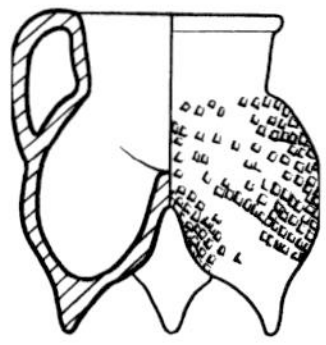 II 式（M42：5）		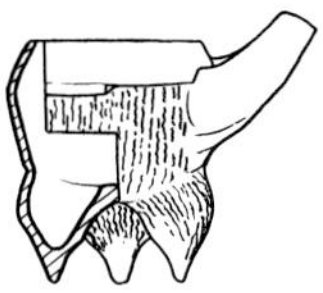 III 式（M41：7）	
二期 4 段	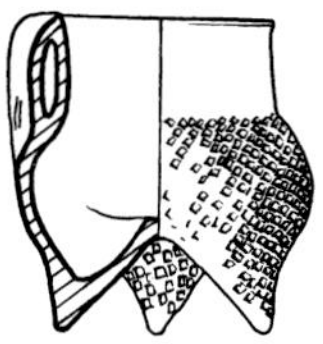 IV 式（M14：3）		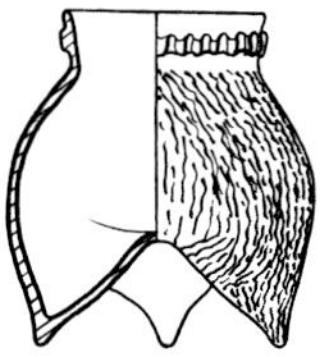 II 式（H37：2）		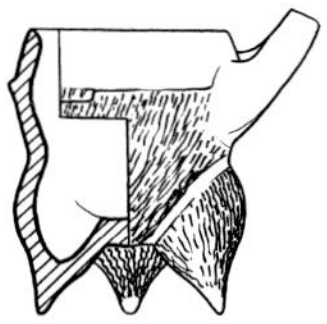 II 式（M28：1）

图二五〇 A　典型

盉	尊	折肩罐		
B 型	A 型	A 型	B 型	C 型
	I 式（M33：1）	I 式（M51：1）	I 式（M66：4）	
	II 式（M59：6）	II 式（M4：3）		I 式（M16：7）
I 式（M42：6）	III 式（M41：1）	III 式（M23：4）	II 式（M21：3）	II 式（M36：1）
II 式（M37：7）	IV 式（M37：6）	IV 式（M14：7）	III 式（M37：1）	III 式（M25：5）

陶器分期图（一）

器形	豆			双耳罐	
期段	Aa 型	Bd 型	Ca 型	Aa 型	Bb 型
一期　1段	I 式（M64：6）		I 式（M51：2）	I 式（M47：2）	I 式（M63：3）
一期　2段	II 式（M58：5）	I 式（M49：1）		II 式（M48：1）	II 式（M15：2）
二期　3段	III 式（M41：8）	II 式（M28：4）	II 式（M60：3）	III 式（M21：2）	
二期　4段	IV 式（M25：2）	III 式（M14：9）		IV 式（M14：2）	III 式（M28：3）

图二五○ B　典型

双耳罐		单耳罐		
Bc 型	C 型	Aa 型	Ba 型	Ca 型
Ⅰ式（M53：1）	Ⅰ式（M31：4）	Ⅰ式（M2：2）	Ⅰ式（M56：2）	Ⅰ式（M67：1）
	Ⅱ式（M23：3）	Ⅱ式（M19：2）	Ⅱ式（M15：3）	Ⅱ式（M58：2）
Ⅱ式（M24：4）	Ⅲ式（M25：4）	Ⅲ式（M36：7）	Ⅲ式（M36：6）	Ⅲ式（M59：2）
Ⅲ式（采集：1）	Ⅳ式（M62：2）	Ⅳ式（M12：1）		Ⅳ式（M62：5）

陶器分期图（二）

三　第二期陶器特征

鬲、盉、斝高实足根和高实足根外撇。尊为敞口。折肩罐低肩。豆柄下缘有凸棱。双耳罐、单耳罐、长腹罐、折腹罐下腹内凸弧形。花边罐领部较短和鼓肩。鼓腹罐侈口和短直颈。碗、杯矮胖。

（一）第 3 段陶器特征

鬲、盉、斝高实足根。尊大敞口。折肩罐小喇叭口，肩部较低。豆柄下缘有小凸棱。双耳罐和单耳罐下腹微内凸弧。长腹罐、折腹罐下腹内凸弧形。花边罐领部较短和鼓肩。鼓腹罐侈口，短直颈。碗、杯较为矮胖。

（二）第 4 段陶器特征

鬲实足根高而外撇。敞口尊。折肩罐敞口，低肩。豆柄下缘凸棱明显。双耳罐和单耳罐下腹内凸弧形。碗、杯矮胖。

第五章　第二阶段遗存

第二阶段只清理出一条灰沟（G7）遗迹，以及采集到少量陶器。

第一节　第二阶段遗迹

G7　位于发掘区东部，TG38～TG42 中部，东部压在土梁下，未发掘。开口在 TG38～TG42 ①层下，打破 M37、M38、M39、M41、M42 和生土层。发掘部分平面形状为长条形，两端略窄，中部略宽，壁和底呈锅底状。发掘长 2240、宽 140～200、深 60 厘米（图二五一）。填土为黑灰土，松软，包含少量夹砂灰色篮纹陶片和附加堆纹陶片，器形有陶鬲和瓮等。

第二节　第二阶段遗物

第二阶段遗物较少，只有陶器，器形有鬲、甗、瓮等，均为手制。

蛇纹鬲　1件。G7：1，夹砂灰陶。圆唇，敞口，高领，束颈，下部残。口沿外饰两个对称圆形纽，其间用细附加堆纹连接。口径 14、残高 6 厘米（图

图二五一　G7 平、剖面图

北

0 ————— 400 厘米

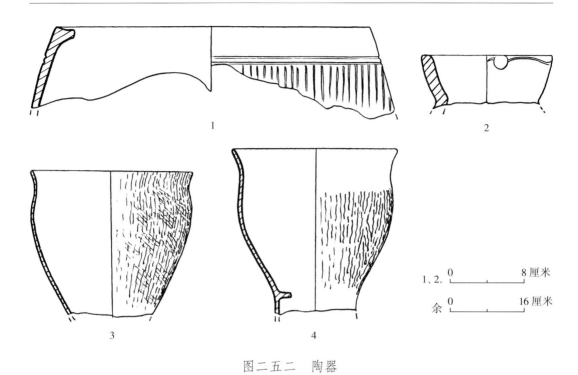

图二五二　陶器

1.瓮（G7:2）　2.蛇纹鬲（G7:1）　3、4.甗（采集：6、采集：7）

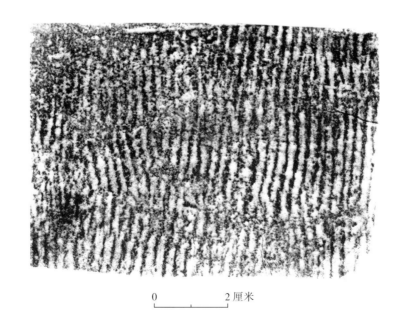

图二五三　绳纹拓片（采集：7）

二五二，2）。

　　瓮　1件。G7：2，夹砂灰陶。圆唇内折，敛口，下部残。口沿下饰两周凹弦纹，其下饰竖向篮纹。口径34、残高9厘米（图二五二，1）。

　　甗　2件。采集：6，夹砂灰陶。方唇，侈口，束颈，弧腹，上部呈盆形，下部残。唇上饰平行压印短纹，器表饰绳纹。口径35.2、残高31.2厘米（图二五二，3）。采集：7，夹砂黄褐陶。圆唇，侈口，束颈，弧腹，上部呈盆形，中部细腰，有腰隔，下部残。颈部素面，以下饰竖向绳纹。口径35.5、残高34.9厘米（图二五二，4，图二五三；彩版四八，5）。

第六章 结 语

第一节 遗存特征

一 第一阶段遗存特征

1989 年发掘的第一阶段遗存丰富，遗迹有房屋、灰坑、灰沟和墓葬，遗物以陶器为主，还有少量石器和骨器。

房屋为半地穴式建筑，平面呈凸字形，斜坡式梯形门道，长方形地面灶位于房屋一侧，居住面中部有一个圆形柱洞。

灰坑形状多样，平面有圆形、椭圆形和不规则形，还有一些形状不明。圆形灰坑中有直壁平底、袋状平底、直壁斜底。椭圆形灰坑有斜壁平底、直壁平底、锅底状。不规则形灰坑有直壁平底、斜壁平底。不明形状灰坑有锅底状、直壁平底、弧壁平底、袋状平底、斜直壁底不平、斜壁平底，以及一侧斜直壁、一侧袋状、平底七种。

灰沟长条形，长度较短，宽度较窄，深度浅，规模比较小。剖面凹凸不平，形制不规整。

墓葬形制有竖穴墓、土洞墓、二层台墓、壁龛墓四种。主要是竖穴墓和土洞墓，二层台墓数量较少，个别为壁龛墓。竖穴墓分为长方形竖穴墓、梯形竖穴墓、长条形竖穴墓三种结构。土洞墓分为竖穴半洞室墓、竖穴全洞室墓两种结构。二层台墓分为一边二层台墓、两边二层台墓、一角有二层台墓、四角有二层台墓四种结构。壁龛墓是在西壁南端挖半圆形龛。葬式以单人葬为主，双人葬数量较少，还有个别四人葬、五人葬和空墓。以仰身葬为主，侧身葬数量较少，还有少量俯身葬，还有少量墓葬葬式不明。墓葬多数为东北方向，少数为西北方向。尸骨多数面向上，少数面向左右两侧，面向下数量最少，也有少数面向不明。少数墓葬有木质木框。大多数墓葬有随葬品，少数墓葬无随葬品。随葬品中绝大部分放置于脚下，少部分放置在头周围和下肢周围。随葬品数量1~14件，多数2~4件。随葬品中绝大部分是陶器，少量是石器和骨器。陶器基本组合为单耳罐、双耳罐、折肩罐、豆，还有少量单把鬲、盉、斝、簋、尊、碗、杯、罐、壶、筒形器、纺轮等，多用残破陶器作器盖。石器和骨器种类有石镞、石球、绿松石珠、骨环等。少量墓葬有殉牲，殉牲一般放置在墓坑底部，个别放置在填土中。殉牲种类有狗、羊、猪、马，除狗为完整的外，其他殉牲都是动物的一部分，有羊下颌骨、猪下颌骨、猪和羊的肋骨和肢骨，以及马牙，还有不明何种动物的骨头等。有的墓葬附近有祭祀坑，发现1座祭祀坑（H11）内埋葬1具完整猪。

陶器以泥质陶数量最多，夹砂陶数量居其次，个别为砂质陶。多数为灰色陶，褐色陶数量较多，黑色陶数量较少，红色陶数量最少。灰色陶以浅灰色数量占绝大多数，黑灰色数量较少。褐色陶中以黑褐色为主，黄褐色数量较多，个别为灰褐色和红褐色。黑色陶包括黑陶和黑皮陶两种，黑陶数量较多，黑皮陶数量较少。陶系中以泥质灰陶数量最多，其次是夹砂黑褐陶，再次是夹砂灰陶，其余陶系数量较少。器表多数装饰纹饰，少部分为素面。凹弦纹和绳纹数量最多，其次是篮纹和镂孔，方格纹、附加堆纹、三角形坑纹、小泥饼、平行斜线纹、平行竖线纹、平行横线纹、圆形坑纹数量较少，朱色彩绘、折线纹、凸棱纹、横向不规则排列划纹、斜向划纹、菱形纹、成组短平行线纹、波折纹、长条形坑纹、交叉划纹、不规则划纹数量最少。以单一种纹饰数量最多，两种复合纹饰数量其次，三种复合纹饰数量较少，四种复合纹饰数量最少。篮纹、镂孔、凹弦纹多饰在泥质陶上，绳纹多饰在夹砂陶上，泥质陶上素面较多。篮纹多竖向，少斜向，印痕较浅，有宽有窄。绳纹中多数没经抹光，印痕清晰，少部分抹光后印痕较浅。豆柄上多装饰镂孔，形状有圆形、椭圆形、三角形。附加堆纹装饰在夹砂鬲和罐的口沿上，压印成花边形。陶器以轮制为主，手制数量较多，模制数量最少。器形种类丰富，有豆、单耳罐、双耳罐、折肩罐、鬲、尊、小罐、杯、盉、壶、碗、器盖、花边罐、折腹罐、鼓腹罐、长腹罐、斝、陶丸、鼎、甗、三足瓮、簋、筒形器、盆、钵、纺轮等，其中豆和单耳罐数量最多，双耳罐、折肩罐、鬲、尊数量较多，其余器形数量较少。

石器和骨器数量较少,均采用磨制方法。石器种类有钺、刀、球、镞、珠。骨器器类有凿、刀、锥、针、管、环、饰品、骨片和卜骨。

二   第二阶段遗存特征

1989年发掘的第二阶段遗存数量少,遗迹只发现一条灰沟,遗物只有4件陶器。灰沟不规整,规模小。陶器有夹砂灰陶和黄褐陶,纹饰有绳纹、篮纹、凹弦纹、圆形泥饼、附加堆纹,器形有蛇纹鬲、敞口盆形甗、内折沿瓮等。

第二节   遗存年代

一   第一阶段遗存年代

白敖包遗址出土的第一阶段遗存中敛口甗、三足瓮、大口尊等陶器在大口遗址[1]第二期文化中都能找到相近似形制的陶器,白敖包遗址第一阶段与大口二期时间相当。

白敖包遗址的墓葬与朱开沟遗址[2]原报告中的1~4段土坑墓葬在墓葬形制、随葬品和殉牲等诸多方面有较多共性,两者年代应该相当。白敖包遗址居住址中的半地穴式房屋和双鋬鬲、花边鬲、敛口甗、三足瓮、敞口盆等陶器,都能在朱开沟遗址的居住址(原报告的1~4段)中找到相同或相近陶器,两者存在时间大致相当。朱开沟遗址共有六个碳-14测年,其中两个偏早太多,应予剔除,还有四个碳-14测年,树轮校正后年代分别是公元前1875~前1673年、公元前1731~前1521年、公元前1599~前1427年、公元前1527~前1408年[3]。碳-14测年在公元前1875~前1408年,相当于夏代早期偏晚阶段和夏代晚期以及商代早期。

白敖包遗址第一阶段遗存中半地穴式凸字形房屋、土坑竖穴墓,以及单把鬲、双鋬鬲、敛口甗、三足盉、三足瓮、折肩罐、粗柄豆、细柄豆、大口尊等陶器都能

---

[1]吉发习、马耀圻:《内蒙古准格尔旗大口遗址的调查与试掘》,《考古》1979年第4期。

[2]内蒙古自治区文物考古研究所、鄂尔多斯博物馆:《朱开沟——青铜时代早期遗址发掘报告》,文物出版社,2000年。

[3]中国社会科学院考古研究所:《中国考古学中碳十四数据集(1965~1991)》,文物出版社,1991年。

在寨峁遗址[1]找到相同或相近形制，两者所处时代大致相当。

白敖包遗址第一阶段遗存中双鋬鬲、单把鬲、三足盉、大口尊、折肩罐、粗柄豆、双耳罐、三足瓮、直口斝、侈口斝等陶器在石峁遗址[2]中均有相同器形，两者年代大致相当，石峁遗址年代确定在龙山时代晚期至夏代早期[3]。

白敖包遗址的第一阶段遗存中的半地穴式凸字形房屋和土坑竖穴墓，以及双鋬陶鬲、单把陶鬲、花边陶鬲、矮领肥足陶鬲、敛口陶甗、敛口陶斝、三足陶盉、三足陶瓮、大口陶尊、折肩陶罐、细柄陶豆、粗柄陶豆、敞口陶盆、双耳陶罐、梯形穿孔石刀、卜骨、骨锥等，在新华遗址[4]中均有形制相同的房址、墓葬、陶器、石器、骨器，两者年代应该相同。新华遗址分为早晚两期，早期年代相当于龙山晚期，晚期相当于夏代早期。新华遗址直领鬲（99H150：1）的足部无实足根，与白敖包遗址第一阶段遗存第一期1段三足器根部特征相同，新华遗址直领鬲（99H150：1）与白敖包遗址第一阶段遗存第一期1段年代相当。新华遗址早期单把鬲（99H3：6）矮实足根，与白敖包遗址第一阶段遗存第一期2段三足器根部特征相同，新华遗址早期单把鬲（99H3：6）与白敖包遗址第一阶段遗存第一期2段年代相当。新华遗址晚期斝（96H18③：20）高实足根，与白敖包遗址第一阶段遗存第二期3段三足器根部特征相同，新华遗址晚期斝（96H18③：20）与白敖包遗址第一阶段遗存第二期3段年代相当。新华遗址晚期双鋬鬲（96H27：1）高实足根外撇，与白敖包遗址第一阶段遗存第二期4段三足器根部特征相同，新华遗址晚期双鋬鬲（96H27：1）与白敖包遗址第一阶段遗存第二期4段年代相当。白敖包遗址的第一阶段遗存早晚两期与新华遗址的早晚两期大致相互对应。新华遗址两个碳-14测年是距今4030±120年和3940±120年[5]，年代大约在距今4200~3800

［1］陕西省考古研究所：《陕西神木县寨峁遗址发掘简报》，《考古与文物》2002年第3期。

［2］戴应新：《陕西神木县石峁龙山文化遗址调查》，《考古》1977年第3期；西安半坡博物馆：《陕西神木石峁遗址调查试掘简报》，《史前研究》1983年第2期；陕西省考古研究院、榆林市文物考古勘探工作队、神木县文体局：《陕西神木县石峁遗址》，《考古》2013年第7期。

［3］陕西省考古研究院、榆林市文物考古勘探工作队、神木县文体局：《陕西神木县石峁遗址》，《考古》2013年第7期。

［4］陕西省考古研究所、榆林市文物保护研究所：《神木新华》，科学出版社，2005年。

［5］陕西省考古研究所、榆林市文物保护研究所：《神木新华》，科学出版社，2005年，第269~272页。

年，早期年代在距今 4200~4000 年，晚期年代在距今 4000~3800 年。白敖包遗址的第一阶段遗存分为两期 4 段，共计经历大约 400 年时间，每一段经历大约 100 年时间。白敖包遗址的第一阶段第一期与新华遗址早期时间大体同时，年代大致相当于龙山晚期；第二期与新华遗址晚期时间大体同时，年代大致相当夏代早期。

二　第二阶段遗存年代

白敖包遗址第二阶段出土的甗、鬲、瓮，均在朱开沟遗址有形制相同或相近陶器。白敖包遗址采集：6 和朱开沟遗址 W2005：1，均为敞口甗，束颈，上腹圆鼓，下腹斜直，两者上部形制相同。白敖包遗址采集：7 和朱开沟遗址 W2012：1，均为侈口甗，束颈，上腹微鼓，下腹斜直，腰部较细，两者上部形制相近似。白敖包遗址出土蛇纹鬲（G7：1），口沿沿面内凹，口沿外侧饰蛇纹和圆形纽，与朱开沟遗址出土的蛇纹鬲（W2004：2、QH79：4、H4006：2、M4020：1）口部特征相同。白敖包遗址出土的敛口瓮，口沿内折，与朱开沟遗址 W1001：1 瓮的口部特征相同。

敞口和侈口甗、蛇纹鬲、敛口内折沿瓮是朱开沟遗址原报告第五段中典型陶器，敞口和侈口甗在晋中太谷白燕四期一段中出现，年代在夏代晚期[1]，白敖包遗址第二阶段的敞口和侈口甗年代与之相当。朱开沟遗址原报告第五段中出土二里岗上层文化典型的青铜戈、镞、鼎、爵和陶鬲、簋、豆等器物[2]，朱开沟遗址原报告第五段年代与二里岗上层文化年代相当，在商代早期，距今 3600~3300 年。

通过以上比较分析，白敖包遗址第二阶段年代在夏代晚期至商代早期，年代距今大约 3800~3300 年。

第三节　遗存性质和命名

一　河套地区新石器时代晚期至青铜时代早期文化性质讨论

本书河套地区大致包括内蒙古中南部、陕西北部、山西西北部，大致范围在阴

---

[1] 许伟：《晋中地区西周以前古遗存的编年与谱系》，《文物》1989 年第 4 期。
[2] 王立新：《早商文化研究》，高等教育出版社，1998 年。

山以南，延河以北，贺兰山以东，洋河以西。

1962 年内蒙古历史研究所调查大口遗址[1]，1973 年试掘了大口遗址后，发掘者把大口遗址第五层和第六层命名为"大口第一期文化"，把第四层和第三层命名为"大口第二期文化"。大口第一期文化年代相当于客省庄二期文化，"大口第二期文化"年代被确定早于偃师二里头早商文化，晚于客省庄二期文化。"大口第二期文化"分布在南流黄河两岸及其支流台地上。

20 世纪 70~80 年代，内蒙古自治区文物考古研究所对朱开沟遗址进行了五次大规模发掘，发掘者田广金先生把遗址遗存看作一种文化，命名为"朱开沟文化"，划分五段，年代从龙山时代晚期至商代早期。北界在阴山南麓，南界在沿吕梁山至晋中以北和陕北地区，西界在贺兰山，东界在张家口附近[2]。

朱开沟遗址发掘以来，对朱开沟遗址遗存的性质学术界看法不一，众说纷纭。

杨泽蒙先生作为《朱开沟——青铜时代早期遗址发掘报告》编著者之一，完全支持田广金先生的观点[3]。韩建业先生虽然把朱开沟遗址遗存作为一种文化——"朱开沟文化"，但其年代确定在二里头文化一期至殷墟二期之间，地域也从内蒙古中南部、陕北、晋北和冀北，扩展到晋中地区[4]。

李伯谦先生、杨杰先生、王连葵先生、乌恩岳斯图先生把朱开沟遗址分为龙山时代和夏商时期两部分遗存，龙山时代遗存归入新石器时代，夏商时期遗存作为"朱开沟文化"的内涵[5]。

张忠培先生将朱开沟遗址遗存分为三大堆，第一大堆是遗址第一堆（以鬲手离

[1] 内蒙古历史研究所：《内蒙古中南部黄河沿岸新石器时代遗址调查》，《考古》1965 年第 10 期，第 487~497 页，元圪垯旦即大口遗址。

[2] 内蒙古文物考古研究所：《内蒙古朱开沟遗址》，《考古学报》1988 年第 3 期。

[3] 杨泽蒙：《朱开沟文化因素分析及与周邻地区考古学文化的关系》，《岱海考古（二）——中日岱海地区考察研究报告集》，科学出版社，2001 年。

[4] 田广金、韩建业：《朱开沟文化研究》，《考古学研究》（五）上册，科学出版社，2003 年。

[5] 李伯谦：《丰硕成果——新的课题》，《内蒙古中南部原始文化研究文集》，海洋出版社，1991 年；杨杰：《晋陕冀北部及内蒙古中南部龙山时代考古学文化初探》，《内蒙古中南部原始文化研究文集》，海洋出版社，1991 年；王连葵：《河套和岱海地区夏商时期文化初探》，《内蒙古中南部原始文化研究文集》，海洋出版社，1991 年；乌恩岳斯图：《论朱开沟文化》，《考古学集刊》（第 16 集），科学出版社，2006 年。

为代表）和第二堆（以高领鬲为代表），第二大堆是墓葬第一堆和第二堆，第三大堆是遗址第三堆（以卷沿袋足鬲为代表）和墓葬第三堆，三大堆文化特征、面貌和性质不同，年代在龙山晚期至殷墟二期。第一大堆和第二大堆同时存在一个地区，一种可能是时间上前后关系，另一种可能是生居死葬关系[1]。

崔璇先生把朱开沟遗址陶器划分为甲、乙、丙、丁四组陶器群。甲组陶器代表器形是单耳鬲，共存陶器有双耳罐、单耳罐、单耳碗、豆、簋、盉、折肩罐、花边罐等，与客省庄二期文化双庵遗址近似，年代为龙山文化阶段，分布在朱开沟遗址及其以南的内蒙古中南部。乙组代表器形是錾手鬲和篮纹三足瓮，共存陶器有内折口瓿和罍等，年代为夏代，分布在内蒙古中南部的南部边缘和晋西吕梁山区及陕北地区，称为"大口二期文化"。丙组代表陶器有棱纹鬲（蛇纹鬲）和绳纹三足瓮，共存陶器有侈沿盆、盆形瓿、带纽罐和鼓腹罐等，年代为早商，分布范围北起阴山，南至窟野河水系的上源，西自包头，东达河北张家口，称为"朱开沟文化"。丁组陶器为花边鬲类，年代为晚商，分布在朱开沟遗址附近的内蒙古中南部和陕北地区[2]。

吕智荣先生同意把崔璇先生丙类陶器称为"朱开沟文化"，所处时代上限早到二里头文化四期偏晚阶段，下限约与殷墟商文化二期相当，主要分布在鄂尔多斯高原至岱海地区，与商文化和李家崖文化并存且相互影响的古文化[3]。

后来，魏坚先生和崔璇先生共同对朱开沟遗址遗存又进行了划分，把崔璇先生原先划分的丁组归入甲组，由原来的四组重新归为三类，分别为"客省庄文化""大口二期文化"和"朱开沟文化"三种不同文化，认为朱开沟遗址"客省庄文化"接近于"双庵类型"，年代在龙山文化晚期。"大口二期文化"分布在鄂尔多斯东南部、陕北、晋西北和晋中吕梁山区，年代在夏的纪年范围内。"朱开沟文化"分布北起阴山南北，南至窟野河，西自鄂尔多斯腹地，东至洋河流域，盛行于夏至早商时期，延续到晚商以至两周。"大口二期文化"和"朱开沟文化"在内蒙古中南部地区南北共存[4]。

[1]张忠培等：《内蒙古西部地区原始文化座谈会发言辑录》，《内蒙古文物考古》第四期，1986年。
[2]崔璇：《朱开沟遗址陶器试析》，《考古》1991年第4期。
[3]吕智荣：《朱开沟文化相关问题研究》，《华夏考古》2002年第1期。
[4]魏坚、崔璇：《内蒙古中南部原始文化的发现与研究》，《内蒙古文物考古文集》（第一辑），中国大百科全书出版社，1994年。

《朱开沟——青铜时代早期遗址发掘报告》出版后，王乐文先生将朱开沟遗址遗存分为甲、乙两类[1]。也就是把张忠培先生的第一大堆和第二大堆、崔璇先生的甲类陶器和乙类陶器以及丁类陶器、魏坚先生的第一种文化和第二种文化合为甲类，认为遗址和墓葬两者是生居死葬的关系，年代在龙山文化晚期至夏代早期，主要分布在内蒙古鄂尔多斯高原的东南部、陕北和晋西北。乙类就是张忠培先生的第三大堆、魏坚先生的第三种文化和崔璇先生的丙类陶器，称为朱开沟文化，年代在夏代晚期至商代早期，分布在伊金霍洛旗、准格尔旗、清水河县和凉城县岱海地区，以及山西省西北地区。

赵菊梅女士也同意王乐文先生把朱开沟遗址遗存分为两类，分别称为 A、B 两类，A 类年代在龙山时代晚期至夏代晚期，主要分布在内蒙古包头地区、伊金霍洛旗、准格尔旗和陕北的榆林地区，B 类年代在夏代中期到商代早期，主要分布在内蒙古中南部的伊金霍洛旗、准格尔旗、清水河县和凉城岱海地区。两者在夏代中期和晚期共存，A 类遗存分布偏西偏南，B 类遗存分布偏东偏北，并在伊金霍洛旗和准格尔旗一带有所交叉[2]。

白敖包遗址第一阶段遗存的房址为半地穴式凸字形房屋，墓葬以长方形竖穴土坑墓和土洞墓为主，陶器组合为单把鬲、双錾鬲、花边鬲、敛口甗、三足盉、三足瓮、折肩罐、大口尊、单耳罐、双耳罐、粗柄豆、细柄豆等，与朱开沟遗址甲类遗存内涵相同。白敖包遗址第二阶段遗存的敞口甗、蛇纹鬲和内折沿敛口瓮均属于朱开沟遗址乙类遗存范畴。

白敖包遗址第二阶段灰沟 G7 打破第一阶段墓葬 M37、M38、M39、M41、M42，从遗迹打破关系上证明了第一阶段早于第二阶段，第一阶段的朱开沟甲类遗存早于第二阶段朱开沟遗址乙类遗存。

综合目前河套地区已经发掘多处遗址的材料，龙山时代晚期至商代早期，分布着两类性质不同的考古学文化符合发掘资料实际情况，我们赞同王乐文先生对朱开沟遗址的遗存进行的甲、乙两类遗存的划分。甲类遗存以錾手鬲、单把鬲、敛口斜

---

[1] 王乐文：《朱开沟遗址出土遗存分析》，《北方文物》2004 年第 3 期；王乐文：《论朱开沟遗址出土的两类遗存》，《边疆考古研究》（第 3 辑），科学出版社，2004 年。

[2] 赵菊梅：《晋陕高原夏商时期考古学文化格局研究》，《公元前 2 千纪的晋陕高原与燕山南北》，科学出版社，2008 年。

腹甗、三足盉、三足瓮、折肩罐、双耳罐、单耳罐、大口尊、细柄豆、粗柄豆、花边罐等陶器为代表，乙类遗存以蛇纹鬲、敞口甗、三足瓮、侈沿盆、带组罐等陶器组合为代表。朱开沟遗址和白敖包遗址的地层和遗迹叠压打破关系也证明甲类遗存早于乙类遗存，甲类遗存年代在龙山时代晚期至夏代早期，乙类遗存年代在夏代晚期至商代早期。

二　河套地区新石器时代晚期至青铜时代早期文化命名问题

朱开沟遗址甲类遗存最早发掘遗址是大口遗址，试掘后发掘者命名了"大口第二期文化"，年代确定为夏代。邹衡先生把这类遗存归入到"光社文化"[1]，苏秉琦先生把这类遗存归入到"古北方文化"[2]。高天麟先生把这类遗存归入到"前套龙山文化"[3]，田广金先生先后把大口二期遗存归入"朱开沟文化"[4]或部分归入"老虎山文化"[5]中，李家崖遗址发掘以后吕智荣先生把大口二期遗存包括在"李家崖文化"[6]中。许永杰先生和卜工先生把这类遗存归入到"游邀文化"[7]中。

石峁遗址于1976年调查，1981年发掘，发掘者认为石峁遗存和客省庄二期文化关系密切，属于客省庄二期文化系统[8]，巩启明先生和魏世刚先生把石峁遗存作为客省庄二期文化一个地方类型——"石峁类型"[9]。张忠培先生根据石峁遗

[1]邹衡：《关于夏商时期北方地区诸临境文化的初步探讨》，《夏商周考古论文集》，文物出版社，1980年，第272页。

[2]苏秉琦：《谈"晋文化"考古》，《文物与考古文集》，文物出版社，1986年。

[3]高天麟：《黄河前套及其以南部分地区的龙山文化试析》，《史前研究》1986年第3、4期。

[4]内蒙古文物考古研究所：《内蒙古朱开沟遗址》，《考古学报》1988年第3期。

[5]田广金：《内蒙古中南部龙山时代文化遗存研究》，《内蒙古中南部原始文化研究文集》，海洋出版社，1991年。

[6]吕智荣：《试论李家崖文化的几个问题》，《考古与文物》1989年第4期。

[7]许永杰、卜工：《三北地区龙山文化研究》，《辽海文物学刊》1992年第1期。

[8]戴应新：《陕西神木县石峁龙山文化遗址调查》，《考古》1977年第3期；西安半坡博物馆：《陕西神木石峁遗址调查试掘简报》，《史前研究》1983年第2期。

[9]巩启明：《陕西新石器时代考古工作与研究》，《考古与文物》1988年第5、6期；魏世刚：《论客省庄二期文化与康家遗存》，《考古文物研究——纪念西北大学考古专业成立四十周年文集》，三秦出版社，1996年。

址出土陶鬲双鋬特点把石峁遗存归入永兴店文化[1]。韩建业先生把石峁遗址部分遗存归入老虎山文化"白草塔类型"[2]。

寨峁遗址于 1986 年调查，1991 年试掘，1993 年发掘，发掘者吕智荣先生把寨峁遗址第二期遗存命名为"寨峁文化"[3]。分布在陕晋北部和内蒙古中南部地区。年代在距今 4200~4100 年，相当于龙山时代晚期。

新华遗址于 1987 年调查，1996 年和 1999 年进行了两次发掘。发掘者之一孙周勇先生认为新华遗址是这一地区龙山时代晚期至夏代早期经过大面积发掘，性质单纯，文化内涵丰富的遗址，因此将这类遗存以新华遗址命名为"新华文化"，并经历了寨峁期、朱开沟期和新华期三个发展阶段[4]。后来他又把新华文化时间向前扩展到龙山时代中期，认为经历早晚两个发展阶段，早段经历了永兴店期和白草塔期，晚段经历了寨峁期、朱开沟期和新华期[5]。新华遗址发掘者之一的王炜林先生认为新华遗址一类遗存最早发现在大口遗址，以大口遗址命名为"大口文化"[6]，分布在内蒙古中南部、陕北、晋中。新华遗址年代在公元前 2150~ 前 1900 年，相当于龙山时代晚期至夏代早期。

以上文化的命名都有一定的合理性，客观上也都推动了对这类遗存的认识，但遗存命名过于杂乱，给学界造成了不必要的混乱，影响了考古学文化的深入研究，有必要进行重新梳理。

以大口遗址命名的"大口第二期文化""大口二期文化"和"大口文化"，包含的内涵、涉及的时间，以及分布地域都有差别。再者大口遗址没有进行过正式发掘，试掘面积小，出土遗存有限。基于以上原因，用大口遗址命名是不合适的。

张忠培先生认为以石峁遗址为代表的遗存虽然与客省庄文化相似，但属于不同文化系统[7]。把石峁遗存归入客省庄文化系统，并命名"客省庄文化石峁类型"

［1］张忠培：《杏花文化的侧装双鋬手陶鬲》，《中国陶鬲谱系研究》，故宫出版社，2014 年。

［2］韩建业：《中国北方地区新石器时代文化研究》，文物出版社，2003 年。

［3］吕智荣：《陕晋北部及内蒙古中南部地区龙山时代晚期遗存》，《考古与文物》2002 年第 3 期。

［4］孙周勇：《河套地区龙山时代考古学文化初步研究》，西北大学硕士学位论文，2002 年。

［5］孙周勇：《关于河套地区龙山时代考古学文化的几个问题》，《考古与文物》增刊，2002 年。

［6］陕西省考古研究所、榆林市文物保护研究所：《神木新华》，科学出版社，2005 年。

［7］张忠培：《客省庄文化及其相关问题》，《考古与文物》1980 年第 4 期。

是不科学的。

光社文化以山西太原光社遗址[1]命名，该遗址只经过调查，没有经过发掘，内涵不清。再者晋中和河套是两个不同文化区，用"光社文化"命名这两个地区考古遗存也不恰当，两地应分别命名考古学文化。

"古北方文化"和"前套龙山文化"均以地域命名，所指地域广泛，不符合遗存分布地域，也不符合考古学文化命名原则，两者命名均不可取。

"老虎山文化""游邀文化""寨峁文化""永兴店文化"的年代范围均在龙山时代，时间过短，而"新华文化""朱开沟文化"和"李家崖文化"的年代范围过长，"新华文化"的年代范围在龙山时代中期至夏代早期；"朱开沟文化"的年代范围在龙山时代晚期至商代早期，甚至延至两周；"李家崖文化"的年代范围在龙山晚期至西周中期。这些文化与朱开沟甲类遗存所包括的龙山晚期至夏代早期遗存在时间上有出入，用这些文化命名甲类遗存也不妥当。"老虎山文化"和"李家崖文化"的内涵与甲类遗存差别较大，属于年代、性质、分布地域不同的文化。"游邀文化"包括内蒙古中南部、陕北、晋中、晋北、冀北，范围大，内涵庞杂，性质有别，不同地区命名不同文化比较合适。"朱开沟文化"包含两类性质不同，年代有别，分布地域有别的遗存，应分别命名。

鉴于以上文化命名都存在这样或那样一些问题，为推进这一地区考古学文化深入研究，我们建议用经过正式发掘、发掘时间较早、发掘面积大、朱开沟甲类遗存丰富的白敖包遗址作为河套地区龙山晚期至夏代早期这类遗存的命名地——"白敖包文化"。

20 世纪二三十年代在内蒙古中南部就发现有蛇纹陶片[2]。1958 年在内蒙古清水河县白泥窑子遗址发现朱开沟乙类遗存，并复原一件蛇纹陶鬲[3]。60 年代沿黄河沿岸调查，在内蒙古准格尔旗沙峁圪旦和清水河县白泥窑子遗址再次发现乙类遗存[4]。

[1]寿田：《太原光社新石器时代遗址的发现与遭遇》，《文物参考资料》1957 年第 1 期。

[2]樋口隆康主编，蔡风书翻译：《中国考古学研究论文集》，东方书店，1990 年。

[3]汪宇平：《内蒙古清水河县白泥窑子村的新石器时代遗址》，《文物》1961 年第 9 期，第 13 页；内蒙古自治区文物考古研究所、鄂尔多斯博物馆：《朱开沟——青铜时代早期遗址发掘报告》，文物出版社，2000 年，第 286 页。

[4]内蒙古历史研究所：《内蒙古中南部黄河沿岸新石器时代遗址调查》，《考古》1965 年第 10 期。

70 年代在准格尔旗吕家坡和秦明圪台等遗址也发现朱开沟乙类遗存[1]。80 年代发掘白泥窑子遗址后崔璇先生和斯琴先生把这类遗存命名为"沙圪旦型遗存"[2]。朱开沟遗址发掘后田广金先生又把乙类遗存连同甲类遗存一并包括在"朱开沟文化"[3]中。90 年代以来，学界比较流行的观点是把朱开沟乙类遗存单独命名为朱开沟文化。我们认为朱开沟遗址发掘时间早、发掘面积大，朱开沟乙类遗存丰富，用朱开沟遗址命名乙类遗存符合考古学文化命名原则。

通过以上对龙山晚期至商代早期河套地区考古学文化遗存性质和文化名称的讨论，确立了这一地区新石器时代晚期至早期青铜时代的白敖包文化和朱开沟文化两种考古学文化，白敖包文化年代在龙山时代晚期至夏代早期，朱开沟文化时代在夏代晚期至商代早期。

第四节　遗存分布

一　白敖包文化分布

已经发掘的白敖包文化遗址有内蒙古自治区鄂尔多斯市准格尔旗大口、伊金霍洛旗白敖包、朱开沟及包头市西园[4]，陕西省榆林市神木县新华、寨峁、石峁。在内蒙古自治区鄂尔多斯市准格尔旗黑岱沟煤田矿区和陕西省榆林市神木县神府煤田的调查中均发现了多处白敖包文化遗址[5]，在准格尔旗的马栅沟、榆树湾、张家梁和陈家梁也有白敖包文化遗物出土[6]。

[1]崔璇、斯琴：《内蒙古中南部新石器至青铜时代文化初探》，《中国考古学会第四次年会论文集》，文物出版社，1985 年。

[2]崔璇、斯琴：《内蒙古中南部新石器至青铜时代文化初探》，《中国考古学会第四次年会论文集》，文物出版社，1985 年。

[3]内蒙古文物考古研究所：《内蒙古朱开沟遗址》，《考古学报》1988 年第 3 期。

[4]内蒙古社会科学院历史研究所、包头市文物管理处：《内蒙古包头西园遗址 1985 年的发掘》，《考古学集刊》（第 8 集），科学出版社，1994 年。

[5]内蒙古文物考古研究所、伊克昭盟文物工作站：《内蒙古准格尔煤田黑岱沟矿区文物普查述要》，《考古》1990 年第 1 期；吕智荣：《陕北神府煤田考古调查简报》，《文博》1997 年第 5 期。

[6]吉发习、马耀圻：《内蒙古准格尔旗大口遗址的调查与试掘》，《考古》1979 年第 4 期。

从白敖包文化遗址分布看，白敖包文化分布在内蒙古中南部和陕西北部，其范围北起阴山，南到陕北，主要分布在鄂尔多斯高原东部和陕北高原北部。

二 朱开沟文化分布

经过发掘的朱开沟文化遗址有内蒙古自治区鄂尔多斯市伊金霍洛旗朱开沟、白敖包，准格尔旗二里半[1]、南壕[2]、高家坪[3]、寨子塔[4]、官地[5]、小庙[6]，呼和浩特市清水河县白泥窑子[7]、庄窝坪[8]、西岔[9]、碫臼沟[10]、后城嘴[11]、

[1] 内蒙古文物考古研究所：《内蒙古准格尔旗二里半遗址第二次发掘报告》，《考古学集刊》（第11集），科学出版社，1998年。

[2] 内蒙古文物考古研究所：《准格尔旗南壕遗址》，《内蒙古文物考古文集》（第一辑），中国大百科全书出版社，1994年。

[3] 内蒙古文物考古研究所：《准格尔旗高家坪遗址》，《内蒙古文物考古文集》（第一辑），中国大百科全书出版社，1994年。

[4] 内蒙古文物考古研究所：《准格尔旗寨子塔遗址》，《内蒙古文物考古文集》（第二辑），中国大百科全书出版社，1997年。

[5] 内蒙古文物考古研究所：《准格尔旗官地遗址》，《内蒙古文物考古文集》（第二辑），中国大百科全书出版社，1997年。

[6] 内蒙古文物考古研究所：《准格尔旗小庙遗址发掘简报》，《内蒙古文物考古文集》（第一辑），中国大百科全书出版社，1994年。

[7] 内蒙古社会科学院历史研究所考古研究室：《清水河县白泥窑子遗址A点发掘报告》，《内蒙古文物考古文集》（第二辑），中国大百科全书出版社，1997年；内蒙古社会科学院历史研究所考古研究室：《清水河县白泥窑子遗址D点发掘报告》，《内蒙古文物考古文集》（第二辑），中国大百科全书出版社，1997年；汪宇平：《内蒙古清水河县白泥窑子村的新石器时代遗址》，《文物》1961年第9期，第13页；内蒙古历史研究所：《内蒙古清水河县白泥窑子遗址复查》，《考古》1966年第3期。

[8] 乌兰察布博物馆、清水河县文物管理所：《清水河县庄窝坪遗址发掘简报》，《内蒙古文物考古文集》（第二辑），中国大百科全书出版社，1997年。

[9] 内蒙古文物考古研究所、清水河县文物管理所：《清水河县西岔遗址发掘简报》，《万家寨水利枢纽工程考古报告集》，远方出版社，2002年；曹建恩：《西岔文化初论》，吉林大学硕士学位论文，2003年。

[10] 曹建恩：《清水河县碫臼沟遗址调查简报》，《万家寨水利枢纽工程考古报告集》，远方出版社，2002年。

[11] 内蒙古文物考古研究所、清水河县文物管理所：《清水河县后城嘴遗址》，《内蒙古文物考古文集》（第二辑），中国大百科全书出版社，1997年。

城嘴子[1]，乌兰察布市凉城县杨厂沟[2]、三道沟[3]、板城[4]，山西省偏关县老牛湾[5]。已经调查的朱开沟文化遗址有内蒙古呼和浩特市郊区黄土坡[6]，鄂尔多斯市准格尔旗吕家坡和秦明圪台[7]，乌兰察布市凉城县马鞍桥山、杏树贝、雕王山、小天山[8]；山西省忻州市偏关县大咀、麻地塔、河曲县火山[9]。

从发现的朱开沟文化遗存看，朱开沟文化主要分布在内蒙古自治区中南部、山西西北部，其大致范围北始阴山，南抵陕北，西起鄂尔多斯高原东部，东到岱海地区。

第五节　遗存类型

一　白敖包文化类型

学术界由于对白敖包文化一类遗存界定的内涵、年代和分布范围有不同的认识，对其类型划分也有差别。杨杰先生划分为四个小区，分别是河套地区、忻定地

［1］内蒙古自治区文物考古研究所：《清水河县城嘴子遗址发掘报告》，《内蒙古文物考古文集》（第三辑），科学出版社，2004 年。

［2］内蒙古文物考古研究所、北京大学考古系：《凉城县杨厂沟遗址清理简报》，《内蒙古文物考古》1991 年第 1 期，第 11~12 页。

［3］内蒙古文物考古研究所、北京大学考古学系：《内蒙古凉城县三道沟遗址的试掘》，《北方文物》2000 年第 4 期。

［4］内蒙古文物考古研究所、日本京都中国考古学研究会岱海地区考察队：《板城遗址勘查与发掘报告》，《岱海考古（二）——中日岱海地区考察研究报告集》，科学出版社，2001 年。

［5］王连葵：《河套和岱海地区夏商时期文化初探》，《内蒙古中南部原始文化研究文集》，海洋出版社，1991 年。

［6］王连葵：《河套和岱海地区夏商时期文化初探》，《内蒙古中南部原始文化研究文集》，海洋出版社，1991 年。

［7］崔璇、斯琴：《内蒙古中南部新石器至青铜时代文化初探》，《中国考古学会第四次年会论文集》，文物出版社，1985 年。

［8］乌盟文物站凉城文物普查队：《内蒙古凉城县岱海周围古遗址调查》，《考古》1989 年第 2 期。

［9］王连葵：《河套和岱海地区夏商时期文化初探》，《内蒙古中南部原始文化研究文集》，海洋出版社，1991 年。

区、晋中地区和张家口地区[1]。吕智荣先生以黄河为界，划分为东、西两个区，东区是黄河以东，侯马以北，太行山以西晋北地区，称"杏花村类型"；西区是黄河以西，延安以北的陕北和内蒙古中南部地区，称"寨峁类型"[2]。韩建业先生划分三个类型，内蒙古中南部为"朱开沟类型"，陕北地区为"石峁类型"，晋中地区由于材料少没有命名[3]。王炜林先生赞同韩建业先生三个类型的划分，但没有对类型进行命名[4]。

我们重新界定后的白敖包文化南北存在许多不同特征，而北部的内蒙古中南部地区和南部的陕北地区各自具有较多的共性，可以分为两个类型，分别命名为"大口类型"和"石峁类型"。

大口类型还没有发现石城。墓葬形制较多，有瓮棺葬、竖穴墓、土洞墓、二层台墓、壁龛墓五种形制，部分墓葬有木棺，多数墓葬有随葬品，陶器基本组合是单耳罐、双耳罐、豆、折肩罐，常见单耳鬲、大口尊、三足盉等。墓葬中有用狗、猪下颌骨和羊下颌骨，以及其他兽骨殉葬习俗。目前还没有发现玉器。陶器中单耳罐和双耳罐数量多，鬲的数量少，三足瓮矮胖，壶数量多，罐形式多样。

石峁类型石城广布，在石峁、寨峁、石摞摞山、金山寨、九龙山、瓦窑渠等遗址均发现了石城，均建在地势险要的高处，防御功能显著[5]。墓葬形制较少，有瓮棺葬、竖穴墓、二层台墓三种形制，部分墓葬有石棺，少数墓葬有随葬品。没见殉牲现象。普遍发现玉器，在新华遗址有玉器祭祀坑，在地层、灰坑和墓葬中均有玉器出土。在石峁遗址的城墙中有玉器出土，在陕西省横山县陈塔、响水沐浴沟、韩岔梨树沟、高镇油房头等地出土了较多玉器[6]。玉器种类有刀、环、璋、圭、钺、璜、铲、斧、佩饰、笄、璇玑、柄形器、人头像等。陶器中单耳罐、双耳罐数量少见，鬲数量多，三足瓮瘦高，不见壶形器，罐数量较少且型式少。

---

[1] 杨杰：《晋陕冀北部及内蒙古中南部龙山时代考古学文化初探》，《内蒙古中南部原始文化研究文集》，海洋出版社，1991年。

[2] 吕智荣：《陕北、内蒙古中南部及晋北地区寨峁文化》，《史前研究》2000年辑刊，三秦出版社，2000年。

[3] 田广金、韩建业：《朱开沟文化研究》，《考古学研究》（五）上册，科学出版社，2003年。

[4] 陕西省考古研究所、榆林市文物保护研究所：《神木新华》，科学出版社，2005年，第274~275页。

[5] 陕西省考古研究所、榆林市文物保护研究所：《神木新华》，科学出版社，2005年，第274页。

[6] 陕西省考古研究所、榆林市文物保护研究所：《神木新华》，科学出版社，2005年，第277页。

大口类型和石峁类型均属白敖包文化，有着广泛的共性，但两个类型区别显著。

二　朱开沟文化类型

田广金先生、王连奎先生和杨泽蒙先生的“朱开沟文化”内包含朱开沟甲和乙两类遗存，韩建业先生的“朱开沟文化”内除包含朱开沟甲类和乙类两类遗存，又将晋中的夏商遗存包括其中。由于“朱开沟文化”内容繁杂，“朱开沟文化”根据包含内容的不同，地方类型划分也有差别。王连奎先生把“朱开沟文化”分为河套和岱海两个小区，分别命名为“河套类型”和“岱海类型”[1]。韩建业先生把“朱开沟文化”中晚期划分为内蒙古中南部、晋中两个小区，并把“朱开沟文化”中期分布在内蒙古中南部的遗存命名为“高家坪类型”，分布在晋中的遗存命名为“光社类型”，陕北资料少，情况不清。

王乐文先生重新界定的朱开沟文化主要分布在内蒙古中南部和山西西北部，面貌较为一致，是否能划分区域类型有待材料的进一步丰富。

第六节　遗存源流

一　白敖包文化源流

（一）白敖包文化的渊源

白敖包文化因素多样，可划分为 A、B、C、D、E 五组。

A 组为单把鬲、双鋬鬲、敛口斜腹甗、长流盉、敛口和直口斝、三足瓮、无耳折肩罐、大口尊、细柄浅盘豆、侈口高领鼓腹单耳罐、敞口束颈双耳罐、斜直腹盆、侈口长颈折腹壶、伞形器盖等陶器，承袭了当地永兴店文化[2]的同类陶器，三足瓮最早产生于晋中龙山时代晚期，然后迅速传播到邻近的内蒙古中南部和陕北

[1] 王连葵：《河套和岱海地区夏商时期文化初探》，《内蒙古中南部原始文化研究文集》，海洋出版社，1991 年。

[2] 魏坚：《试论永兴店文化》，《文物》2000 年第 9 期。

地区[1]，白敖包文化继续发展了永兴店文化。

B 组为侈口直腹鬲、花边罐、中双耳罐、小双耳罐，来源于客省庄文化，花边的装饰风格在白敖包文化中发扬光大，不仅在罐口部饰花边，而且在鬲的口部也饰有花边。

C 组为大双耳罐、大三耳罐、侈口束颈圆腹小双耳罐、矮柄碗形豆，来源于齐家文化。喇叭口双耳折肩罐接受齐家文化的影响，在本地的无耳折肩罐基础上发展而成。

D 组为厚方唇直口肥足鬲、折腹圈足罐、折腹盆、折腹碗形簋、浅盘圈底粗矮柄豆、斜腹单耳杯、敞口折腹单耳杯、三足杯，来源于陶寺文化。

E 组为折沿弧腹盆、侈口单耳罐、浅盘平底粗矮柄豆、直口折腹单耳杯、深直腹单耳杯、圆鼓腹罐、直口圆腹壶、三足鬶形器，来源于王湾三期文化。

从以上比较分析看，白敖包文化是当地永兴店文化直接继承者，是在永兴店文化基础上吸收客省庄文化、齐家文化、陶寺文化、王湾三期文化等因素发展而形成的。继承永兴店文化因素的陶器数量多，特征鲜明，是白敖包文化代表性器物。从吸收外来文化因素数量和影响来看，客省庄文化因素数量和影响较大，齐家文化、陶寺文化、王湾三期文化因素数量和影响稍逊。

（二）白敖包文化的流向

在内蒙古中南部地区，白敖包文化结束以后是朱开沟文化，两者的文化面貌差别较大，后者只继承了前者三足瓮，前者绝大部分陶器在后者中不见。就目前考古资料而言，白敖包文化去向还不明了。

二　朱开沟文化源流

（一）朱开沟文化的渊源

朱开沟文化因素复杂，可划分为 A、B、C、D、E、F、G 七组。

A 组是肥袋足陶鬲（部分为蛇纹鬲）、带纽陶罐和梯形弯身石刀，数量多，是朱开沟文化代表性器物，但其来源一直不是很清楚。

---

[1] 井中伟：《蛋形瓮研究》，《考古学报》2006 年第 4 期。

　　B 组是三足瓮，继承了本地前期白敖包文化同类器，以绳纹为主，篮纹数量少。

　　C 组是高领鬲、侈沿深腹鬲、敞口甗、敛口圆腹钵和浅盘细柄豆，来源于晋中夏至早商时期陶器[1]。

　　D 组是双系罐、敞口盆、折沿盆、折沿碗、方杯、器盖，来源于二里头文化。

　　E 组是侈口束颈弧腹陶盆、深腹陶罐、敞口陶钵、鸟形陶塑和钻孔石镰，来源于下七垣文化。

　　F 组是方唇鬲、碗形簋、粗柄盘形豆、折沿鼓腹盆、折沿直腹盆、矮领罐、青铜鼎、青铜戈和云雷纹装饰，来源于早商二里岗文化。

　　G 组是喇叭口耳环、环首短剑、环首刀、圆形牌等青铜器，属北方系青铜器，喇叭口耳环由欧亚草原经新疆和河西走廊，向东传入北方地区，环首短剑、环首刀产生于朱开沟文化，然后传播到欧亚草原其他地区。

　　朱开沟文化来源众多，有来自本地的白敖包文化因素，也有来自晋中夏商文化、太行山东麓的下七垣文化、中原的二里头文化和早商二里岗文化因素，还有来自欧亚草原文化因素，但它的主要文化因素还没找到确切源头。

（二）朱开沟文化的流向

　　朱开沟文化结束后，继而兴起于本地的是西岔文化，后者继承前者的卷沿鼓腹陶罐、梯形弯身石刀、动物形陶塑和喇叭形铜耳环。朱开沟文化的肥袋足陶鬲、卷沿鼓腹陶盆和梯形弯身石刀流向陕北的李家崖文化，花边装饰风格向东传播到围坊三期文化、魏营子文化，环首短剑和环首刀向北传播到米努辛斯克盆地。蛇纹鬲传播广泛，在先周文化、商文化、大坨头文化、夏家店下层文化、内蒙古高原和贝加尔地区都有发现，影响广泛。

　　白敖包遗址第一阶段遗存以鋬手鬲、单把鬲、敛口斜腹甗、三足盉、三足斝、单耳罐、双耳罐、折肩罐、大口尊、粗柄豆、细柄豆为代表，属于白敖包文化，年代在距今 4200~3800 年，相当于龙山时代晚期至夏代早期。第二阶段遗存陶器有蛇纹鬲、敞口甗、内折沿敛口瓮，属于朱开沟文化，年代距今 3800~3300 年，相当于夏代晚期至商代早期。

---

[1] 许伟：《晋中地区西周以前古遗存的编年与谱系》，《文物》1989 年第 4 期。

附表一　灰坑登记表

编号	位置	层位关系	形状与结构	堆积	遗物	备注
H10	发掘区西部，T5西南部、T3东部、T4东北部和T6北部	开口于T5③层下，打破T5④、H18以及生土层	平面形状为不规则形，直壁，平底。口径338~502、深120厘米	灰色花土，较硬，包含少量陶器和较多骨器	泥质灰陶和夹砂褐陶片，骨器较完整，器形有陶丸、骨锥和卜骨	南部未发掘
H12	位于发掘区西部，T8东南部	开口于T8①层下，打破生土层	平面形状不明，剖面呈锅底状。最大直径约360、深110厘米	褐色土，较为松软，包含有少量破碎陶片、骨器和石器	泥质篮纹灰陶片、骨锥、骨片、骨刀、骨饰件和石刀等	南部和东部未发掘
H14	位于发掘区西部，T11东北部，部分压在北隔梁下	开口于T11③层下，打破T11④层、⑤层、⑥层和生土层	平面形状不明，直壁，平底	沙质土，上部较灰，下部较黄，杂有黑灰色土，包含有少量陶片	夹砂绳纹褐陶片和泥质灰陶篮纹陶片	北部未发掘
H17	位于发掘区西部，T14南部	开口于T14③层下，打破生土层	平面形状不明，弧壁，平底。发掘最大直径220、深52厘米	黑灰色花土，疏松，出土少量陶片	泥质灰陶片和夹砂灰陶片	南部未发掘
H18	位于发掘区西部，T5西南部	被H10叠压，打破生土层	平面形状为圆形，直壁，平底。直径90、深70厘米	灰色花土，夹杂少量生土块，包含少量陶片	夹砂素面灰陶片	
H19	位于发掘区西部，T12东南部	开口于T12⑧层下，打破生土层	平面形状不明，剖面呈锅底状。发掘部分口部最长170、深48厘米	黑灰色花土，松软	未见遗物	东南部未发掘
H20	位于发掘区西部，T12南部	开口于T12⑧层下，打破生土层	平面形状不明，剖面呈锅底状。发掘部分口部最长172、深32厘米	黑灰色花土，疏松	未见遗物	南部未发掘
H21	位于发掘区西部，T14西北部	开口于T14②层下，打破T14③和生土层	平面形状不明，剖面呈锅底状。发掘部分口部最长265、深21~32厘米	黄色花土，颗粒较大，较硬，包含少量陶片	夹砂褐色绳纹陶片和泥质篮纹灰色陶片	西北部未发掘

续附表一

编号	位置	层位关系	形状与结构	堆积	遗物	备注
H22	位于发掘区西部，T13东南部、T14东北部	开口于T14①层下，打破T14②层、③层、生土层，叠压在H25之上	平面形状不明，剖面呈袋状，底较平。发掘T14部分最长280、深72厘米	黄色花土，颗粒较大，较硬，包含少量陶片	夹砂素面灰陶片	T14北隔梁和东隔梁以及北部未发掘
H23	位于发掘区西部，T11扩方中南部	开口于T11扩方②层下，打破T11扩方⑤层、⑥层和H24，被M3打破	平面形状不明，剖面呈锅底形，底部凹凸不平。发掘部分最长430、深128厘米	灰褐色黏土，夹少量砂石，包含较多陶片	泥质篮纹和素面灰陶片，以及夹砂绳纹褐陶片，复原陶器有盆和鼎	南部未发掘
H24	位于发掘区西部，T11扩方西南部	开口于T11扩方③层下，打破T11扩方④层、⑤层、⑥层和生土层，被H23打破	平面形状不明，剖面呈锅底形。发掘最长140、深52厘米	黑灰色土，较为疏松，略呈黏性，包含较多陶片	夹砂黑褐色绳纹陶片，以及泥质灰陶篮纹陶片，器形有甗等	只发掘了东北角，其余部分未发掘
H25	位于发掘区西部，T14东部	开口于T14③层下，叠压在H22下，打破生土层	平面形状不明，直壁，平底。清理最长188、深36厘米	黑色花土，疏松，颗粒较大，包含少量陶片和兽骨	夹砂灰陶绳纹陶片，器形有鬲等	东隔梁内未清理
H26	位于发掘区东部，T15西南角	开口于T15①层下，打破生土层	平面形状不明，近直壁，近平底。清理最长202、深140厘米	黑灰色花土，疏松，有少量陶片	泥质灰陶片和夹砂褐陶片	T15探方外未发掘
H27	位于发掘区东部，T15西南部	开口于T15①层下，打破生土层	平面形状为圆形，袋状壁，平底。口径225、底径262、深68厘米	灰色土，疏松，包含少量陶片	泥质和夹砂灰陶片	坑东北角坑口略有塌陷
H28	位于发掘区东部，T15南部	开口于T15①层下，打破生土层	平面形状为椭圆形，斜壁，近平底。口长径178、口短径152、深64厘米	灰黄色土，紧密，较硬	无遗物	

续附表一

编号	位置	层位关系	形状与结构	堆积	遗物	备注
H29	位于发掘区东部，T15 北部	开口于 T15 ① 层下，打破生土层	平面形状不明，近直壁，近平底。清理最长 260、深 80 厘米	灰黄色土，较硬	无遗物	北隔梁部分未发掘
H30	位于发掘区东部，T16 南部	开口于 T16 ① 层下，打破生土层	平面形状为圆形，袋状壁，平底。口径 250、底径 276、深 162 厘米	灰黄色土，较硬，包含少量陶片	泥质灰陶片	完整
H31	位于发掘区东部，T16 北部	开口于 T16 ① 层下，打破生土层	平面形状不规则形，近斜壁，近平底。最大直径 200、深 60 厘米	灰黄色花土，较硬	无遗物	完整
H32	位于发掘区东部，T15 东部和 T16 西部	开口于 T15 ① 和 T16① 层下，打破生土层	平面形状为椭圆形，直壁，平底。口长径 298、口短径 193、深 133 厘米	灰黄色花土，较硬，包含少量陶片	泥质灰陶片和夹砂灰陶片	完整
H33	位于发掘区东部，T17 北部	开口于 T17 ① 层下，打破生土层	平面形状为圆形，直壁，斜底。口径 190、深 12~50 厘米	黄色花土，较松软，包含少量陶片	泥质灰陶片	完整
H34	位于发掘区东部，T20 东北部	开口于 T20 ① 层下，打破 G3 和生土层	平面形状为椭圆形，锅底状底。口长径 72、口短径 56、深 15 厘米	黑灰色土，松软，包含少量陶片	夹砂灰陶绳纹陶片	完整
H35	位于发掘区西部，T2 北部	开口于 T2 ①层下，打破生土层	平面形状不明，斜直壁，底不平。清理口最长 196、深 30~49 厘米	黑灰色花土，较硬，包含少量陶片	泥质灰陶片和夹砂褐陶片	北隔梁内部分未发掘
H36	位于发掘区西部，T1 西部	开口于 T1 ①层下，打破 H38 和生土层	平面形状不明，一侧斜直壁，一侧袋状，平底。发掘最长 238、深 80 厘米	黑灰色土，疏松，颗粒细密，包含少量陶片和兽骨	泥质灰陶片和夹砂灰陶片	T 1 以外部分未发掘
H37	位于发掘区西部，T1 东部	开口于 T1 ①层下，打破生土层	平面形状为椭圆形，近斜壁，近平底。口长径 190、口短径 150、深 107 厘米	灰色土，疏松，内含少量木炭颗粒，包含少量夹砂黑褐陶片、石器和兽骨	陶鬲和石钺	完整

续附表一

编号	位置	层位关系	形状与结构	堆积	遗物	备注
H38	位于发掘区西部，T1 西北部	开口于 T1 ①层下，打破生土层，被 H36 打破	平面形状不明，斜壁，平底。发掘口部最长 260、深 136 厘米	黑灰色土，疏松，包含少量陶片	泥质灰陶片	T1 北隔梁和以外部分未发掘
H39	位于发掘区西部，T6 中部	叠压在 F2 下，打破生土层	平面形状为椭圆形，斜壁，平底。口长径 130、口短径 112、深 18 厘米	黑色花土，有黏性，松软，包含少量夹砂灰陶片	三足陶瓷	完整
H40	位于发掘区东部，T6 北部	开口于 T6 ①层下，被 F2 打破，打破生土层	平面呈不规则形，直壁，平底。口部最长 60、最短 44、深 31 厘米	黑色花土，有黏性，松软	无遗物	完整

附表二　灰沟登记表

编号	位置	层位关系	形状与结构	堆积	遗物	性质	备注
G1	发掘区西部，T11中部	开口于T11④层下，打破⑤层、⑥层和生土层	发掘部分平面形状为长条形，东部较宽，向西部逐渐变窄，沟壁和底高低不平，大致呈锅底状。发掘长530、宽59~125、深35厘米	黄黑花土，松软	少量泥质黄褐陶片，器形有杯等	白敖包文化	T11东隔梁、T12北隔梁均未发掘
G2	发掘区东部，T20西部	开口于T20①层下，打破生土层	发掘部分平面形状为长条形，两端略宽，中部略细，斜壁，平底。发掘长909、宽205~245、深25厘米	灰色土，松软	少量夹砂绳纹灰陶片	白敖包文化	T20以外部分未发掘
G3	发掘区东部，T20中部	开口于T20①层下，打破生土层，被H34打破	发掘部分平面形状呈长条形，斜壁，平底。发掘长865、宽219、深35厘米	黑黄花土，松软	少量泥质篮纹陶片	白敖包文化	T20以外部分未发掘
G4	发掘区东部，T20东部	开口于T20①层下，打破生土层	平面形状不明，斜壁，平底。发掘长441、宽89~205、深31厘米	黑灰色土，松软	少量夹砂绳纹陶片	白敖包文化	T20东隔梁部分未发掘
G5	发掘区东部，T21西部	开口于T21①层下，打破生土层	发掘部分平面形状呈长条形，两端略宽，中部略窄，斜壁，平底。发掘长921、宽185~232、深28厘米	黄灰色土，松软	少量夹砂绳纹陶片和泥质素面陶片	白敖包文化	T21以外部分未发掘
G6	发掘区东部，T21中部	T21以外部分未发掘。开口于T21①层下，打破生土层，被M44打破	发掘部分平面形状呈长条形，两端略宽，中部略窄，斜壁，平底。发掘长925、宽151~239、深35厘米	黑灰色土，松软	少量泥质篮纹陶片和夹砂绳纹陶片	白敖包文化	T21以外部分未发掘
G7	发掘区东部，TG38~TG42中部	开口于TG38~TG42①层下，打破M37、M38、M39、M41、M42和生土层	发掘部分平面形状为长条形，两端略细，中部略宽，壁和底呈锅底状。发掘长2240、宽140~200、深60厘米	黑灰色土，松软	少量夹砂灰色篮纹陶片和附加堆纹陶片，器形有鬲和瓮等	朱开沟文化	东部压在土梁下，未发掘

附表三 墓葬登记表

（长度单位：厘米）

墓号	层位关系	形状	尺寸（竖穴：长×宽－深，洞室二层台：长×宽×高）	人数	头向	面向	葬式	葬具	殉牲	随葬品	备注
M1	开口于 T12 ①层下，打破 T12 ④、⑤、⑦、生土层	竖穴半洞室墓	长方形竖穴：（170~194）×（50~85）－82 半洞室：174×（40~66）+46	1	40°	上	仰身直肢				1件残陶器	完整
M2	开口于 T13 ①层下，打破 T13 ②、③、生土层	竖穴全洞室墓	长方形竖穴：172×62－170 洞室：150×48+65	1	344°	上	仰身直肢			1件 Ab 型 I 式双耳陶罐、1件 Aa 型 I 式单耳陶罐、1件 Bb 型 I 式陶豆	完整
M3	开口于 T11 扩方①层下，打破 H23	长方形竖穴土坑墓	长方形竖穴：152×69－70	1	58°	右	仰身直肢				完整
M4	开口于 TG2 ①层下，打破生土层	竖穴全洞室墓	长方形竖穴：227×72－（105~112） 洞室：238×34+65	1	327°	右	侧身直肢			1件残单耳陶罐、1件 D 型小陶罐、1件 A 型 II 式折肩陶罐	完整
M5	开口于 TG2 ①层下，打破生土层	竖穴全洞室墓	长方形竖穴：216×55－151 洞室：241×（40~77）+85	1	60°	右	仰身直肢			1件 D 型 I 式双耳陶罐、1件 Cc 型 IV 式单耳陶罐	完整
M6	开口于 TG3 ①层下，打破 M7 和生土层	梯形竖穴土坑墓	梯形竖穴：150×（30~50）－30	1	76°	左	仰身直肢				完整

续附表三

墓号	层位关系	形状	尺寸（竖穴：长×宽-深，洞室二层台：长×宽+高）	人数	头向	面向	葬式	葬具	殉牲	随葬品	备注
M7	开口于TG3①和TG4①层下，打破生土层，被M6打破	竖穴全洞室墓	梯形竖穴：184×（45~56）-131 洞室：194×44+62	1	47°	上	仰身直肢				完整
M8	开口于TG4①层下，打破生土层	竖穴全洞室墓	梯形竖穴：176×（22~36）-113 洞室：202 45-53	1	45°	上	仰身直肢			1件Ab型Ⅲ式陶豆，1件Ab型Ⅱ式单耳陶罐	完整
M9	开口于TG4①层下，打破生土层	长条形竖穴土坑墓	长条形竖穴：200×60-50	1	77°	左	侧身屈肢				完整
M10	开口于TG5①层下，打破M11和生土层	长条形竖穴土坑墓	长条形竖穴：（残60~120）×100-10	1	43°	右	仰身直肢				残
M11	开口于TG5①层下，打破生土层，被M10打破	梯形竖穴土坑墓	梯形竖穴：210×（38~78）-（48~86）	1	43°	右	仰身直肢			1件残陶器，1件A型Ⅱ式折肩单耳把陶罐，1件Aa型Ⅱ式陶盉	完整
M12	开口于TG4①层下，打破生土层	一边二层台墓	梯形竖穴：200×（60~70）-（35~47）二层台：200×25+12	1	42°	右	仰身直肢			1件Aa型Ⅳ式单耳陶罐，1件C型Ⅱ式陶杯	残

续附表三

墓号	层位关系	形状	尺寸（竖穴：长×宽－深，洞室二层台：长×宽＋高）	人数	头向	面向	葬式	葬具	殉牲	随葬品	备注
M13	开口于TG4①和TG5①层下，打破生土层	长方形竖穴土坑墓	长方形竖穴：270×127－97	2	28°	西侧：上 东侧：右	西侧：仰身直肢 东侧：侧身屈肢			1件石镞	完整
M14	开口于TG5①和TG6①层下，打破生土层	竖穴全洞室墓	长条形竖穴：（190~220）×84－12 洞室：210×（55~74）＋残高25	2	68°	西侧：左 东侧：右	西侧：仰身直肢 东侧：仰身屈肢		在填土中殉葬1只狗	1件A型Ⅳ式陶尊、1件Aa型Ⅳ式双耳陶罐、1件A型Ⅳ式单耳陶鬲、1件Be型Ⅱ式陶豆、1件B型花边陶罐、1件C型陶碗、1件A型Ⅳ式折肩陶罐、1件A型Ⅲ式陶碗、1件Bd型Ⅲ式陶罐、1件F型小陶豆	残
M15	开口于TG5①和TG6①层下，打破生土层	长方形竖穴土坑墓	长方形竖穴：270×54－93	1	75°	左	侧身屈肢			1件A型Ⅱ式陶碗、1件Bb型Ⅱ式双耳陶罐、1件Ba型Ⅱ式单耳陶罐	完整
M16	开口于TG6①和TG7①层下，打破生土层	长方形竖穴土坑墓	长方形竖穴：282×（100~144）－128	2	62°	西侧：右 东侧：右	西侧：仰身直肢 东侧：仰身直肢			1件Ab型Ⅰ式陶豆、1件陶单耳罐底、1件Ba型Ⅱ式单耳陶罐、1件C型器盖、1件Cg型陶豆、1件A型Ⅱ式折肩陶罐、1件C型小陶罐	完整

续附表三

墓号	层位关系	形状	尺寸（竖穴：长×宽－深，洞室二层台：长×宽＋高）	人数	头向	面向	葬式	葬具	殉牲	随葬品	备注
M17	开口于TG6①和TG7①层下，打破生土层	长方形竖穴土坑墓	长方形竖穴：240×102－90								完整
M18	开口于TG6①和TG7①层下，打破生土层	长方形竖穴土坑墓	长方形竖穴：（口195，底180）×（口58，底49）－40	1	60°	上	仰身直肢			1件D型陶碗、1件残陶器、1件折肩陶罐	完整
M19	开口于TG7①和TG8①层下，打破生土层	长方形竖穴土坑墓	长方形竖穴：214×90－（50~55）	1	60°	右	仰身直肢			1件残单把陶鬲、1件Aa型Ⅱ式单耳陶罐	完整
M20	开口于TG8①层下，打破生土层	竖穴半洞室墓	长条形竖穴：166×（58~73）－60 半洞室：188×（40~50）＋50	1	40°	右	仰身直肢			1件F型双耳陶罐、1件Ab型Ⅱ式陶豆、1件Cd型Ⅱ式单耳陶罐、1件陶器底	完整
M21	开口于TG8①层下，打破生土层	竖穴半洞室墓	长方形竖穴：（口213，底183）×（40~82）－81 半洞室：183×（48~60）＋42	1	56°	上	仰身直肢			1件Bb型Ⅲ式陶豆、1件Aa型Ⅲ式双耳陶罐、1件B型Ⅱ式折肩陶罐	完整
M22	开口于TG7①层下，打破生土层	竖穴半洞室墓	长方形竖穴：200×86－91 半洞室：200×55＋93	1	60°	右	侧身直肢			1件A型陶器盖、1件A型陶罩、1件Bb型Ⅱ式陶豆	完整

续附表三

墓号	层位关系	形状	尺寸（竖穴：长×宽−深，洞室二层台：长×宽＋高）	人数	头向	面向	葬式	葬具	殉牲	随葬品	备注
M23	开口于TG8①、TG9①和TG10①层下，打破生土层	四角有二层台墓	长方形竖穴：（口350、底330）×（口250、底200）−322 西北台阶：48×（10~15）+52 西南台阶：62×（10~18）+52 东南台阶：71×（8~18）+52 东北台阶：66×（8~20）+52	5	①~④：67° ⑤：340°	①：左 ②：左 ③：右 ④：上 ⑤：左	仰身直肢	木板木框：长220、宽85、高18、厚2厘米	2只狗	1件B型Ⅲ式陶尊、1件B型陶罂、1件D型Ⅲ式双耳陶罐、1件A型Ⅱ式折肩陶罐、1件Be型Ⅰ式陶豆、1件绿松石珠、5件骨环	完整
M24	开口于TG8①和TG9①层下，打破生土层	竖穴全洞室墓	长条形竖穴：200×73~100 洞室：210×（55~80）+不明	2	70°	西侧：上 东侧：下	西侧：仰身直肢 东侧：俯身直肢			1件Ⅱ式长腹陶罐、1件Bb型Ⅰ式单耳陶罐、1件Ce型Ⅱ式陶豆、1件Bc型Ⅱ式双耳陶罐、1件A型Ⅱ式花边陶罐、1件A型陶器盖	洞室顶部塌陷
M25	开口于TG9①和TG10①层下，打破生土层	梯形竖穴土坑墓	梯形竖穴：（口285、底248）×（口140~155、底108~120）−80	1	58°	上	仰身直肢			1件Bb型Ⅱ式单耳陶罐、1件Aa型Ⅳ式陶豆、1件Db型Ⅰ式单耳陶罐、1件C型Ⅲ式双耳陶罐、1件C型Ⅲ式折肩陶罐	完整

续附表三

墓号	层位关系	形状	尺寸（竖穴：长×宽－深，洞室二层台：长×宽＋高）	人数	头向	面向	葬式	葬具	殉牲	随葬品	备注
M26	开口于TG9①和TG10①层下，打破生土层	长条形竖穴土坑墓	长条形竖穴：165×49-32	1	60°	上	仰身直肢			1件Cb型Ⅱ式单耳陶罐、1件Ba型Ⅱ式双耳陶罐	完整
M27	开口于TG10①和TG11①层下，打破生土层	长条形竖穴土坑墓	长条形竖穴：（口184，底174）×（口64，底54）-22	1	60°	右	仰身直肢				完整
M28	开口于TG11①和TG12①层下，打破生土层	梯形竖穴土坑墓	梯形竖穴：238×（口66~92，底55~80）-33	2	73°	西侧：下 东侧：下	西侧：俯身直肢 东侧：俯身屈肢			1件Ab型Ⅱ式陶盉、1件Cc型Ⅴ式单耳陶罐、1件Bb型Ⅲ式双耳陶罐、1件Bd型Ⅱ式陶豆、1件B型Ⅳ式陶尊	完整
M29	开口于TG12①层下，打破生土层	竖穴全洞室墓	长条形竖穴：196×约75-52 洞室：196×75+残35	1	62°	上	仰身直肢			1件D型Ⅱ式双耳陶罐、1件Da型Ⅰ式单耳陶罐	残
M30	开口于TG14①层下，打破生土层	梯形竖穴土坑墓	梯形竖穴：（口173，底166）×（口76~83，底69~74）-31	1	44°	上	仰身直肢				完整

续附表三

墓号	层位关系	形状	尺寸（竖穴：长×宽－深，洞室二层台：长×宽（宽+高））	人数	头向	面向	葬式	葬具	殉牲	随葬品	备注
M31	开口于TG12①和TG13①层下，打破生土层	竖穴全洞室墓	长方形竖穴：200×53－（108~116）洞室：242×75+83	1	60°	右	侧身直肢		1副狗下颌骨	1件Ab型I式单耳陶罐、1件Bb型II式单耳陶豆、1件Cb型I式单耳陶罐、1件C型I式双耳陶罐	完整
M32	开口于TG14①和TG15①层下，打破生土层	长方形竖穴土坑墓	长方形竖穴：173×75－19	1	60°	左	仰身直肢			1件Ch型I式陶豆、1件Cd型I式陶豆、1件陶簋	完整
M33	开口于TG15①和TG16①层下，打破生土层	长条形竖穴土坑墓	长条形竖穴：182×73－21	1	50°	左	仰身直肢			1件A型I式陶尊、1件A型I式单把陶甬、1件A型I式陶碗、1件陶豆	完整
M34	开口于TG15①和TG16①层下，打破生土层	竖穴全洞室墓	长方形竖穴：197×70－48 洞室：234×70+残高52	1	55°	上	仰身直肢			1件残折肩陶罐、1件残陶器、1件E型小陶罐	残
M35	开口于TG15①和TG16①层下，打破生土层	竖穴全洞室墓	长条形竖穴：194×82－40 洞室：222×70+残高40	1	65°	右	侧身直肢				残

续附表三

墓号	层位关系	形状	尺寸（竖穴：长×宽−深，洞室二层台：长×宽+高）	人数	头向	面向	葬式	葬具	殉牲	随葬品	备注
M36	开口于TG16①和TG17①层下，打破生土层	梯形竖穴土坑墓	梯形竖穴：218×（75~100）−50	2	60°	西侧：左；东侧：右	西侧：仰身直肢；东侧：侧身直肢			1件C型Ⅱ式折肩陶罐、1件Ab型Ⅱ式双耳陶罐、1件A型Ⅲ式单把陶鬲、1件B型Ⅱ式陶尊、1件Bc型Ⅲ式陶豆、1件Ba型Ⅲ式单耳陶罐、1件Aa型Ⅲ式单耳陶罐	完整
M37	开口于TG38①层下，打破生土层，被G7打破	竖穴半洞室墓	长方形竖穴：255×54−（60~75）；半洞室：255×70+50	2	25°	西侧：上；东侧：右	西侧：仰身直肢；东侧：侧身直肢		羊骨	1件B型Ⅲ式折肩陶罐、1件Aa型Ⅱ式陶豆、1件Cd型Ⅱ式陶豆、1件Cc型Ⅲ式陶豆、1件Ba型Ⅲ式双耳陶罐、1件A型Ⅳ式陶尊、1件B型Ⅱ式陶盉	完整
M38	开口于TG40①层下，打破生土层，被G7打破	梯形竖穴土坑墓	梯形竖穴：213×（64~92）−70	1	35°	不明	仰身直肢			1件残残陶器	残
M39	开口于TG39①层下，打破生土层，被G7打破	长条形竖穴坑墓	长条形竖穴：残长82×68−57	1	35°	不明	不明			1件Ac型Ⅰ式单耳陶壶、1件B型陶罐、1件F型单耳陶罐	残

续附表三

墓号	层位关系	形状	尺寸（竖穴：长×宽-深，洞室二层台：长×宽+高）	人数	头向	面向	葬式	葬具	殉牲	随葬品	备注
M41	开口于TG38①和TG39①层下，打破生土层，被G7打破	竖穴半洞室墓	长方形竖穴：251×148-150 半洞室：258×126+101	4	40°	①：左 ②：左 ③：右 ④：左	①：侧身，上肢略屈，下肢直肢 ②：仰身直肢 ③：侧身，上身直肢，下肢屈肢 ④：侧身屈肢		5副猪下颌骨、4根猪肋骨	1件A型Ⅲ式陶尊、1件E型单耳陶罐、6件陶器底、1件绿松石珠、1件Cf型陶豆、1件E型折肩陶罐、1件Aa型Ⅲ式陶盉、1件Aa型Ⅲ式陶豆、1件Ce型Ⅰ式陶豆	完整
M42	开口于TG41①层下，打破生土层，被G7打破	竖穴半洞室墓	长方形竖穴：231×88-99 半洞室：231×86+60	1	62°	不明	仰身直肢			1件D型折肩陶罐、1件B型Ⅰ式陶尊、1件Aa型Bf型陶豆、1件Aa型Ⅲ式双耳陶罐、1件陶盉、B型Ⅱ式单把陶盉、1件B型Ⅰ式残陶豆	完整
M43	开口于TG2①层下，打破生土层	长方形竖穴土坑墓	长方形竖穴：191×58-（42~63）	1	68°	上	仰身直肢			1件E型陶壶	完整
M44	开口于T21①层下，打破灰沟G6和生土层	梯形竖穴土坑墓	梯形竖穴：170×（36~52）-（27~30）	1	20°	上	仰身直肢			1件陶豆柄、1件残陶盉	完整

续附表三

墓号	层位关系	形状	尺寸（竖穴：长×宽-深，洞室二层台：长×宽+高）	人数	头向	面向	葬式	葬具	殉牲	随葬品	备注
M45	开口于T21①层下，打破生土层	竖穴半洞室墓	长方形竖穴：230×68-（50~60）洞室：230×65+45	1	9°	上	仰身直肢			1件残双耳陶罐、1件I式长腹陶罐、1件残陶豆	完整
M46	开口于T21①层下，打破生土层	一角有一个二层台合墓	长条形竖穴：196×86-（28~40）二层台：162×（0~38）+10	1	30°	右	仰身直肢			1件C型II式陶尊、1件Cb型II式陶豆、1件Ac型II式单耳陶罐	完整
M47	开口于TG1①层下，打破生土层	竖穴全洞室墓	长方形竖穴：220×52-170洞室：210×82+88	1	333°	上	仰身直肢			1件Cc型I式单耳陶罐、1件Aa型I式双耳陶罐	完整
M48	开口于TG1①和TG2①层下，打破生土层	竖穴全洞室墓	长条形竖穴：191×65-85洞室：190×48+60	1	58°	上	仰身，下肢直肢，上肢屈肢			1件Aa型II式双耳陶罐、1件Ab型I式陶盉	完整
M49	开口于TG1①和TG2①层下，打破生土层	竖穴半洞室墓	长方形竖穴：126×54-115洞室：137×54+63	1	64°	上	仰身直肢			1件Bd型I式陶豆、1件Cc型III式单耳陶罐	完整
M50	开口于TG2①和TG3①层下，打破生土层	竖穴全洞室墓	梯形竖穴：180×（36~46）-100洞室：184×45+41	1	50°	上	仰身直肢			1件Da型II式单耳陶罐、1件Aa型IV式双耳陶罐、1件Db型II式单耳陶罐	完整

续附表三

墓号	层位关系	形状	尺寸（竖穴：长×宽－深，洞室：长×宽＋高）	人数	头向	面向	葬式	葬具	殉牲	随葬品	备注
M51	开口于TG2①和TG3①层下，打破生土层	长方形竖穴土坑墓	长方形竖穴：263×146－191	1	70°	左	仰身直肢	木板木框：长205、宽54、高10~13、厚2~7厘米	2块动物骨头	1件A型I式折肩陶罐、1件Ca型I式陶豆、1件B型器盖、1件B型C型单把陶耳两、1件C型I式陶杯、1件Cc型II式单耳陶罐	完整
M52	开口于TG3①和TG4①层下，打破生土层	梯形竖穴土坑墓	梯形竖穴：190×（82~94）－90	1	62°	上	仰身直肢			1件E型双耳陶罐、1件C型陶盖、1件B型陶器盖、1件Cc型II式单耳陶罐、1件Ba型I式陶豆	完整
M53	开口于TG4①和TG5①层下，打破生土层	竖穴全洞室墓	梯形竖穴：172×（34~42）-（60~100）洞室：183×（30~48）+70	1	54°	右	侧身屈肢			1件Bc型I式双耳陶罐、1件G型单耳陶罐、1件Bc型II式陶豆、1件陶器底	完整
M54	开口于TG3①和TG4①层下，打破生土层	长条形竖穴土坑墓	长条形竖穴：179×62-（25~36）	1	75°	上	仰身直肢				完整
M55	开口于TG6①层下，打破生土层	竖穴全洞室墓	梯形竖穴：145×（30~45）-80 洞室：170×45+58	1	50°	右	仰身直肢			1件陶器底、1件A型I式折腹陶罐	完整

续附表三

墓号	层位关系	形状	尺寸（竖穴：长×宽－深，洞室二层台：长×宽+高）	人数	头向	面向	葬式	葬具	殉牲	随葬品	备注
M56	开口于TG6①层下，打破生土层	竖穴全洞室墓	长方形竖穴：172×66-88 洞室：180×53+70	1	58°	上	仰身直肢			1件A型陶壶，1件Ba型I式单耳陶罐、1件残单耳陶罐	完整
M57	开口于TG5①和TG6①层下，打破生土层	竖穴全洞室墓	长方形竖穴：176×68-（70~90）洞室：206×52+68	1	53°	上	仰身直肢			1件A型I式花边陶罐、1件I式杯、1件残单耳陶罐	完整
M58	开口于TG7①层下，打破生土层，被M59打破	竖穴半洞室墓	长方形竖穴：208×76-（70~80）半洞室：200×（34~62）+62	1	58°	右	仰身直肢			1件Ab型陶杯，1件Ca型II式单耳陶罐、1件D型筒形陶器，1件Aa型II式陶豆	完整
M59	开口于TG6①和TG7①层下，打破M58和生土层	梯形竖穴土坑墓	梯形竖穴：262×（100~145）-（95~100）	1	65°	左	仰身直肢			1件残陶鬲、1件Ca型III式单耳陶罐、1件残折肩陶罐、1件Bd型I型陶杯、1件A型II式陶尊	完整
M60	开口于TG6①和TG7①层下，打破生土层	壁龛墓	长方形竖穴：（口240，底200）×（口90，底50）-115 壁龛：40×20+45	1	61°	上	仰身，右上肢屈，其余直肢		1只狗	1件II式鼓腹陶罐，1件残单耳陶罐，1件Ca型II式陶豆	完整

续附表三

墓号	层位关系	形状	尺寸（竖穴：长×宽－深，洞室二层台：长×宽＋高）	人数	头向	面向	葬式	葬具	殉牲	随葬品	备注
M61	开口于TG7①层下，打破生土层，被M62打破	两边有二层台二层台墓	长条形竖穴：142×45－（25~50）二层台：142×（0~23）＋12	1	58°	上	不明			1件A型Ⅱ式折腹陶罐，1件Ba型Ⅰ式双耳陶罐，1件Cc型Ⅰ式陶豆	完整
M62	开口于TG7①层下，打破M61和生土层	一角有一个二层台墓	长条形竖穴：（230~240）×（45~65）－（44~51）二层台：170×（0~26）＋8	1	82°	左	仰身直肢			1件F型陶壶，1件C型Ⅳ式双耳陶罐，1件G型小陶罐，1件Ca型Ⅳ式单耳陶罐	完整
M63	开口于TG7①层下，打破生土层	梯形竖穴形坑墓	长条形竖穴：190×（35~60）－27	1	60°	不明	不明			1件Ⅰ式花边陶鬲，1件C型单把陶鬲，1件Bb型Ⅰ式双耳陶罐	残
M64	开口于TG9①层下，打破生土层	长条形竖穴全洞室墓	长条形竖穴：226×60－123 洞室：214×（50~54）＋71	1	60°	上	仰身直肢		6块猪下颌骨	1件残折腹陶鬲，1件B型陶碗，1件B型小陶罐，1件Cd型Ⅰ式单耳陶罐，1件Aa型Ⅰ式残折肩陶罐	完整
M65	开口于TG10①和TG11①层下，打破生土层	长方形竖穴土坑墓	长方形竖穴：200×98－6	不明	60°	不明	不明			1件篮纹陶片，2件残陶豆	残

续附表三

墓号	层位关系	形状	尺寸（竖穴：长×宽－深，洞室二层台：长×宽＋高）	人数	头向	面向	葬式	葬具	殉牲	随葬品	备注
M66	开口于TG9①和TG10①层下，打破生土层	梯形竖穴土坑墓	梯形竖穴：370×（150~240）-345	1	55°	上	仰身直肢	木板木框：长216、宽79、高10，木板厚2~5厘米		1件Aa型I式陶盂、1件A型I型小陶罐、1件Bc型I式陶豆、1件B型I式折肩陶罐	完整
M67	开口于TG12①层下，打破生土层	竖穴全洞室墓	长条形竖穴：252×（65~78）-111 洞室：208×（30~68）+54	1	48°	右	仰身直肢		1颗马牙和9块动物骨头	1件Ca型I式单耳陶罐、1件Aa型陶杯、1件D型陶豆、1件I式鼓腹陶罐、1件石球、1件陶纺轮	完整

后　记

白敖包是一个直径约 1000 米、高约 50 米的小山丘，所在村子松定霍洛村又称苏勒德霍洛，蒙语意为"战神"。当时这里地广人稀，住户分散，仅十余户人家，绝大多数为蒙古族，以养羊和种植糜子为主，其他收入来源主要是在就近的公路、煤矿等基建工地打零工。

1989 年发掘时，由于白敖包遗址附近只有一户人家，一家四口，三间砖房，没有空闲的房间，只好从 20 多千米外的布连矿区租了两顶帆布帐篷和一个帆布蒙古包，帐篷住人，蒙古包做厨房兼库房，从房东家中接了三十多米长的电线安营扎寨。

时值夏末秋初，早晚冷下午酷热，睡的是简陋的钢丝折叠床，由于床面距离沙土地面低，褥子容易返潮发霉，每天起床后都要把被褥拿出来晾晒。这不算麻烦，最麻烦的是缺水，附近没有水井，花高价雇了一个壮劳力每天负责担水，需要走很远的路下到几十米深的沟底去担水，一天最多能担四担水。水是宝贵的，洗完菜的水还得留着洗手、洗脸、洗脚。

另一个麻烦是雇工困难，走村串户说了不少好话，总算落实了一些中老年妇女和小姑娘。壮劳力不缺，就是我们这些年轻的考古队员。

发掘工作进展很顺利，没有任何干扰。由于是第一次主持考古发掘工地，起初紧张的心情也慢慢放松了下来。每天上午九点出工一直干到下午四点收工，中间休息半个小时，和民工们喝喝砖茶聊聊天，学会了不少蒙语日常会话，渐渐她们之间的对话也能听懂个八九不离十。

发掘进行了三个多月，遗迹遗物没少出，既没有下大雨也没有沙尘暴，自然也就没有休息日。期间利用中秋节放了三天假，大家各自回家过节，我留守工地等候热恋中的索秀芬的到来。

　　当时从呼和浩特到这里的交通非常不便，只能坐长途班车先到东胜，再到伊金霍洛旗政府所在地阿勒腾席热镇，然后坐每天上下午各一班的县域班车到松定霍洛村。

　　颠簸了整整一天，下午五点左右才到驻地。第二天从村民家买了一只鸡庆祝二人的团聚。可是谁也没杀过，不知如何下手。她是远远地躲在一边看，我只好硬着头皮把小鸡按在沙土地上，照着鸡脖子手起刀落，然后拔腿就跑，小鸡扑腾了大半天才平静下来……

　　三十多年过去了，白敖包遗址的发掘报告历尽波折终于付梓。在此，感谢所有参与此项工作的同仁，同时特别感谢责任编辑细致入微的校对和勘误，她们的认真和负责令人钦佩。

李少兵

2021 年 12 月 26 日于家中

Abstract

The Baiaobao site locates on the terrace adjacent to the Ordos Loop where Yellow River flows through the Ordos Plateau, in the Ejin Horo Banner, Mid-southern Inner Mongolia.

The recent excavation was held at the lower part of the southern slope of 50m-high Baiaobao Hill, with the excavated area of about 6000m^2 revealing 1 house, 28 ash pits, 7 ash ditches and 66 graves. The excavated objects are made in ceramic, stone and bone etc., and ceramic are the most, with the type objects include tripod cookers with two handles (*pan-shou-li*, 鋬手鬲), tripod cookers with one lop (*dan-er-li*, 单耳鬲), spouted pitchers (*he*, 盉), boilers with inverted rims (*lian-kou-yan*, 敛口甗), tripod vats (*san-zu-weng*, 三足瓮), tripod kraters (*jia*, 斝), single-handled jars (*dan-er-guan*, 单耳罐) double-handled jars (*shuang-er-guan*, 双耳罐), carinated-shoulder jars (*zhe-jian-guan*, 折肩罐), wide-mouth jars (*da-kou-zun*, 大口尊), pedestal plates (*dou*, 豆) and vases (*hu*, 壶).

Baiaobao site is the type site from Neolithic to Bronze Age in Mid-southern Inner Mongolia, with two major cultural phases: the first phase was about 4200–3800 BP, equivalently from Late Longshan Period to Early Xia Dynasty; the second phase was about 3800–3300 BP, equivalently from Late Xia Dynasty to Early Shang Dynasty.

The excavation and researches of Baiaobao site provide new materials involving in the studies on the archeological history of prehistoric cultures in Mid-southern Inner Mongolia.

1. 遗址俯拍

2. 遗址近景

白敖包遗址俯拍及遗址外景

1. 遗址远景

2. 遗址近景

白敖包遗址外景

3. 1989年8月中旬, 全体发掘人员在帐篷驻地前合影

从左至右依次是张志远(时为伊金霍洛旗文物管理所职工)、窦志斌(时为乌审旗文物管理所所长)、高毅(时为伊克昭盟文物工作站副站长)、王志平(时为伊金霍洛旗文物管理所所长)、李少兵(时为内蒙古文物考古研究所职工)、王清云(时为达拉特旗文物管理所职工)、李连顺(时为内蒙古文物考古研究所技术工人)、吉平(时为内蒙古文物考古研究所职工)、连吉林(时为内蒙古文物考古研究所职工)

白敖包遗址外景及发掘人员

1. A型Ⅰ式（M33：2）

2. A型Ⅱ式（M11：3）

3. A型Ⅳ式（M14：3）

4. B型Ⅰ式（M51：4）

单把陶鬲（除特殊注明外，均为第一阶段遗物。下同）

1. C型单把鬲（M63：2）

3. Ⅱ式花边鬲（H37：2）

2. Ⅰ式花边鬲（M63：1）

4. Aa型Ⅲ式盉（M41：7）

5. 鋬耳鬲（F2②：1）

陶鬲、盉

1. Ab型Ⅰ式盉（M48：2）

2. Ab型Ⅱ式盉（M28：1）

3. B型Ⅱ式盉（M37：7）

4. A型斝（M22：2）

陶盉、斝

1. B型斝（M23：2）

2. A型Ⅰ式尊（M33：1）

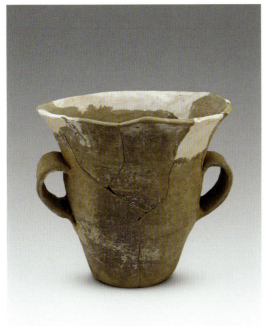

3. A型Ⅱ式尊（M59：6）

4. A型Ⅲ式尊（M41：1）

陶斝、尊

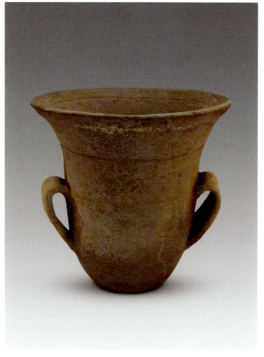

1. A型Ⅳ式（M37：6）

2. A型Ⅳ式（采集：5）

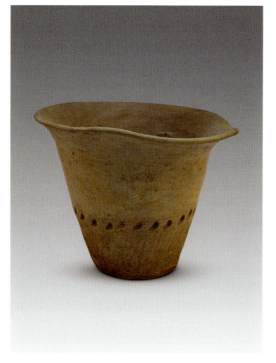

3. B型Ⅰ式（M42：2）

4. B型Ⅱ式（M36：4）

陶尊

1. B型Ⅲ式（M23：1）

2. B型Ⅳ式（M28：5）

3. C型Ⅰ式（采集：2）

4. C型Ⅱ式（M46：1）

陶尊

1. A型Ⅰ式（M51：1）

3. A型Ⅲ式（M23：4）

2. A型Ⅱ式（M4：3）

4. A型Ⅲ式（M23：4）

折肩陶罐

1. A型Ⅳ式（M14：7）

2. B型Ⅰ式（M66：4）

3. B型Ⅰ式（M66：4）

4. B型Ⅱ式（M21：3）

折肩陶罐

1. B型Ⅲ式（M37∶1）

2. B型Ⅲ式（M37∶1）

3. C型Ⅰ式（M16∶7）

4. C型Ⅲ式（M25∶5）

折肩陶罐

1. C型Ⅱ式（M36∶1）

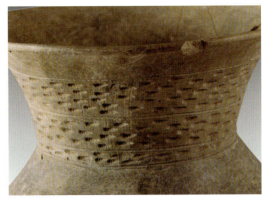

2. C型Ⅱ式（M36∶1）

4. D型（M42∶1）

3. D型（M42∶1）

5. E型（M41∶6）

折肩陶罐

1. Aa型Ⅰ式（M64：6）

2. Aa型Ⅰ式（M37：2）

3. Aa型Ⅱ式（M58：5）

4. Aa型Ⅲ式（M41：8）

陶豆

1. Aa型Ⅳ式（M25：2）

2. Ab型Ⅰ式（M16：1）

3. Ab型Ⅱ式（M20：2）

4. Ab型Ⅲ式（M8：1）

陶豆

1. Ba型I式（M52：5）

3. Bb型I式（M2：3）

2. Ba型II式（M22：3）

4. Bb型II式（M31：2）

陶豆

1. Bb型Ⅲ式（M21:1）

2. Bc型Ⅰ式（M66:3）

3. Bc型Ⅱ式（M53:3）

4. Bc型Ⅲ式（M36:5）

陶豆

1. Bd型Ⅰ式（M49∶1）

2. Bd型Ⅰ式（M59∶5）

3. Bd型Ⅱ式（M28∶4）

4. Bd型Ⅲ式（M14∶9）

陶豆

1. Be型Ⅰ式（M23∶5）

2. Be型Ⅱ式（M14∶4）

3. Bf型（M42∶3）

4. Ca型Ⅰ式（M51∶2）

陶豆

1. Ca型Ⅱ式（M60：3）

2. Cb型Ⅰ式（M33：4）

4. Cc型Ⅰ式（M61：3）

3. Cb型Ⅱ式（M46：2）

5. Cc型Ⅱ式（M37：5）

陶豆

1. Cd型Ⅱ式（M37∶4）

2. Ce型Ⅰ式（M41∶9）

3. Ce型Ⅱ式（M24∶3）

4. Cf型（M41∶5）

5. Cg型（M16∶6）

6. Ch型（M32∶1）

陶豆

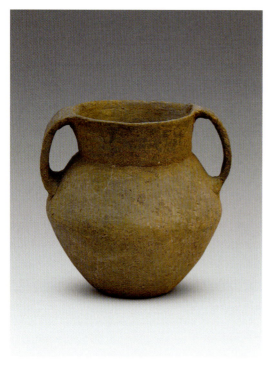

1. Aa型Ⅰ式（M47：2）

2. Aa型Ⅱ式（M48：1）

3. Aa型Ⅲ式（M21：2）

4. Aa型Ⅲ式（M21：2）

双耳陶罐

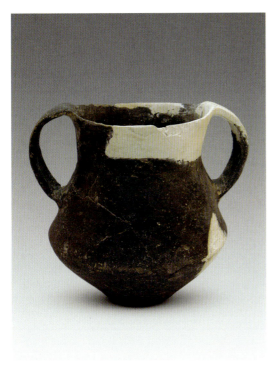

1. Aa型Ⅲ式（M42∶4）

2. Aa型Ⅳ式（M50∶2）

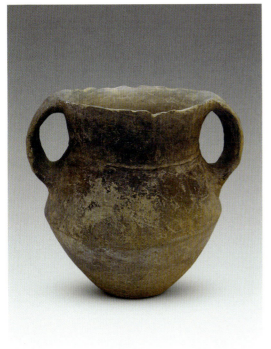

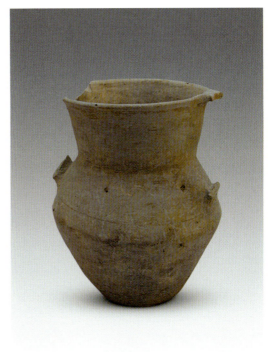

3. Ab型Ⅰ式（M2∶1）

4. Ab型Ⅱ式（M36∶2）

双耳陶罐

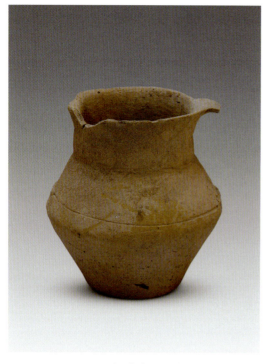

1. Ba型Ⅰ式（M61：2）

2. Ba型Ⅱ式（M26：2）

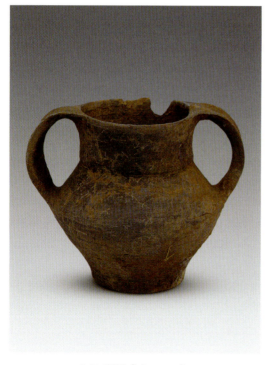

3. Ba型Ⅲ式（M37：3）

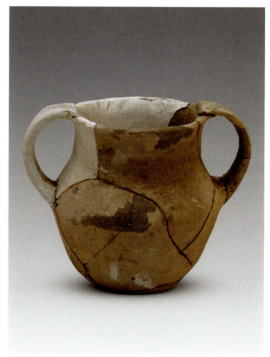

4. Bb型Ⅰ式（M63：3）

双耳陶罐

1. Bb型Ⅱ式（M15∶2）

2. Bb型Ⅲ式（M28∶3）

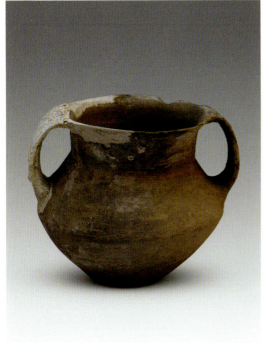

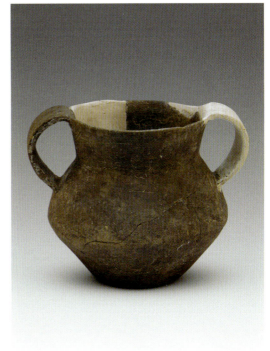

3. Bc型Ⅰ式（M53∶1）

4. Bc型Ⅱ式（M24∶4）

双耳陶罐

1. Bc型Ⅲ式（采集：1）

3. C型Ⅱ式（M23：3）

4. C型Ⅲ式（M25：4）

2. C型Ⅰ式（M31：4）

5. C型Ⅳ式（M62：2）

双耳陶罐

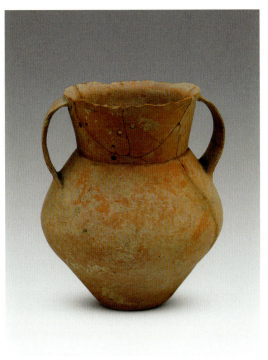

1. D型Ⅱ式（M29:1）

2. D型Ⅱ式（M29:1）

3. D型Ⅱ式（M29:1）

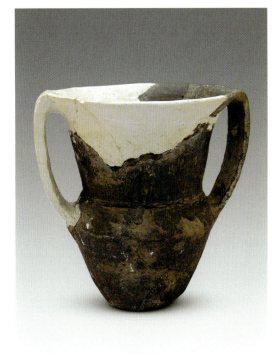

4. E型（M52:1）

双耳陶罐

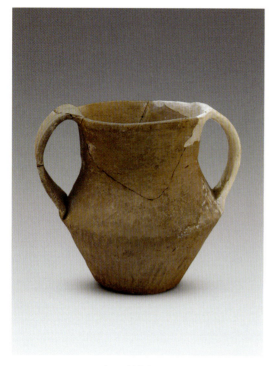

1. F型双耳罐（M20∶1）

2. Aa型Ⅰ式单耳罐（M2∶2）

3. Aa型Ⅱ式单耳罐（M19∶2）

4. Aa型Ⅲ式单耳罐（M36∶7）

双耳陶罐、单耳陶罐

1. Aa型Ⅳ式（M12∶1）

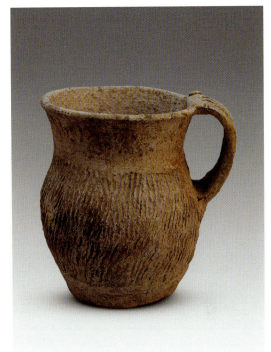

2. Ab型Ⅰ式（M31∶1）

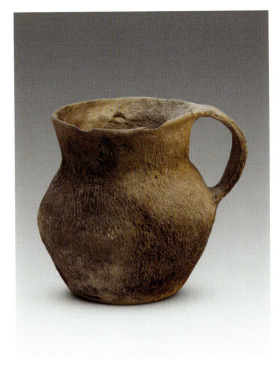

3. Ab型Ⅱ式（M8∶2）

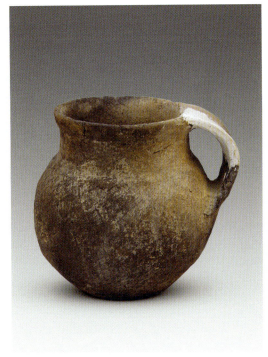

4. Ac型Ⅰ式（M39∶1）

单耳陶罐

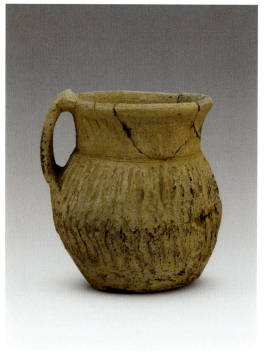

1. Ac型Ⅱ式（M46：3）

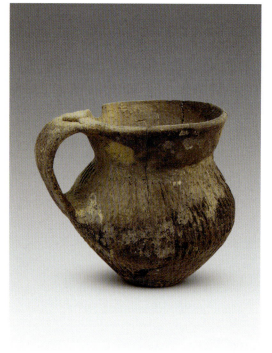

2. Ba型Ⅰ式（M56：2）

3. Ba型Ⅱ式（M15：3）

4. Ba型Ⅱ式（M16：3）

单耳陶罐

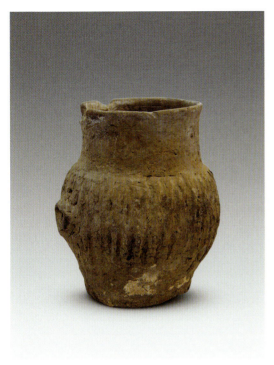

1. Ba型Ⅲ式（M36：6）

2. Bb型Ⅰ式（M24：2-1）

3. Bb型Ⅱ式（M25：1）

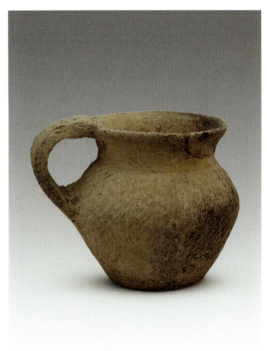

4. Ca型Ⅰ式（M67：1）

单耳陶罐

1. Ca型Ⅱ式（M58:2）

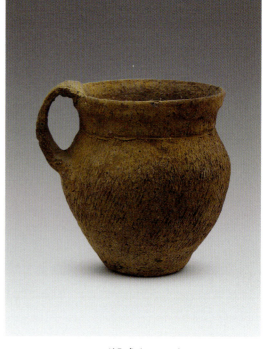

4. Cb型Ⅰ式（M31:3）

2. Ca型Ⅲ式（M59:2）

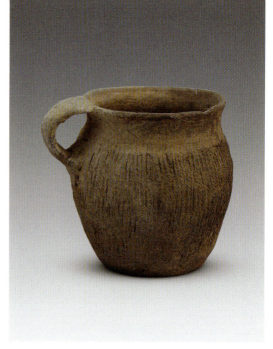

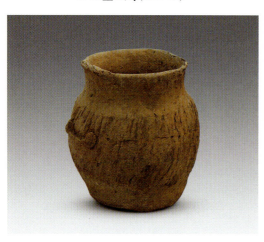

3. Ca型Ⅳ式（M62:5）

5. Cb型Ⅱ式（M26:1）

单耳陶罐

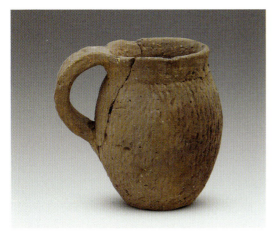

1. Cc型Ⅰ式（M47：1）

2. Cc型Ⅱ式（M51：6）

3. Cc型Ⅱ式（M52：4）

4. Cc型Ⅲ式（M49：2）

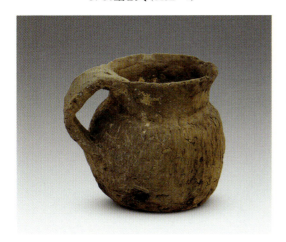

5. Cc型Ⅳ式（M5：2）

6. Cc型Ⅴ式（M28：2）

单耳陶罐

1. Cd型Ⅰ式（M64：5）

2. Cd型Ⅱ式（M20：3）

3. Da型Ⅰ式（M29：2）

4. Da型Ⅱ式（M50：1）

5. Db型Ⅰ式（M25：3）

6. Db型Ⅱ式（M50：3）

单耳陶罐

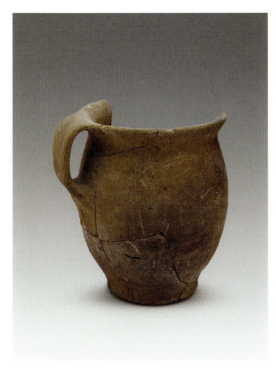

1. E型（M41：2）

3. G型（M53：2）

4. G型（M53：2）

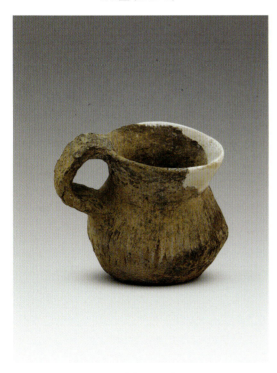

2. F型（M39：3）

5. H型（采集：4）

单耳陶罐

1. A型Ⅱ式（M24：5-1）

2. B型（M14：5）

3. B型（M14：5）

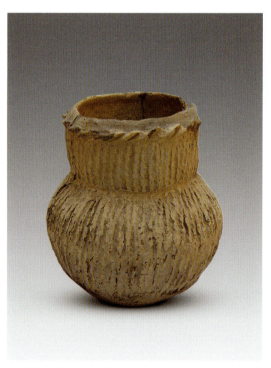

4. C型（采集：3）

花边陶罐

1. Ⅰ式鼓腹罐（M67：4）

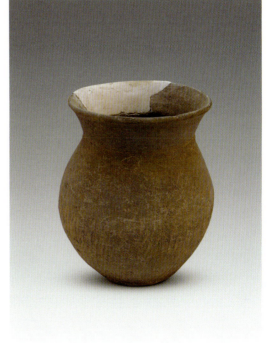

2. Ⅱ式鼓腹罐（M60：1）

3. Ⅰ式长腹罐（M45：2）

4. Ⅱ式长腹罐（M24：1）

鼓腹陶罐、长腹陶罐

1. A型Ⅰ式折腹罐（M55：2）

2. A型Ⅱ式折腹罐（M61：1）

3. B型折腹罐（M64：2）

4. A型Ⅰ式碗（M33：3）

5. A型Ⅱ式碗（M15：1）

6. A型Ⅲ式碗（M14：8）

折腹陶罐、碗

1. B型碗（M64：3）

2. C型碗（M14：6）

3. Aa型杯（M67：2）

4. Ab型杯（M58：1）

5. B型杯（M59：4）

6. C型Ⅰ式杯（M51：5）

陶碗、杯

1. C型Ⅱ式杯（M12：2）

2. A型壶（M56：1）

3. B型壶（M39：2）

4. C型壶（M52：2）

陶杯、壶

陶壶（D型M58∶3）

1. E型壶（M43：1）

3. A型小罐（M66：2）

4. B型小罐（M64：4）

2. F型壶（M62：1）

5. C型小罐（M16：8）

陶壶、小陶罐

1. D型（M4：2）

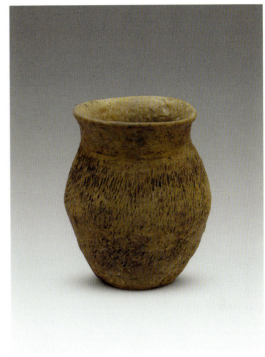

2. E型（M34：3）

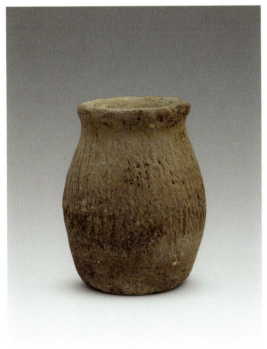

3. F型（M14：10）

4. G型（M62：4）

小陶罐

1. A型器盖（M22：1）

2. 簋（M32：3）

3. 筒形器（M58：4）

4. 纺轮（M67：6）

陶器

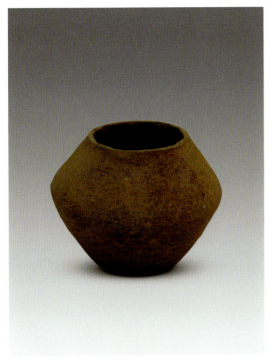

1. 钵（M57：2）

2. 鼎（H23：2）

3. 陶丸（T5③：1）

4. 陶丸（H10：3）

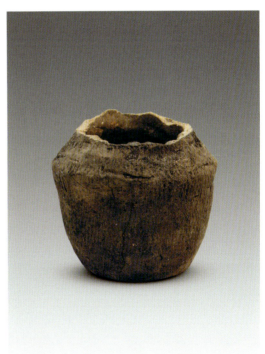

5. 残陶器（M1：1）

陶器

1. M18∶2

2. M34∶2

3. M38∶1

4. G1∶1

残陶器

1. 石球（M67：5）

2. 绿松石珠（M41：4-1）

3. 绿松石珠（M41：4-1）

4. 绿松石珠（M23：6）

5. 绿松石珠（M23：6）

6. 骨凿（F2①：1）

7. A型骨锥（H10：1）

石器、骨器

1. A型骨锥（H10：2）

4. 骨环（M23：7-1）

2. A型骨锥（H10：4）

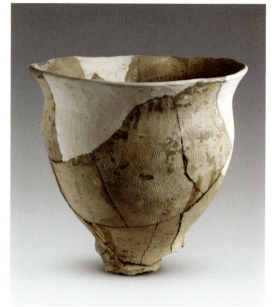

5. 陶瓿（采集：7）

3. 骨管（F2②：3）

骨器、陶器（5为第二阶段，余为第一阶段）